NomosPraxis

Ronald Richter
Rechtsanwalt und Fachanwalt für Steuerrecht, Hamburg

Die Leistungen der sozialen Pflegeversicherung

Ansprüche und Verfahren

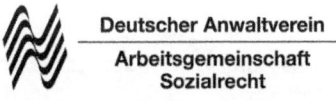

Zitiervorschlag: Richter Leistungen der sozialen Pflegeversicherung Rn. ...

Die Deutsche Nationalbibliothek verzeichnet diese Publikation in der Deutschen Nationalbibliografie; detaillierte bibliografische Daten sind im Internet über http://dnb.d-nb.de abrufbar.

ISBN 978-3-8487-6588-1 (Print)
ISBN 978-3-7489-3570-4 (ePDF)

1. Auflage 2023
© Nomos Verlagsgesellschaft, Baden-Baden 2023. Gesamtverantwortung für Druck und Herstellung bei der Nomos Verlagsgesellschaft mbH & Co. KG. Alle Rechte, auch die des Nachdrucks von Auszügen, der fotomechanischen Wiedergabe und der Übersetzung, vorbehalten.

Vorwort

Die Pflegeversicherung kommt nicht zur Ruhe.

Mit inzwischen 5 Millionen Pflegebedürftigen, die bis 2030 prognostiziert nochmals um knapp 2 Millionen anwachsen werden, 20 verschiedenen Ansprüchen, die aufwendig erläutert und beraten werden müssen, und einem Teilleistungssystem, das zunehmend die Finanzkraft der Pflegebedürftigen und ihrer Angehörigen bzw. der Träger der Sozialhilfe überfordert, wäre eine echte Reform notwendig. Ob es wirklich ein positives Zeichen ist, wenn sich das Beitrags- und Einnahmevolumen einer Sozialversicherung innerhalb eines relativ kurzen Zeitraums von 2016 - 2022 auf rund 60 Mrd. EUR verdoppelt, mag jede oder jeder für sich entscheiden, wenn gleichwohl die nachvollziehbare Forderung nach finanzieller Entlastung von den Pflegeaufwendungen lautstark erhoben werden muss.

Das einst modernste Gesetz einer Sozialversicherung wurde von jeder Bundesgesundheitsministerin und jedem Bundesgesundheitsminister um weitere Ansprüche „ergänzt", ohne die jeweils notwendige Begrenzung auf das Wesentliche. Augenscheinlich fehlt dem Gesetzgeber die Einsicht, dass die Regelungen in der Praxis auch umgesetzt werden müssen, sonst geschieht trotz der gesetzlichen Regelung nichts. Bestes Beispiel: Vor 15 Jahren wurden mit großen Erwartungen in § 113a SGB XI Regelungen für gesetzliche Expertenstandards in der Pflege geschaffen. Nachdem die Pflege-Selbstverwaltung bis heute keinen einzigen Standard verbindlich eingeführt hatte, wurde § 113a SGB XI nun schlicht gestrichen.[1] Vielfach haben Regelungen inzwischen einen eindrucksvollen Umfang angenommen, weil der Gesetzgeber sich einfache Fragen mit ellenlangen Bestimmungen zu beantworten pflegt, um damit unter Einbeziehung verschiedenster Akteure des Pflegebereichs, aber immer unter der Regie des Bundesgesundheitsministeriums, einen erstaunlichen bürokratischen Aufwand in Gang zu setzen. Als Beispiel seien die nicht enden wollenden Reparaturen an den Tariftreueregelungen genannt, die nun um § 82c Abs. 2a und 2b SGB XI ergänzt wurden.[2]

Derzeit braucht es angesichts der begrenzten finanziellen Mittel für inzwischen 5 Million Pflegebedürftige und ihre Angehörigen ein beherztes gesetzgeberisches Handeln. Kernfrage der nächsten Jahre wird sein, welche Leistungen zukünftig eine beitragsfinanzierte Sozialversicherung zur Verfügung stellen kann und will. Neue nachhaltige Ideen, die spürbare Maßnahmen angesichts der aktuellen Herausforderungen für die Pflegebedürftigen, ihre Angehörigen, die Beschäftigten und die Pflegeeinrichtungen bringen, fehlen jedenfalls im PUEG[3] vollständig. Dabei dürfte es deutlich zu einfach sein, wenn stets nach weiteren Finanzmitteln gerufen wird und die prognostizierten 6 Mrd. EUR Beitragsmehreinnahmen noch durch ergänzende steuerfinanzierte Milliarden ergänzt werden sollen. Eine kurzfristige schuldenfinanzierte Leistungsausweitung für den Bedarf der jetzigen Alterskohorte ist bereits aus Gründen der Generationsgerechtigkeit nicht mehr mit dem

---

1 BT-Drs. 20/6544, 76.
2 BT-Drs. 20/6544, 74 f.
3 Der parlamentarische Gesetzgebungsgang: BT-Drs. 20/6544 (Gesetzentwurf der Fraktionen der „Ampelkoalition"); BT-Drs. 20/6869 (wortgleicher Gesetzentwurf der Bundesregierung); BT-Drs. 20/6983 (Bericht und Beschlussempfehlung des Ausschusses für Gesundheit).

Gleichheitsgrundsatz des Art. 3 GG vereinbar, wenn klar ist, dass derartige Leistungen künftigen Generationen nicht mehr zugutekommen können.[4]

Die ideenlose Reform der Pflegeversicherung in der 20. Legislaturperiode musste aufgrund der Rechtsprechung des BVerfG[5] erlassen werden. Alle Regelungen über das Beitragsrecht hinaus sind lediglich dem Umstand geschuldet, dass die vorherigen Rechtsänderungen sich als unvollständig erwiesen haben. Mit anderen Worten: Der Gesetzgeber diskutiert und entscheidet nicht, welche Leistungen wirklich notwendig sind. Die Pflege-Selbstverwaltung agiert für die heutige Zeit – mit dem neuen „Deutschland-Tempo" – viel zu langsam und schwerfällig, so dass der Gesetzgeber selbst die Regelung zu treffen hat. Schließlich ist das SGB XI insgesamt zu „entrümpeln". Genügend Aufgaben also für die 21. Legislaturperiode!

Hier setzt das vorgelegte Buch an, indem das Verfahren zur Feststellung eines Pflegegrades und die vielen Ansprüche in ihrem inneren Zusammenhang und ihrer jeweiligen Wechselwirkung dargestellt werden. So können die Grundstrukturen – auch aus dem allgemeinen Teil (SGB I) und den weiteren Sozialgesetzbüchern – deutlich herausgearbeitet werden und es wird plastisch, wie das Verfahren abläuft und wo es Vollzugsdefizite gibt. Die Wahlmöglichkeiten zur individuellen Umgliederung der Leistungen und Ansprüche werden aufgezeichnet, um eine individuelle passgenaue Pflege zu ermöglichen, die einer aufwendigen Beratung bedarf.

Die Veröffentlichung richtet sich über die Rechtsanwältinnen und Rechtsanwälte im Sozialrecht und die Richterinnen und Richter der „P"-Kammern und Senate hinaus, an diejenigen, die täglich Fragen zum SGB XI und zur sozialen Pflegeversicherung beantworten müssen, also die Mitarbeiterinnen und Mitarbeiter in den Pflegestützpunkten, Beratungsstellen, den Gutachterinnen und Gutachter der Medizinischen Dienste und natürlich den Sozialversicherungsfachangestellten bei den Pflegekassen. Ihnen soll das SGB XI als Handwerkszeug aufbereitet werden.

Wir haben die „üblichen" Abkürzungen benutzt, so dass auf ein eigenes Abkürzungsverzeichnis verzichtet wurde. Die Literatur im Bereich der sozialen Pflegeversicherung ist überschaubar, so dass ein Literaturverzeichnis entbehrlich erschien. Zur Verdeutlichung, zur ergänzenden Nacharbeit und zum Beleg der Darstellung wurden insbesondere die Begründung des Gesetzgebers („BT-Drs."), die Urteile des Bundessozialgerichts und die interne Dienstanweisung des GKV-Spitzenverbandes („Gemeinsames Rundschreiben") verarbeitet und zitiert. Zur weiteren Bearbeitung in Detailfragen sei daher der auskunftsstarke, vor allem stets aktuelle Beck'sche online Großkommentar zum SGB XI (der frühere Kasseler Kommentar) empfohlen.

Ich danke wiederum meiner Ehefrau, Inka Richter, die alle Texte durchgesehen und viele Hinweise zur Lesbarkeit gegeben hat. Der Nomos Verlag hat das Werk, das zunächst als Gehirnjogging während der Corona Pandemie begann, stets kritisch, aber immer wohlwollend begleitet. In Rekordzeit wurde die Druckfassung und schließlich das vorliegende Buch erstellt. Herzlichen Dank! Für Kritik und Anregungen bin ich stets dankbar.

Hamburg, im Juli 2023   Ronald Richter

---

[4] Dazu Schlegel NJW 2023, 2093 unter Hinweis auf BVerfG Beschl. v. 24.3.2021 – 1 BvR 2656/18 ua = BVerfGE 157, 30 = NJW 2021, 1723 – Klimaschutz.

[5] BVerfG Beschl. v. 7.4.2022 – 1 BvL 3/18, 1 BvR 717/16, 1 BvR 2257/16, 1 BvR 2824/17 = BGBl. I 2022, 1023 = NJW 2022, 2169; dazu Richter NJW 2023, 415.

Inhaltsverzeichnis

§ 1 Einführung 13
    I. Daten zur Pflege 13
    II. Die Entwicklung des Begriffs der Pflegebedürftigkeit 15
        1. Der Begriff der Grundpflege 16
        2. Die Verrichtungsbezogenheit des ursprünglichen Begriffs der Pflegebedürftigkeit 18
        3. Die Dominanz des Zeitbezugs 19
    III. Die Ziele der sozialen Pflegeversicherung 19
        1. Die aktivierende Pflege 19
        2. Die Pflichten der Pflegeeinrichtungen 20
        3. Das Wunsch- und Wahlrecht 21
        4. Das Prinzip der Trägervielfalt 23
        5. Der Vorrang der ambulanten Pflege 24
        6. Das Teilleistungssystem 24
        7. Der Vorrang der Prävention und Rehabilitation 25
        8. Das Wirtschaftlichkeitsgebot 26
        9. Das Gebot der partnerschaftlichen Zusammenarbeit 27
    IV. Die Beratung 28
        1. Die Auskunft 29
        2. Die Leistungs- und Preisvergleichslisten 30
        3. Die Pflegeberatung 30
        4. Die Beratungsgutscheine 32
        5. Die Pflegestützpunkte 33
        6. Beratungsmängel: Der sozialrechtliche Herstellungsanspruch 34
    V. Das Verhältnis der SGB XI-Leistungen zu anderen Sozialleistungen 35
        1. Entschädigungsleistungen 35
        2. Häusliche Krankenpflege (§ 37 SGB V) 35
        3. Fürsorgeleistungen 36
        4. Leistungen der Eingliederungshilfe 36
        5. Berücksichtigung der Leistungen bei anderen Sozialleistungen 37
    VI. Die Checkliste: Anspruch auf Pflegeleistungen 38

§ 2 Das Verfahren 40
    I. Der Antrag 41
        1. Der Leistungsbeginn beim Erstantrag 43
        2. Der Leistungsbeginn beim Antrag auf einen höheren Pflegegrad 44
        3. Die Sperrwirkung durch das Übergangsrecht 46

4. Die Entscheidung über vor dem 1.1.2017 gestellte Anträge	46
5. Die Steuerung des Antrags	48
6. Der Antrag auf „Schnellbegutachtung"	49
7. Die Auskunftspflichten im Antragsverfahren	50
8. Die Fortführung bei Tod des Antragstellers	52
II. Die Prüfung	52
1. Der Begutachtungsort	52
2. Strukturierte Telefoninterviews	53
3. Die Mitwirkungsverpflichtung	55
4. Die Mitwirkungspflicht bei der Wiederholungsbegutachtung	55
5. Die Grenzen der Mitwirkungspflicht	56
6. Die Hinweispflichten der Pflegekasse	57
7. Der Ablauf des Begutachtungsverfahrens	57
8. Die Begutachtung von Kindern und Jugendlichen	58
9. Die Begutachtung durch unabhängige Gutachter	60
10. Das Gutachtenergebnis	60
11. Die Dienstleistungsorientierung in der Begutachtung	63
12. Die Frist zur Bearbeitung des Antrags	64
13. Berichtspflichten	65
§ 3 Der Begriff der Pflegebedürftigkeit	**66**
I. Die Definition der Pflegebedürftigkeit	66
II. Die Prognose der Dauer	67
III. Die Beeinträchtigung der Selbständigkeit und Fähigkeitsstörungen	68
IV. Der Grad der Selbständigkeit	69
V. Die Unverbindlichkeit der Begutachtungs-Richtlinien	73
VI. Das Modul 1 – Mobilität	74
VII. Das Modul 2 – Kognitive und kommunikative Fähigkeiten	78
VIII. Das Modul 3 – Verhaltensweisen und psychische Problemlagen	80
IX. Das Modul 4 – Selbstversorgung	82
X. Das Modul 5 – Bewältigung von und selbstständiger Umgang mit krankheits- oder therapiebedingten Anforderungen und Belastungen	86
XI. Das Modul 6 – Gestaltung des Alltagslebens und sozialer Kontakte	93
XII. Die Formen der Hilfeleistungen	94
XIII. Das Modul 7 – Außerhäusliche Aktivitäten	97
XIV. Das Modul 8 – Haushaltsführung	97
§ 4 Die Pflegegrade	**99**
I. Die Gewichtung der Einzelpunktfeststellung in den Modulen	99

	II. Die Grade der Pflegebedürftigkeit	102
	III. Die Härtefallregelung – besondere Bedarfskonstellation	103
	IV. Die Besonderheiten der Einstufung von Kindern	104
	V. Die Überprüfung der Entscheidung der Pflegekasse	105
§ 5	**Die Leistungen**	107
	I. Leistungsarten der sozialen Pflegeversicherung	108
	II. Leistungen bei Pflegegrad 1	110
	III. Leistungen bei ambulanter (häuslicher) Pflege – Sachleistung (§ 36 SGB XI)	111
	1. Leistungsort	111
	2. Pflegekräfte	112
	3. „Poolen" der Leistungen	112
	4. Leistungsinhalt	113
	5. Leistungsbudget	113
	IV. Pflegegeld für selbst beschaffte Pflegehilfen (§ 37 SGB XI)	115
	1. Eigene Sicherstellung der Pflege	115
	2. Leistungsbudget	116
	3. Fortzahlung des hälftigen Pflegegeldes	117
	4. Fortgewährung bei Tod des Versicherten	117
	5. Der Beratungsbesuch	118
	6. Ruhen des Pflegegeldanspruchs	120
	V. Kombination von Geldleistung und Sachleistung (§ 38 SGB XI)	121
	VI. Wohngruppenzuschlag (§ 38a SGB XI)	122
	1. Gemeinsame Wohnung	122
	2. Gemeinschaftlich organisierte pflegerische Versorgung	123
	3. Sog. „Präsenzkraft"	124
	4. Vorliegen einer ambulanten Vollversorgung	124
	5. Verhältnis zu den Leistungen der Tages- und Nachtpflege	125
	6. Leistung der medizinischen Behandlungspflege	126
	7. Leistungsbudget	126
	8. Besitzstandsregelung	126
	VII. Verhinderungspflege (§ 39 SGB XI)	127
	1. Die Streichung der Vorpflegezeit ab 1.7.2025	127
	2. Verhinderung der Pflegeperson	127
	3. Kostenübernahme	128
	4. Leistungsbudget	129
	5. Hinzurechnung eines Teils des Leistungsbudget der Kurzzeitpflege	130

6. Sonderregelung für Kinder und Jugendliche
(§ 39 Abs. 4 und 5 SGB XI) 130
VIII. Pflegehilfsmittel und Wohnumfeldverbesserung (§ 40 SGB XI) 131
1. Pflegehilfsmittel (§ 40 Abs. 1 und 2 SGB XI) 131
2. Technische Pflegehilfsmittel (§ 40 Abs. 3 SGB XI) 133
3. Zuschüsse für wohnumfeldverbessernde Maßnahmen
(§ 40 Abs. 4 SGB XI) 133
4. Beschleunigtes Bewilligungsverfahren (§ 40 Abs. 7 SGB XI) 135
IX. Digitale Pflegeanwendungen (§§ 39a, 40a, 40b SGB XI) 136
1. Ergänzende Unterstützungsleistungen (§ 39a SGB XI) 136
2. Digitale Pflegeanwendung (§ 40a SGB XI) 136
3. Leistungsbudget (§ 40b SGB XI) 137
X. Tagespflege und Nachtpflege (§ 41 SGB XI) 138
1. Leistungsinhalt 138
2. Leistungsbudget 139
3. „Stapelleistungen" 139
XI. Kurzzeitpflege (§ 42 SGB XI) 140
1. Leistungsbudget 141
2. Kurzzeitpflege bei fehlender Pflegebedürftigkeit (§ 39c SGB V) 142
3. Übergangspflege, § 39e SGB V 142
XII. Gemeinsamer Jahresbetrag, § 42a SGB XI- „Entlastungsbudget"
[ab 1.7.2025] 143
XIII. Versorgung Pflegebedürftiger bei Inanspruchnahme von Vorsorge- oder
Rehabilitationsleistungen durch die Pflegeperson
(§ 42a SGB XI [ab 1.7.2025: § 42b SGB XI]) 145
XIV. Vollstationäre Pflegeleistungen (§ 43 SGB XI) 145
1. Leistungsvoraussetzungen, Zuschuss Pflegegrad 1 146
2. Leistungsinhalt 146
3. Leistungshöhe 147
4. Begrenzung des Eigenanteils durch Zuschlag nach § 43c SGB XI 148
5. Durchführung aktivierender oder rehabilitativer Maßnahmen 150
6. Teilnahme an der Integrierten Versorgung 151
XV. Pauschalleistung für die Pflege von Menschen mit Behinderungen
(§ 43a SGB XI) 151
XVI. Zusätzliche Betreuung und Aktivierung in stationären
Pflegeeinrichtungen (§ 43b SGB XI) 152
XVII. Leistungen zur sozialen Sicherung der Pflegepersonen (§ 44 SGB XI) 153
1. Soziale Sicherung in der Rentenversicherung 153
2. Soziale Sicherung in der Unfallversicherung 155

	3. Soziale Sicherung in der Arbeitsförderung	156
	4. Besitzstandregelung	156
XVIII.	Zusätzliche Leistungen bei Pflegezeit und kurzzeitiger Arbeitsverhinderung (§ 44a SGB XI)	156
	1. Zuschüsse bei Pflegezeit	156
	2. Pflegeunterstützungsgeld	157
XIX.	Pflegekurse für Angehörige und ehrenamtliche Pflegepersonen (§ 45 SGB XI)	158
XX.	Angebote zur Unterstützung im Alltag (§ 45a SGB XI)	158
XXI.	Entlastungsbetrag (§ 45b SGB XI)	160
XXII.	Zusammenfassung der Leistungsbudgets	162
	1. Leistungsbudgets bis 31.12.2023	162
	2. Leistungsbudgets vom 1.1.2024 bis 31.12.2024	162
	3. Leistungsbudgets vom 1.1.2025 bis 30.6.2025	163
	4. Leistungsbudgets ab 1.7.2025	163

Stichwortverzeichnis 165

§ 1 Einführung

I. Daten zur Pflege

Die aktuelle Pflegestatistik[6] weist aus, dass im Dezember 2021 fast 5,0 Millionen Menschen in Deutschland pflegebedürftig waren; die Mehrheit (62 %) waren Frauen. 79 % der Pflegebedürftigen waren 65 Jahre und älter; 85 Jahre und älter waren 33 %. Gut vier von fünf (84 % bzw. 4,2 Millionen) Pflegebedürftigen wurden zu Hause versorgt. Davon erhielten 2,554 Mio. Pflegebedürftige ausschließlich Pflegegeld, das bedeutet, sie wurden nicht durch professionelle Pflegkräfte, sondern allein durch **Angehörige** gepflegt.[7] Weitere 1,047 Mio. Pflegebedürftige erhalten ihre Pflege in der eigenen Häuslichkeit jedoch zusammen mit oder vollständig durch ambulante **Pflege- und Betreuungsdienste**. Zusätzliche 565.000 Pflegebedürftige des Pflegegrades 1 erhalten aufgrund der gesetzlichen Bestimmung (§ 28a SGB XI) keine Leistungen der ambulanten Pflege-/Betreuungsdienste oder Pflegeheime, sondern ausschließlich Leistungen nach § 45b SGB XI und auch kein Pflegegeld [→ Rn. 360]. Auch hier ist von einer Unterstützung der Pflegebedürftigen durch Angehörige auszugehen. 16 % (793.000 Pflegebedürftige) wurden in **Pflegeheimen** vollstationär betreut.

1

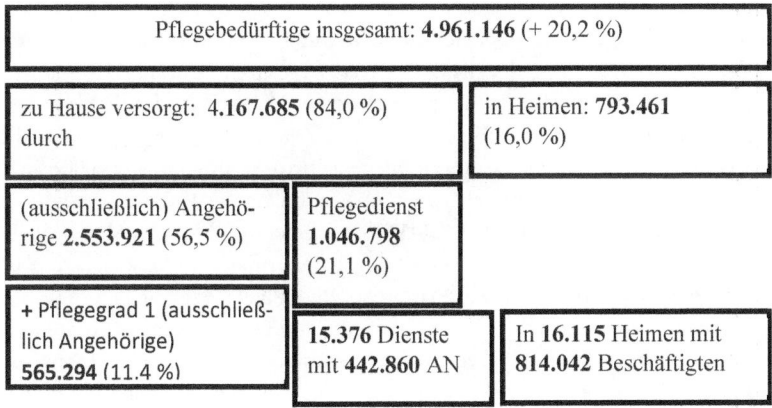

---

6 Statistisches Bundesamt, Pflegestatistik 2021, Deutschlandergebnisse.
7 Inwieweit hier auch unterstützend anderweitig finanzierte Haushaltshilfen tätig sind, wird in der Statistik nicht abgebildet; vgl. aber Isfort/von der Malsburg; „Gutachten – Privat organisierte Pflege in NRW: Ausländische Haushalts- und Betreuungskräfte in Familien mit Pflegebedarf", 2017, Seite 79–85.

§ 1 Einführung

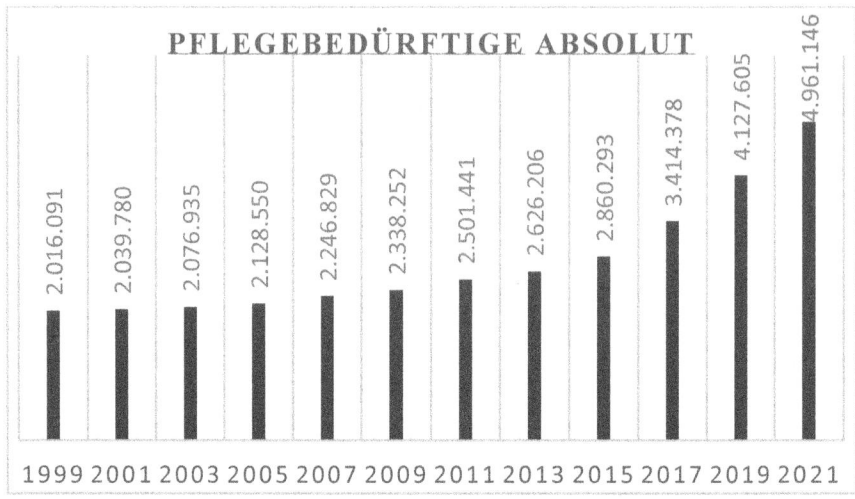

2 Im **Vergleich** der Pflegestatistiken 2021 mit 2019 ist die Zahl der Pflegebedürftigen wieder deutlich um 20,2 % (834.000; 2017 – 2019: + 20,9 %) gestiegen. Der hohe Anstieg weist darauf hin, dass sich hier immer noch Effekte durch den seit dem 1.1.2017 weiter gefassten Pflegebedürftigkeitsbegriff zeigen. Die Nachfrage nach Leistungen der ambulanten Pflege- und Betreuungsdienste hat zugenommen: Die Anzahl der durch ambulante Dienste betreuten Pflegebedürftigen stieg um 6,5 % (64.000). Dagegen sank die Zahl der in Heimen vollstationär versorgten Pflegebedürftigen um 3,0 % (25.000).[8] Die Anzahl der „reinen" Pflegegeldempfängerinnen und -empfänger – also der allein durch Angehörige Versorgten – nahm um 20,7 % (437.000) zu. Bei der Pflege zu Hause ergibt sich ein Anstieg von zusammen 25,9 % (858.000 Pflegebedürftige). Im Vergleich zu 2007 ist die Anzahl der in Heimen vollstationär versorgten Pflegebedürftigen um 15,7 % (107.000 Pflegebedürftige) gestiegen, bei den durch ambulante Dienste um 107,6 % (543.000). Für die Pflegegeldempfängerinnen und -empfänger ergibt sich ein Anstieg[9] von 147,2 % beziehungsweise 1.521.000 Personen, bei der Zahl der zu Hause versorgten Pflegebedürftigen zusammen beträgt der Wert 171,1 % (2.630.000) und bei den Pflegebedürftigen insgesamt 120,8 % (2.714.000).

3 **Praxishinweis:**

Die Steigerung der **Pflegequote** bezogen auf die Gesamtbevölkerung von 2,5 % (1999) auf 6 % (2021) hat vor allem damit zu tun, dass der Antrag auf Zuerkennung eines Pflegegrades inzwischen jedes (negative) Stigma verloren hat.

4 Bekanntermaßen nimmt die Pflegebedürftigkeit mit zunehmendem **Alter** zu. Während bei den 70- bis unter 75-Jährigen „nur" jeder Elfte (9,3 %) pflegebedürftig war, sind es bei

---

[8] Zu möglichen Effekten durch die Corona-Pandemie insbesondere im stationären Bereich s. Rothgang/ Müller, „BARMER Pflegereport 2022 – Stationäre Versorgung und COVID-19", S. 132 ff.
[9] Das Statistische Bundesamt weist auf folgendes hin: Die Vergleichbarkeit der Daten über die allein durch Angehörige versorgten Pflegebedürftigen zu 2007 ist eingeschränkt – der Anstieg wird im bundesweiten Mittel etwas zu hoch ausgewiesen.

den ab 90-Jährigen 82 %. Auffallend ist, dass Frauen ab dem 75. Lebensjahr eine deutlich höhere Pflegequote aufweisen – also eher pflegebedürftig sind als Männer dieser Altersgruppen. So beträgt bei den 85- bis unter 90-jährigen Frauen die Pflegequote 61 %, bei den Männern gleichen Alters hingegen „nur" 43 %.

> **Praxishinweis:**
> Einer der Gründe ist die Tatsache, dass ältere Frauen häufiger allein leben. Bei Pflegebedarf besteht daher schneller die Notwendigkeit einen Antrag auf Leistungen der Pflegeversicherung zu stellen, während (pflegebedürftige) Männer häufig zuerst von ihrer Lebenspartnerin versorgt werden und zunächst auf eine Antragstellung verzichtet wird.

Die finanzielle Ausstattung der sozialen Pflegeversicherung wurde in den letzten Jahren erheblich verbessert. Neben einer erheblichen Steigerung des Beitragssatzes ist eine weitere Ursache vor allem in der guten, robusten Konjunktur der letzten Jahre und dem Anstieg der sozialpflichtigen Arbeitsverhältnisse zu suchen.

II. Die Entwicklung des Begriffs der Pflegebedürftigkeit

Mit der Pflegereform zum 1.1.2017 wurden der Begriff der **Pflegebedürftigkeit** und damit auch seine Legaldefinition gegenüber der bisherigen Begriffsdefinition des § 14 Abs. 1 SGB XI aF deutlich erweitert.[10] Er bezieht unter anderem solche Personen mit ein, deren erheblich eingeschränkte Alltagskompetenz bisher nach § 45a Abs. 2 SGB XI aF gesondert festgestellt wurde. Der Bundesgesetzgeber hegte den Wunsch, dass der neue Begriff der Pflegebedürftigkeit auch die pflegerische Versorgung modernisiert. Er soll pflegefachlich auf dem aktuellen Stand sein und alle relevanten Aspekte von Pflegebedürftigkeit berücksichtigen (beispielsweise neben kognitiven und psychischen Beeinträchtigungen auch die Bewältigung von und den Umgang mit krankheits- und therapiebedingten Belastungen und Anforderungen) und ist an den (verbliebenen) **Ressourcen und Fähigkeiten** des Pflegebedürftigen, nicht vorrangig an seinen Defiziten orientiert. Damit soll der Begriff der Pflegebedürftigkeit handlungsleitend für moderne und pflegefachlich fundierte Leistungen und eine entsprechende Leistungserbringung wirken. Der Begriff ist für andere Sozialleistungssysteme rechtlich ohne ausdrückliche Verweisung nicht verbindlich und nur hinsichtlich seiner fachlichen Grundlegung als Beitrag zu einem fachlich geprägten, umfassenden Verständnis von Pflegebedürftigkeit anzusehen.[11]

Die ursprünglich diskutierte Idee, den Pflegebedürftigkeitsbegriff für alle Sozialrechtsbereiche im SGB I verbindlich zu regeln, ist damit aufgegeben worden. Damit bestehen aber die strukturellen Wechselwirkungen auf andere Sozialleistungsbereiche, insbesondere die Abgrenzung innerhalb der Sozialhilfe zwischen Eingliederungshilfe (§§ 99 ff. SGB IX) und der Hilfe zur Pflege (§§ 61 ff. SGB XII) fort. Trotz der engen Verzahnung und durch die vielen Berührungspunkte der Leistungen nach den Sozial-

---

10 BGBl. 2014 I 2222; zur Entwicklung des Pflegebedürftigkeitsbegriffs zusammenfassend: Richter RsDE 76 (2014), 33.
11 BT-Drs. 18/5926, 109.

büchern SGB IX, XI und XII fehlt es weiter an einem **Gesamtkonzept**.[12] Die rechtliche Brisanz besteht in Folgendem: Die im Fürsorgerecht verankerten Leistungen der Eingliederungshilfe als Teilhabeleistungen nach dem SGB IX sind grundsätzlich gegenüber anderen Sozialversicherungsleistungen nachrangig. Im Leistungsgeschehen aber sind die Teilhabeleistungen hingegen umfassender ausgestaltet. Aufgaben und Ziele der Teilhabe (§ 10 SGB I, § 4 SGB IX) überlagern so die in § 2 Abs. 1 SGB XI umschriebene Zielsetzung der Pflege. Da aber der Pflegebedürftigkeitsbegriff zweifelsohne Teilhabe-Elemente enthält, die eine Abgrenzung der Leistungen der Hilfe zur Pflege (§§ 61 ff. SGB XII) zu den Leistungen der Eingliederungshilfe (§§ 99 ff. SGB IX) erfordern, haben sich an der Schnittstelle zu den Leistungen der Hilfe zur Pflege und der Eingliederungshilfe Verschiebungen der Leistungszuständigkeiten und deswegen Anpassungsbedarfe ergeben, die gesetzlich zu regeln sind.

9   Pflegebedürftige waren nach § 14 Abs. 1 SGB XI aF Personen, die wegen einer **körperlichen, geistigen oder seelischen Krankheit oder Behinderung** für die gewöhnlichen und regelmäßig wiederkehrenden Verrichtungen im Ablauf des täglichen Lebens auf Dauer, voraussichtlich für mindestens sechs Monate, in erheblichem oder höherem Maße der Hilfe bedürfen. Entscheidend für die Feststellung einer Pflegebedürftigkeit waren die Verrichtungen, bei denen ein Hilfebedarf festgestellt wurde. § 14 Abs. 4 Nr. 1 – 3 SGB XI aF nannte 15 einzelne Verrichtungen der Grundpflege sowie zusätzlich in § 14 Abs. 4 Nr. 4 SGB XI aF weitere sieben Verrichtungen der hauswirtschaftlichen Versorgung.

1. Der Begriff der Grundpflege

10 Der Gesetzgeber verwendete den für die Abgrenzung zur Behandlungspflege im Sinne des § 37 SGB V so wichtigen Begriff der **Grundpflege** in § 15 Abs. 3 S. 1 SGB XI aF in Abgrenzung zum sprachlich weiteren Begriff der „gewöhnlich und regelmäßig wiederkehrenden Verrichtungen". Während die Grundpflege nur die eng körperbezogenen Verrichtungen der Körperpflege, Ernährung und Mobilität, also die in § 14 Abs. 4 Nr. 1 – 3 SGB XI aF genannten Verrichtungen umfasst, enthielten die gewöhnlich und regelmäßig wiederkehrenden Verrichtungen im Ablauf des täglichen Lebens zusätzlich die in § 14 Abs. 4 Nr. 4 SGB XI aF geregelte **Hauswirtschaftliche Versorgung**. Der Begriff der Grundpflege wurde vom Gesetzgeber durch die Abgrenzung der Absätze 1 und 3 des § 15 SGB XI aF vorgenommen. § 15 Abs. 1 S. 1 Nr. 1 SGB XI aF definierte als erheblich Pflegebedürftige der Pflegestufe I wörtlich Personen, „die bei *der Körperpflege, der Ernährung oder der Mobilität* für wenigstens zwei Verrichtungen aus einem oder mehreren Bereichen mindestens einmal täglich der Hilfe bedürfen und zusätzlich mehrfach in der Woche Hilfen bei *der hauswirtschaftlichen Versorgung* benötigen." So wurden für die Quantität des Hilfebedarfs die 4 in § 14 Abs. 4 SGB XI aF genannten Verrichtungsarten referiert. Den für eine Einstufung in eine Pflegestufe notwendigen **Zeitbezug** stellte § 15 Abs. 3 S. 1 SGB XI aF wie folgt her:

„Der **Zeitaufwand**, den ein Familienangehöriger oder eine andere nicht als Pflegekraft ausgebildete Pflegeperson für die erforderlichen Leistungen der *Grundpflege* und *hauswirtschaftlichen Versorgung* benötigt, muss wöchentlich im Tagesdurchschnitt

---

12 Bericht des Beirats zur Überprüfung des Pflegebedürftigkeitsbegriffs, Januar 2009, 60.

1. in der Pflegestufe I mindestens 90 Minuten betragen; hierbei müssen auf die *Grundpflege* mehr als 45 Minuten entfallen,
2. in der Pflegestufe II mindestens drei Stunden betragen; hierbei müssen auf die *Grundpflege* mindestens zwei Stunden entfallen,
3. in der Pflegestufe III mindestens fünf Stunden betragen; hierbei müssen auf die *Grundpflege* mindestens vier Stunden entfallen."

Damit war aus der **Gesamtschau** des § 15 Abs. 1 und Abs. 3 SGB XI aF eindeutig abzulesen, dass der Gesetzgeber die in § 14 Abs. 4 Nr. 1 – 4 SGB XI aF geregelten gewöhnlich und regelmäßig wiederkehrenden Verrichtungen im Ablauf des täglichen Lebens in die hauswirtschaftliche Versorgung (§ 14 Abs. 4 Nr. 4 SGB XI aF) und die Grundpflege (Körperpflege, Ernährung und Mobilität, § 14 Abs. 4 Nr. 1 – 3 SGB XI aF) unterschied. Der Zeitbedarf für Verrichtungen der hauswirtschaftlichen Versorgung hat – jedenfalls in der rechtsberatenden und gerichtlichen Praxis – keinerlei Rolle gespielt. Der seit dem 1.1.2017 geltende Pflegebedürftigkeitsbegriff verwendet den Begriff der Grundpflege nicht mehr, sein historischer Inhalt aber besteht in den „körperbezogenen" Modulen 1 – Mobilität und 4 – Selbstversorgung (§ 14 Abs. 2 Nr. 1 und Nr. 4 SGB XI) weiter.

11

Im Bereich der **Körperpflege** wurden nur die Verrichtungen

12

- des Waschens,
- Duschens,
- Badens,
- der Zahnpflege,
- des Kämmens,
- Rasierens,
- die Darm- und Blasenentleerung,

im Bereich der **Ernährung**

- das mundgerechte Zubereiten oder
- die Aufnahme der Nahrung, sowie

im Bereich der **Mobilität**

- das selbstständige Aufstehen und Zubettgehen,
- An- und Auskleiden,
- Gehen,
- Stehen,
- Treppen steigen oder
- Verlassen und Wiederaufsuchen der Wohnung

bei der Einstufung gezählt.

Wurde bei diesen Verrichtungen – so die beiden weiteren Voraussetzungen – erstens zeitlich ein Hilfebedarf festgestellt, der täglich im Wochendurchschnitt 90 Minuten (gemeint ist dabei „der durchschnittliche tägliche Aufwand innerhalb einer Woche"[13]) beträgt, wobei auf die Grundpflege mehr als 45 Minuten entfallen musste, der zweitens auf Dauer, voraussichtlich über sechs Monate anhielt, so war die Person pflegebedürftig.

13

---

13 BSG Urt. v. 17.6.1999 – B 3 P 10/98 R = NZS 2000, 38.

Diese Festlegungen bildeten die zentralen Eckpfeiler für das **Begutachtungsverfahren** und unterschieden die Pflegeversicherung von vielen anderen nationalen Sicherungssystemen im internationalen Vergleich. Die **Sozialrechtssysteme** innerhalb der EU werden nicht harmonisiert, sondern lediglich koordiniert. Dies gilt auch für die nationalen Sicherungssysteme für die Hilfen bei Pflegebedürftigkeit („Long-term Care"). Der Stand der gegenseitigen Koordination der Sozialversicherungssysteme und Informationen zur sozialen Sicherheit ist abrufbar in der Datenbank der Kommission MISSOC[14]. Dabei wird sichtbar, dass das deutsche SGB XI Begrenzungen, die sich mitunter in anderen Ländern finden und als Grundsatzfragen der Langzeitpflege unter anderem in den Key Policy Issues in **Long-term Care** der WHO diskutiert werden, nicht kennt:

- Für den Kreis der Anspruchsberechtigten existieren keine Altersgrenzen.
- Die Gewährung von Leistungen wird im Grundsatz nicht vom Institutionalisierungsrisiko abhängig gemacht (etwa die Versorgung durch professionelle, zugelassene ambulante Dienste oder der Übergang in eine stationäre Langzeitversorgung).
- Die Bemessung von Leistungsansprüchen erfolgt unabhängig von der finanziellen Situation der Betroffenen.
- Leistungsansprüche bestehen unabhängig vom familiären Umfeld (zB Gleichbehandlung von Alleinlebenden und Personen, die von Angehörigen versorgt werden).

2. Die Verrichtungsbezogenheit des ursprünglichen Begriffs der Pflegebedürftigkeit

14   Dieser ursprünglich gesetzlich geregelte Pflegebedürftigkeitsbegriff des SGB XI war von Anfang an umstritten. Die Pflegewissenschaft lehnte den Begriff als zu eng, zu **verrichtungsbezogen** und zu einseitig somatisch ab. Dabei verstärkte sich die Kritik zunehmend mit der Entwicklung der Pflegetheorien.[15] Als Probleme wurden erkannt: Das Leistungsangebot entwickelte sich primär an Bedarfslagen, die der Pflegebedürftigkeitsbegriff des SGB XI in den Mittelpunkt stellte. Indirekte Wirkungen zeigte der aktuelle Pflegebedürftigkeitsbegriff sogar bis hinein in die methodischen Grundlagen der Pflege: Die Pflegeplanung und -dokumentation in vielen Pflegeeinrichtungen orientierte sich stark an den Verrichtungen, die bei der Einschätzung von Pflegebedürftigkeit nach dem SGB XI berücksichtigt wurden. Ein weitergehendes Verständnis von Pflege fand auf dieser Ebene und auch im Bewusstsein vieler in den Pflegeberufen Tätigen wenig Raum.[16] Während von fachwissenschaftlicher Seite der einzuschätzende Hilfebedarf pflegebedürftiger Menschen auf einem differenzierten Menschenbild beruhte, wurde auf der anderen Seite seine „Verrechtlichung" in der Sozialgesetzgebung unter anderem verknüpft mit einer ökonomischen Feinsteuerungsaufgabe und der Verteilung knapper Mittel. Mit anderen Worten: Der Begriff der Pflegebedürftigkeit im SGB XI war so eng gefasst, weil vermeintlich für dieses Solidarsystem keine weiteren Mittel zur Finanzierung von Pflegebedürftigkeit aufgebracht werden konnten.[17]

---

14   http://www.missoc.org/.
15   Rennen-Allhoff/Schaeffer/Moers/Schaeffer, Pflegetheorien, 2003, S. 33ff.
16   Bartholomeyczik/Hunstein/Koch/Zegelin-Abt, Zeitrichtlinien zur Begutachtung des Pflegebedarfs, 2001; Schaeffer/Ewers, Ambulant vor stationär, 2002.
17   Abschlussbericht der Enquête-Kommission „Situation und Zukunft der Pflege", Landtag NRW, 2005, S. 35; Schneekloth/Müller, Wirkungen der Pflegeversicherung, Baden-Baden 2000, erklären dies vor allem mit fehlenden Daten zum Ausmaß der Pflegebedürftigkeit bei Einführung der sozialen Pflegeversicherung auch in der Pflegewissenschaft.

3. Die Dominanz des Zeitbezugs

Die Dominanz des **Zeitbezugs** bei der Bemessung des Pflegebedarfs, der sich erst in der letzten Phase des Gesetzgebungsverfahrens zum Inkrafttreten des SGB XI durchgesetzt hat,[18] stand zunächst nicht im Gesetz, sondern wurde vorerst in den Pflegebedürftigkeitsrichtlinien geregelt.[19] Im ursprünglichen Entwurf wies der spätere § 15 SGB XI keinen Abs. 3 auf und verzichtete auf eine zeitliche Festlegung für verschiedene Pflegestufen, entscheidend war allein die Quantität des Hilfebedarfs,[20] alles weitere sollte die Verordnung des Bundesministerium für Arbeit und Sozialordnung aufgrund der Ermächtigung in § 16 SGB XI aF und die Richtlinien nach § 17 SGB XI aF regeln.[21] Da aber die Richtlinien der Spitzenverbände der Krankenkassen bzw. inzwischen der Pflegekassen als Verwaltungsvorschriften keine authentischen Auslegungen des Gesetzes[22] enthielten, konnten sie das Gesetz weder einschränken noch ausdehnen.[23] Denn den Richtlinien kommt kein Rechtsnormcharakter zu, so dass aus Gründen der Transparenz und Rechtssicherheit eine Übernahme in das Gesetz selbst erfolgen musste.[24] Allerdings regelte der strenge Zeitbezug des § 15 Abs. 3 SGB XI aF eine scheinrationale Größe, deren Wirkung dadurch gemildert wurde, dass jedenfalls gerichtlich vielfach nicht beanstandet wurde, wenn die begutachtende Person und die Pflegekasse im Grenzfall einen großzügigen Maßstab anwandten und den Leistungsanspruch nicht an wenigen Minuten scheitern ließen.[25]

15

III. Die Ziele der sozialen Pflegeversicherung

1. Die aktivierende Pflege

Ziel der sozialen Pflegeversicherung ist – wie es § 2 Abs. 1 S. 1 SGB XI formuliert – die Hilfe für ein möglichst **selbstständiges und selbstbestimmtes Leben**, das der Würde des Menschen entspricht, trotz des bestehenden Hilfebedarfs. Die Hilfen der Pflegekassen sind nach § 2 Abs. 1 S. 2 SGB XI auf eine Aktivierung des Pflegebedürftigen auszurichten. Die von Pflegekräften, Pflegeeinrichtungen (vgl. zum Inhalt und zur Organisation der Leistungen auch § 11 Abs. 1 S. 2 SGB XI [→ Rn. 16c]) und Pflegepersonen erbrachte Pflege soll (auch) die **Aktivierung** des Pflegebedürftigen zum Ziel haben, um vorhandene körperlichen, geistigen und seelischen Fähigkeiten zu erhalten und soweit dies möglich ist, verlorene Fähigkeiten zurückzugewinnen. Sie fördert und sichert vorhandene und wieder erlernbare Fähigkeiten des pflegebedürftigen Menschen, unterstützt seine Selbständigkeit und Selbsthilfefähigkeit und leitet den Pflegebedürftigen an, bei der Ausführung aller Pflegeleistungen mitzuhelfen. Aktivierende Maßnahmen sollen in alle körperbezogenen Pflegemaßnahmen und pflegerischen Betreuungsmaßnahmen einbezogen werden, gehören aber auch zu den Hilfen bei der Haushaltsfüh-

16

---

18 Udsching FS Krasney, 1997, 677.
19 Zu den verfassungsrechtlichen Bedenken: Udsching VSSR 1996, 276.
20 BT-Drs. 12/5262 (zu § 13 Entwurf), 14 (97 f.).
21 §§ 16, 17 SGB XI idF vom 26.5.1994 (BGBl. I 1014), gültig von 1.1.1995 – 24.6.1996.
22 vgl. dazu bereits BVerfG Urt. v. 21.5.1952 – 2 BvH 2/52 = BVerfGE 1, 299; BSG Urt. v. 14.1.1958 – 11/8 RV 991/55 = BSGE 6, 252; Urt. v. 4.9.1958 – 11/9 RV 50/57 = BSGE 8, 140; Urt. v. 22.4.1959 – 11 RV 1212/58 = BSGE 9, 295.
23 BSG Urt. v. 27.5.1959 – 9 RV 1062/57 = BSGE 10, 51.
24 BT-Drs. 13/4091, 41.
25 BSG Urt. v. 7.7.2005 – B 3 P 8/04 R = BSGE 95, 57.

rung und der Organisation des Tagesablaufs. Auch die Angehörigen und der Lebenspartner sollen sich an der aktivierenden Pflege beteiligen.

2. Die Pflichten der Pflegeeinrichtungen

17 Den **Qualitätsanspruch** für die Pflege, Versorgung und Betreuung der Pflegebedürftigen durch die Pflegeeinrichtungen legt § 11 Abs. 1 S. 1 SGB XI fest. Die Leistungen müssen dem allgemein anerkannten **Stand medizinisch-pflegerischer Erkenntnisse** genügen, so dass der Qualitätsanspruch **nicht statisch** die historisch bei Einführung der Pflegeversicherung oder die derzeit geltenden Grundsätze der Pflege festschreibt. Die Pflegeeinrichtungen sind verpflichtet, die von ihnen zu erbringende Leistungen, insbesondere die Pflege, der Entwicklung dieser Erkenntnisse ständig anzupassen.[26] Die Qualität der Pflege wird somit – ähnlich wie es § 2 Abs. 1 S. 3 SGB V für die Leistungen in der gesetzlichen Krankenversicherung regelt – nicht durch den Grundsatz der **Wirtschaftlichkeit** oder der **Beitragssatzstabilität** negativ beeinflusst.

18 **Praxishinweis:**
Der Qualitätsstandard wird durch § 7 Abs. 1 WBVG auf den Einrichtungs- oder **Wohn-Pflegevertrag** bezogen, indem die Pflegeeinrichtung verpflichtet wird, die vertraglich vereinbarten **Pflege- oder Betreuungsleistungen** nach dem allgemein anerkannten Stand fachlicher Erkenntnisse zu erbringen.

19 Dabei ist die Pflege nach § 11 Abs. 1 S. 2 SGB XI so zu gestalten und zu organisieren, dass die **Menschenwürde** des Pflegebedürftigen gewahrt wird. Die Verpflichtung zur Achtung der Menschenwürde ergibt sich allgemein bereits aus Art. 1 Abs. 1 GG, wird so aber zur konkreten Handlungsmaxime. Die Benennung an dieser Stelle bedeutet, dass sich die Versorgung nicht auf eine **„Satt-Sauber-Pflege"** beschränkt, sondern darauf ausgerichtet sein muss, den Pflegebedürftigen in seine Pflege **aktiv einzubeziehen** und insbesondere die Wünsche (→ Rn. 24), den Willen und die Fähigkeit zur Selbsthilfe zu fördern und zu unterstützen.[27] Der so definierte **Pflegestandard** konkretisiert sich nach den Kriterien der Struktur-, der Prozess- und der Ergebnisqualität, das heißt nach eingesetzten sächlichen und personellen Mitteln, den pflegerischen Verfahrensweisen sowie deren Kontrolle und Dokumentation. **Prozessqualität** bezieht sich direkt auf pflegerische und medizinische Fragen und ist damit das zentrale Instrument des **Qualitätsmanagements**. Die **Ergebnisqualität** bezieht sich auf das Pflege- bzw. Behandlungsergebnis. Die Beurteilung von Ergebnisqualität hängt in hohem Maße davon ab, ob die Zielsetzung einer pflegerischen Behandlung erreicht wurde. Die **aktivierende Pflege** (→ Rn. 16) zielt darauf ab, die Fähigkeiten der Pflegebedürftigen möglichst lange zu erhalten oder wiederherzustellen. Da die Pflege den Menschen in seiner Gesamtheit mit Leib, Geist und Seele umfasst, gehört dazu auch eine auf den individuellen Pflegebedürftigen bezogene, sein Wohlbefinden fördernde geistige und kulturelle Betreuung.[28]

---

26 BT-Drs. 12/5262, 92.
27 BT-Drs. 12/5920, 22 f.
28 BT-Drs. 12/5262, 142.

Praxishinweis:

Zur aktivierenden Pflege gehört ua die Ermunterung und Hilfestellung – und nicht die (vorschnelle) Übernahme – bei den Verrichtungen des täglichen Lebens, auch wenn die Pflege dann längere Zeit in Anspruch nimmt.

Die aktive Einbeziehung des Pflegebedürftigen ist eine wesentliche Voraussetzung, Pflegebedürftigkeit zu überwinden, den Pflegezustand zu verbessern oder einer Verschlimmerung vorzubeugen. Daher wird der Versicherte nach § 6 SGB XI im Rahmen der **Eigenverantwortung** vor und nach Eintritt der Pflegebedürftigkeit zur Mitwirkung an Leistungen zur medizinischen Rehabilitation und der aktivierenden Pflege verpflichtet. Mit diesem Appell wird – wie in § 1 SGB V für den Bereich der gesetzlichen Krankenversicherung – die Mitverpflichtung der Versicherten hervorgehoben, durch eine gesundheitsbewusste Lebensführung sowie durch die Inanspruchnahme von Vorsorge- und Behandlungsmaßnahmen dazu beizutragen, Pflegebedürftigkeit zu vermeiden. Diese Pflicht zur Mitwirkung besteht im Rahmen der §§ 60 ff. SGB I (→ Rn. 170) auch nach eingetretener Pflegebedürftigkeit, wenn Erfolg versprechende Maßnahmen möglich sind, mit denen das Ausmaß der Pflegebedürftigkeit verringert, eine Verschlimmerung verhütet oder sogar die Pflegebedürftigkeit überwunden werden kann.

Die **aktivierende Pflege** (→ Rn. 16) stellt keine besondere – bei Vorliegen der Voraussetzungen nach §§ 14, 15 SGB XI – von der Pflegekasse zu gewährender Leistung dar, sondern ist Ziel und Bestandteil der nach den §§ 36 ff. SGB XI (→ Rn. 362) zu gewährenden Leistungen der Pflege. Sie findet deshalb auch § 2 SGB XI keine besondere Berücksichtigung bei der Bestimmung der Pflegebedürftigkeit und der Pflegegrade.

Ebenso ist die Erfüllung des Kommunikationsbedürfnisses keine von der Pflegekasse vorzuhaltende Leistung. Das **Kommunikationsbedürfnis** des Pflegebedürftigen ist Bestandteil seiner Betreuung, so dass bei der Pflege gleichzeitig darauf einzugehen ist. Hierbei ist den besonderen Bedürfnissen seelisch oder geistig behinderter Menschen Rechnung zu tragen.

3. Das Wunsch- und Wahlrecht

Der Eintritt von Pflegebedürftigkeit bedeutet regelmäßig, dass der Pflegebedürftige Einschränkungen in der **freien Gestaltung** seines Lebens hinnehmen muss. Die Leistungen der Pflegeversicherung sind daher so zu gestalten und einzusetzen, dass die Möglichkeiten zu einer selbstbestimmten Lebensführung im Rahmen der verbliebenen Fähigkeiten so weit wie möglich erhalten bleiben. Dazu soll vor allem ein den individuellen Bedürfnissen des Pflegebedürftigen Rechnung tragendes Leistungsangebot beitragen.

Eine wesentliche Voraussetzung zur Führung eines selbstbestimmten menschenwürdigen Lebens wird durch das allgemein gültige Prinzip – geregelt in § 33 S. 2 SGB I – des Wunsch- und Wahlrechts der Pflegebedürftigen hinsichtlich der Ausgestaltung der Leistung gewährleistet. Die Erbringung einer Leistung darf den Pflegebedürftigen nicht bevormunden. Das **Wunsch- und Wahlrecht** des Pflegebedürftigen wird nach § 33 S. 2 SGB I iVm 2 Abs. 2 S. 2 SGB XI allerdings insoweit eingegrenzt, als die Solidargemeinschaft nur für **angemessene Wünsche** zur Gestaltung der Hilfe im Rahmen des vorgesehenen Leistungsrechts einzustehen hat. Um zu gewährleisten, dass Pflegebedürftige ihre Wünsche äußern und auch tatsächlich von ihrem Wunsch- und Wahlrecht Gebrauch machen können, obliegt den Pflegekassen nach § 2 Abs. 4 SGB XI die Verpflichtung, die Pflegebedürftigen über ihre Wunsch- und Wahlrechte zu **informieren**.

26 **Praxishinweis:**

Immer zu beachten ist die Privatheit! Jeder hilfe- und pflegebedürftige Mensch hat das Recht auf Wahrung und Schutz seiner Privat- und Intimsphäre, Art. 3 Pflege-Charta.[29]

27 Immer angemessen sind Wünsche der Pflegebedürftigen im Hinblick auf eine **gleichgeschlechtliche** und **kultursensible Pflege**. § 1 Abs. 5 SGB XI schreibt die Grundausrichtung der Pflegeversicherung insoweit vor, auch wenn mit dieser zielorientierten Regelung ein unmittelbarer Rechtsanspruch auf die Durchführung bestimmter Maßnahmen nicht verknüpft ist. Entscheidend sind immer die konkreten Möglichkeiten zur Hilfe, wobei der Sicherstellungsauftrag der Pflegekassen nach §§ 12 Abs. 1 S. 1, 69 S. 1 SGB XI (→ 49) auch insoweit Wirkung entfaltet. Geschlechtsspezifische Unterschiede bezüglich der Pflegebedürftigkeit sollen berücksichtigt werden, und zwar über den Wortlaut hinaus nicht nur für Männer und Frauen, sondern auch für das dritte Geschlecht „inter/divers". Das allgemeine Persönlichkeitsrecht (Art. 2 Abs. 1 iVm Art. 1 Abs. 1 GG) schützt auch die geschlechtliche Identität derjenigen, die sich dauerhaft weder dem männlichen noch dem weiblichen Geschlecht zuordnen lassen.[30] Konkretisiert wird das allgemeine Wunschrecht bezüglich der gleichgeschlechtlichen Pflege in § 2 Abs. 2 S. 3 SGB XI.

28 Unter kultursensibler Pflege sind **interkulturelle Öffnung** und die Berücksichtigung der kulturell bedingten unterschiedlichen Bedürfnisse von pflegebedürftigen Menschen – insbesondere auch vor dem Hintergrund der zunehmenden Zahl von pflegebedürftigen Menschen mit Migrationshintergrund – zu verstehen. Zu reflektieren sind die unterschiedlichen religiösen, kulturellen und ethnischen Prägungen und ihre Bedeutung für eine menschenwürdige und auf Selbstbestimmung hin ausgerichtete Pflege. Konkret gehört dazu die Überwindung sprachlicher Barrieren, der Kontakt zu muttersprachlichen Ärzten und Kulturgemeinschaften bzw. religiösen Gemeinden und – vor allem – die Kenntnisse zu kulturell geprägten Vorstellungen unter anderem von Reinheit und Reinigung, Umgang mit Krankheiten und Schmerz, in der Sterbephase und mit Toten.

29 **Praxishinweis:**

Kultursensible Pflege gehört nicht zum obligatorischen Leistungsspektrum jeder Einrichtung. Die konzeptionelle Einbeziehung bestimmter Zielgruppen kann aber ein attraktives Angebot für pflegebedürftige Menschen bedeuten, wenn es eine entsprechende Nachfrage im Umfeld der Einrichtung gibt.

30 Den **religiösen Bedürfnissen** aller Pflegebedürftigen ist Rechnung zu tragen. Dabei soll nach § 2 Abs. 3 S. 2 SGB XI bei einer stationären Versorgung sichergestellt werden,

---

[29] www.wege-zur-pflege.de/pflege-charta/.
[30] BVerfG Urt. v. 10.10.2017 – 1 BvR 2019/16 = BVerfGE 147, 1.

dass das religiöse Bekenntnis des Pflegebedürftigen geachtet wird und eine seelsorgerische Betreuung erfolgen kann.

4. Das Prinzip der Trägervielfalt

Das Wunsch- und Wahlrecht des Pflegebedürftigen wird vor allem durch die Selbstbestimmung hinsichtlich der Leistungsart und dem Träger der Einrichtung, also dem Leistungserbringer, verwirklicht, wie § 2 Abs. 2 S. 1 SGB XI anordnet. Das alle Zweige des Sozialversicherungs- und Sozialhilferechts prägende Prinzip der **Trägervielfalt** (vgl. etwa § 2 Abs. 3 S. 1 SGB V) soll sicherstellen, dass die regelmäßig mit einem Eingriff in die Intimsphäre verbundenen Pflegeleistungen aus Sicht des Pflegebedürftigen als so wenig belastend und invasiv wie möglich empfunden werden. Der pflegebedürftige Versicherte hat durch das Recht zur freien Wahl des Leistungserbringers die Möglichkeit, selbst zu entscheiden, welche ambulanten Dienste oder teilstationären und vollstationären Einrichtungen, in Anspruch genommen werden sollen. Das Wahlrecht ist begrenzt auf die nach den leistungserbringungsrechtlichen Vorschriften zugelassen Dienste und Einrichtungen. Pflegebedürftige können also keine Leistungen von gewählten, aber nicht zugelassenen oder zulassungsfähigen Anbietern beanspruchen. Die Auswahl besteht daher nur zwischen Trägern mit Zulassung zur Versorgung durch Abschluss eines Versorgungsvertrages nach §§ 71, 72 SGB XI oder zwischen Personen mit Einzelvertrag gemäß § 77 SGB XI. Gleiches gilt für die nach § 45a Abs. 3 SGB XI nach Landesrecht anerkannten Angebote zur Unterstützung im Alltag (→ Rn. 583 ff).

Die Trägervielfalt wird in § 11 Abs. 2 S. 1 SGB XI als (allerdings nicht einklagbares) Recht der Pflegeeinrichtungen beschrieben, deren Vielfalt von Seiten der Pflegekasse zu wahren ist. Die zu achtende Selbständigkeit und Unabhängigkeit der Träger bedeutet, dass diese die Schwerpunkte ihrer Aufgaben in der Pflege selbst festlegen und die Durchführung der konkreten Pflegeleistungen in einer durch das eigene **Selbstverständnis** des Trägers besonders geprägten Form vornehmen können, soweit und solange die Ausführung der Pflege dem allgemein anerkannten Stand medizinisch-pflegerischer Erkenntnisse (§ 11 Abs. 1 S. 1 SGB XI [→ Rn. 16a]) entspricht.

Nach § 11 Abs. 2 S. 3 SGB XI haben im Rahmen der Trägervielfalt die freigemeinnützigen und privaten Träger Vorrang gegenüber den öffentlichen, kommunal getragenen Einrichtungen und Diensten. Frei-gemeinnützige Träger sind privatrechtlich organisiert, also nicht der öffentlichen Verwaltung zuzuordnen, und darauf gerichtet, die Allgemeinheit im Sinne des § 52 AO auf materiellem, geistigem oder sittlichem Gebiet selbstlos zu fördern. Mit dieser Anordnung soll dem **institutionellen Subsidiaritätsprinzip** entsprochen werden.[31] Das Subsidiaritätsprinzip charakterisiert im Sinne des § 17 Abs. 3 S. 1 SGB I das Verhältnis zwischen der öffentlichen Verwaltung und den privatrechtlich organisierten Trägern. Die Kommunen sollen danach aus Gründen der Wirtschaftlichkeit auf die Errichtung eigener Versorgungsstrukturen bzw. Einrichtungen und Dienste verzichten, wenn die benötigten Leistungen bereits durch privatrechtlich organisierte Träger in ausreichender Anzahl vorhanden sind. Andererseits muss ein öffentlicher Träger sein bestehendes Angebot nicht einstellen, wenn sich ein pri-

---

31 BT-Drs. 12/5262, 95.

5. Der Vorrang der ambulanten Pflege

34 § 3 SGB XI formuliert als eines der wesentlichen Ziele der Pflegeversicherung in besonderem Maße die häusliche Pflege zu unterstützen und zu fördern. Sie bestimmt den **Vorrang der häuslichen** (§§ 36–40, 45a, 45b SGB XI) und teilstationären (§ 41 SGB XI) **Pflege** sowie der Kurzzeitpflege (§ 42 SGB XI) gegenüber den Leistungen der vollstationären (§ 43 SGB XI) Pflege. Der Vorrang der häuslichen Pflege führt nicht zu einer Einschränkung der individuellen Wünsche der Pflegeleistung; soll aber gewährleisten, dass die Pflegebedürftigen so lange wie möglich in ihrer gewohnten häuslichen Umgebung verbleiben können. So gehen Leistungen der teilstationären Pflege (§ 41 SGB XI) und der Kurzzeitpflege (§ 42 SGB XI) nach § 3 S. 2 SGB XI den Leistungen der vollstationären Pflege (§ 43 SGB XI) vor. Auch die **Pflegebereitschaft** der Angehörigen und Nachbarn soll gestärkt werden. Alle professionellen Akteure – also die Länder, die Kommunen, die Pflegeeinrichtungen und die Pflegekassen – fördern nach § 8 Abs. 2 S. 3 SGB XI die Bereitschaft zur Übernahme von Pflegeaufgaben und wirken auf eine neue **Kultur des Helfens** und der menschlichen Zuwendung hin.[32]

35 Angemessene Wünsche (§ 2 Abs. 2 SGB XI, § 33 SGB I [→ Rn. 25]) des Pflegebedürftigen sind daher zu gewähren. Der Vorrang häuslicher Pflege hat dort seine Grenzen, wo bedingt durch die familiären oder sozialen Verhältnisse eine angemessene Versorgung und Betreuung im häuslichen Bereich **nicht sichergestellt** ist. Stellt der MD bei seiner Begutachtung fest, dass die häusliche Pflege im Rahmen der Geldleistung des § 37 SGB XI nicht in geeigneter Weise sichergestellt ist, so hat die Pflegekasse darauf hinzuwirken, dass die pflegerischen Hilfeleistungen zweckentsprechend erfolgen (→ Rn. 188). Die Stellungnahme hat sich nach § 18b Abs. 1 S. 2 SGB XI auf die Aussage zur Sicherstellung der häuslichen Pflege zu erstrecken. Diese Leistungen ergänzen oder ersetzen die häusliche Pflege. Diese Leistungen sollen sicherstellen, dass die engen Beziehungen des Pflegebedürftigen zu seiner Familie und seinem Wohnbereich aufrechterhalten bleiben.

36 **Praxishinweis:**

Die früher vom Medizinischen Dienst geprüfte **Pflegeheimbedürftigkeit** ist infolge der Neuordnung der Leistungsbeträge durch das PSG II bei der Wahl vollstationärer Leistungen für Bezieher von Pflegeleistungen nicht mehr relevant, diese können also frei wählen. Der Träger der Sozialhilfe führt die Prüfung im Rahmen des § 65 SGB XII weiterhin durch.

6. Das Teilleistungssystem

37 Die Vorrangregel des § 3 SGB XI (→ Rn. 34) hat aber nicht zuletzt für die beteiligten Familien regelmäßig im Angesicht der Kosten der stationären Pflege im jetzigen System der Finanzierung der Pflege einen **finanziellen Aspekt**. Die Leistungen der sozialen

---

[32] BT-Drs. 12/5262, 67.

Pflegeversicherung beabsichtigen keine Vollabsicherung des Pflegerisikos. Die Höhe der Versicherungsleistungen nach dem SGB XI ist auf gesetzlich festgesetzte Höchstbeträge begrenzt (**Teilleistungssystem**). Der insofern begrenzte Wirkungskreis der Pflegeversicherung für „Teilleistungen für einzelne Teilbedarfe" – in der Praxis fälschlicherweise „Teilkasko-Versicherung" genannt – wird insbesondere in § 4 Abs. 2 S. 1 SGB XI deutlich, der für die ambulante und teilstationäre Pflegeleistung lediglich von einer „Ergänzung" des familiären, nachbarschaftlichen oder sonstigen ehrenamtlichen Engagements spricht.

Praxishinweis:

Die Angehörigen – der „informelle Sektor" der Pflege – sind gesetzlich nicht verpflichtet, Pflegeleistungen für die Angehörigen zu übernehmen. Auch für die Pflegebedürftigen begründet der Vorrang der häuslichen Pflege keinerlei (gesetzliche) Verpflichtung, welche Leistungen in Anspruch genommen werden.

Bei den Pflegebedürftigen kann daher auch nach Einführung des neuen Pflegebedürftigkeitsbegriffs im SGB XI ein darüberhinausgehender Bedarf an Pflegeleistungen bestehen, der bei finanzieller Bedürftigkeit durch den örtlich zuständigen **Träger der Sozialhilfe** im Rahmen der Hilfe zur Pflege gedeckt werden muss. Darüber hinaus werden die Kosten für Unterkunft und Verpflegung von der gesetzlichen Pflegeversicherung nicht übernommen (§ 4 Abs. 2 S. 2 SGB XI), das heißt, im Fall der finanziellen Bedürftigkeit der Pflegebedürftigen werden im Regelfall auch diese Kosten von den Trägern der Sozialhilfe zu tragen sein. Die begrenzten Leistungen der sozialen Pflegeversicherung werden somit auch in Zukunft das **ergänzende System** der Hilfe zur Pflege erfordern, damit der pflegerische Bedarf von Pflegebedürftigen im Fall ihrer finanziellen Bedürftigkeit umfassend sichergestellt ist. Sowohl rechtssystematisch als auch im Sinne der Pflegebedürftigen ist somit auch weiterhin eine (weitgehende) Identität der Pflegebedürftigkeitsbegriffe unabdingbar.[33]

7. Der Vorrang der Prävention und Rehabilitation

Das Vorrangprinzip der **Prävention** und **Rehabilitation** in § 5 SGB XI soll die Annahme verdeutlichen, dass der Weg in die Pflegebedürftigkeit kein unabänderliches Schicksal, sondern ein beeinflussbarer Zustand ist. Die Pflegekassen haben nach § 5 Abs. 4 SGB XI auch die Aufgabe darauf hinzuwirken, dass andere Sozialleistungsträger möglichst frühzeitig geeignete Leistungen zur Prävention, Krankenbehandlung und zur medizinischen Rehabilitation erhalten, damit die Pflegebedürftigkeit nicht erst entsteht. Die Mitwirkung des Pflegebedürftigen an Rehabilitationsmaßnahmen stellt im Rahmen der Eigenverantwortung des § 6 SGB XI (→ Rn. 21) eine Obliegenheit dar, die den Pflegekassen nach Maßgabe der §§ 60 SGB I (→ Rn. 170) grundsätzlich das (allerdings bisher kaum durchgesetzte) Recht zur Versagung oder Entziehung der Pflegeleistungen gibt.

Ist die Pflegebedürftigkeit eingetreten, so soll nach § 5 Abs. 6 SGB XI dieser Zustand nicht einfach hingenommen werden, sondern durch Leistungen der medizinischen, auch geriatrischen Rehabilitation nach § 40 SGB V möglichst überwunden, zumindest

---

33 BT-Drs. 18/9518, 2.

aber gemindert oder deren Verschlimmerung verhindert werden. Inzwischen wurden die Pflegekassen in die **nationale Präventionsstrategie** nach §§ 20d ff. SGB V einbezogen. Die Pflegekassen haben Leistungen zur Prävention in stationären Pflegeeinrichtungen nach § 71 Abs. 2 SGB XI zu erbringen. In den stationären Einrichtungen soll die Gesundheitsförderung im Settingansatz kassenübergreifend implementiert werden. Die Pflegekassen stellen hierfür 0,30 EUR (2016) pro Versicherten zur Verfügung. Mittels Förderanträge der stationären Pflegeeinrichtungen wird über die Verwendung der Gelder auf Länder- bzw. Bundesebene entschieden. Der Anspruch auf Individualprävention durch die Krankenversicherung bleibt auch für Bewohner in stationären Pflegeeinrichtungen erhalten.

42 **Praxishinweis:**

Die Kriterien für die Förderanträge der stationären Pflegeeinrichtungen sind im „Leitfaden Prävention in der stationären Pflege" des GKV-Spitzenverbandes beschrieben.[34]

8. Das Wirtschaftlichkeitsgebot

43 § 4 Abs. 3 SGB XI umschreibt die Verpflichtung aller Beteiligter – der Pflegekassen, Pflegeeinrichtungen und Pflegebedürftigen –, die Leistungen wirksam und wirtschaftlich zu erbringen und diese nur im notwendigen Umfang in Anspruch zu nehmen. § 29 SGB XI formuliert das **Wirtschaftlichkeitsgebot** – ähnlich wie § 12 Abs. 1 SGB V für die gesetzliche Krankenversicherung – weiter aus. Nach § 29 Abs. 1 S. 1 SGB XI gilt für die Leistungen der Pflegeversicherung, dass diese das Maß des Notwendigen nicht übersteigen dürfen und wirtschaftlich sein müssen. Leistungen, die diese Voraussetzungen nicht erfüllen, dürfen von den Pflegekassen nicht bewilligt werden und dürfen die Leistungserbringer nicht zulasten der Pflegeversicherung abrechnen. Eine Konkretisierung des Wirtschaftlichkeitsgebots enthalten die Regelungen für die Verträge der Leistungserbringer nach den §§ 70 ff. SGB XI.

44 **Wirksam** sind Leistungen, die abstrakt zur Erreichung des damit verfolgten Ziels geeignet sind, also konkret den Pflegebedürftigen bei den Verrichtungen des täglichen Lebens unterstützen, der Wahlfreiheit entsprechen und die Eigenständigkeit fördern. Dabei ist die Leistung **notwendig**, wenn sie unverzichtbar ist. Ein Indiz dafür ist die spürbare Verbesserung der Pflegesituation. Das Wirtschaftlichkeitsgebot zeigt sich an verschiedenen Stellen im Gesetz, so etwa bei der Angemessenheit des Wunsch- und Wahlrechts in § 2 Abs. 2 SGB XI (→ Rn. 25).

45 Die Leistungen nach den §§ 36 bis 43 sowie 43b SGB XI (→ Rn. 362 ff) (ausgenommen die nach den §§ 37 Abs. 1, 38a, 39 und 40 Abs. 2 SGB XI) dürfen nur bei Leistungserbringern in Anspruch genommen werden, mit denen die Pflegekassen oder die für sie tätigen Verbände **Versorgungsverträge** nach den §§ 71 ff. SGB XI abgeschlossen haben oder mit denen ein Versorgungsvertrag nach § 73 Abs. 3 und 4 SGB XI – wegen des Bestandsschutzes bei Einführung der sozialen Pflegeversicherung 1995 – als abgeschlossen gilt (§ 29 Abs. 2 SGB XI). Lediglich für die Leistungen nach § 45b Abs. 1 S. 3 Nr. 4

---

34 https://www.gkv-spitzenverband.de/pflegeversicherung/praevention_pflege/praevention_stationaere_pflege.jsp.

SGB XI (→ Rn. 590) der nach Landesrecht anerkannten Angebote zur Unterstützung im Alltag iSv § 45a SGB XI entfällt die Pflicht des Versorgungsvertrages nach § 72 SGB XI.

Bei Inanspruchnahme von Leistungen der Pflegeeinrichtungen, die zwar mit den Pflegekassen in einem Versorgungsvertragsverhältnis hinsichtlich der Leistungserbringung stehen, mit denen aber **keine** vertragliche Regelung der **Pflegevergütung** nach den §§ 85 und 89 SGB XI besteht, ist der Leistungsanspruch nicht ausgeschlossen, sondern bestimmt sich nach § 91 SGB XI. Die Leistungserbringer können ihre Preise nach § 91 Abs. 1 SGB XI unmittelbar mit den Bewohnern oder Pflegekunden vereinbaren. Die Kostenerstattung durch die Pflegekasse des Bewohners oder Pflegekunden ist allerdings nach § 91 Abs. 2 S. 2 SGB XI auf 80 % des gesetzlichen Budgets der jeweils in Anspruch genommen Leistung begrenzt. Eine weitergehende Kostenerstattung durch den Träger der Sozialhilfe ist nach § 91 Abs. 2 S. 3 SGB XI ausgeschlossen.

9. Das Gebot der partnerschaftlichen Zusammenarbeit

Die Pflegekassen haben nach § 12 Abs. 2 S. 1 SGB XI mit den ambulanten und stationären Pflegeeinrichtungen partnerschaftlich zusammenzuarbeiten. Das Gebot der **partnerschaftlichen Zusammenarbeit** dient der wirksamen **Koordination** des Leistungsangebots.

Die Verpflichtung zur Partnerschaftlichkeit setzt eine **neutrale Beratung** (vor allem § 7a SGB XI [→ Rn. 51]) über die verschiedenen pflegerischen Angebote voraus, um den Pflegebedürftigen bzw. ihren Angehörigen Orientierung geben zu können. Ziel ist nach § 12 Abs. 2 S. 2 SGB XI das nahtlose Ineinandergreifen notwendiger Leistungen, um auf Änderungen im Pflegebedarf des Pflegebedürftigen unmittelbar reagieren zu können. Nur so ist sichergestellt, dass die im Einzelfall notwendige Hilfen von der Prävention, der häuslichen Pflege und Behandlungspflege über die ärztliche Behandlung und medizinischen Rehabilitation bis zur spezialisierten Palliativversorgung zu Verfügung stehen und dem Pflegebedürftigen angeboten werden können.

Um dieses anspruchsvolle Ziel zu erreichen, sind die Pflegekassen zur **Sicherstellung** der pflegerischen Versorgung ihrer Versicherten verantwortlich, wie § 12 Abs. 1 S. 1 SGB XI wörtlich festlegt. Der Sicherstellungsauftrag besteht nach § 12 Abs. 1 S. 2 SGB XI vor allem in der Verpflichtung zur **Zusammenarbeit** mit den an der Versorgung beteiligten Leistungserbringern sowie in der **Vernetzung** der pflegerischen Versorgung. Des Weiteren wird der Sicherstellungsauftrag der Pflegekassen mit der Beschreibung der Qualität der Leistungsinhalte verbunden. Nach § 69 Abs. 1 S. 1 SGB XI hat die von den Pflegekassen zu gewährleistende bedarfsgerechte und gleichmäßige pflegerische Versorgung der Pflegebedürftigen dem allgemein anerkannten Stand medizinisch-pflegerischer Erkenntnisse zu entsprechen (vgl. dazu auch § 2 Abs. 1 SGB V).

> **Praxishinweis:**
> Die Pflegekassen erfüllen ihre Verschaffungspflicht im Rahmen des Sicherstellungsauftrags durch Verträge mit den Leistungserbringern, insbesondere durch den Abschluss von Vergütungsvereinbarungen.

IV. Die Beratung

51 Der Erfolg der sozialen Pflegeversicherung ist wesentlich von der Kenntnis der Versicherten und ihrer (pflegenden) Angehörigen über die verschiedenen Leistungen, der bestehenden Wahlmöglichkeiten und weitere Leistungen anderer Sozialleistungsträger abhängig. Daher sind eine gute **Information** und eine auf die individuelle Lebenslage eingehende **Beratung** unerlässlich. Mit jeder Reform der sozialen Pflegeversicherung wurden die Regelungen zur Beratung neu geordnet, die Beratungsleistungen ausgebaut und – so die Hoffnung – verbessert. So hat der Gesetzgeber den allgemeinen Beratungsanspruch des § 14 SGB I und die allgemeine Beratungspflicht der Pflegekassen (§ 7 SGB XI) schrittweise um die spezielle **Pflegeberatung** der Pflegekassen (§ 7a SGB XI) mit der Verpflichtung zur **Erstellung eines Versorgungsplanes**, die Einrichtung von **Pflegestützpunkte** (§ 7c SGB XI) und die Ausgabe von **Beratungsgutscheinen** zur Beratung durch unabhängige und neutrale Beratungsstellen (§ 7b SGB XI) erweitert. Die Beratung hat auf Wunsch des Versicherten unter Einbeziehung von Angehörigen und Lebenspartnern in seiner häuslichen Umgebung zu erfolgen (§ 7b Abs. 2 S. 1 SGB XI); hierüber hat die Pflegekasse den Versicherten aufzuklären. Ziel der Beratungsangebote sowie der Flexibilisierung der Leistungen ist die Aktivierung der privaten Pflegepotentiale bzw. deren Erhalt.

52 **Praxishinweis:**
Die Mindestvorgaben zur Vereinheitlichung des Verfahrens, zur Durchführung und zu den Inhalten der Beratung sind in den Pflegeberatungs-Richtlinien zusammengefasst, die nach § 17 Abs. 1a S. 1 SGB XI unmittelbar verbindlich sind.[35]

53 Nach dem SGB XI bestehen derzeit folgende Beratungsansprüche/ Beratungspflichten:
- **allgemeine Beratung** nach § 7 SGB XI für alle Versicherten; idR erbracht durch Sachbearbeiter der Pflegekassen bzw. in Pflegestützpunkten,
- **individuelle Beratung** nach § 7a SGB XI; erbracht durch qualifizierte Pflegeberater bei den Pflegekassen, Pflegestützpunkten oder unabhängigen Beratungsstellen (bei Erstantrag Anspruch auf Beratung innerhalb von zwei Wochen oder Beratungsgutscheine nach § 7b SGB XI),
- **Pflichtberatung** nach § 37 Abs. 3 SGB XI (in der eigenen Häuslichkeit) beim Bezug von Pflegegeld; erbracht in der Regel durch Pflegedienste, jedoch auch möglich durch Pflegeberater nach § 7a SGB XI,
- **Pflichtberatung bei Umwidmung** von Pflegesachleistungen (in der eigenen Häuslichkeit) in niedrigschwellige Angebote nach § 45a Abs. 3 SGB XI; erbracht wie die Pflichtberatung nach § 37 Abs. 3 SGB XI,
- **Pflegekurse für Angehörige** und ehrenamtliche Pflegepersonen nach § 45 SGB XI,
- **Versorgungsmanagement** nach § 11 Abs. 4 SGB V.

---

[35] Abrufbar unter: https://www.gkv-spitzenverband.de/media/dokumente/pflegeversicherung/beratung_und_betreuung/pflegeberatung/20211220__Pflegeberatungs-Richtlinien.pdf.

Im SGB XII bestehen derzeit folgende Beratungsansprüche/ Beratungspflichten, die im 54
Zusammenhang mit Pflege und Pflegevermeidung stehen können:

- Beratung zur Erfüllung der **Aufgaben nach dem SGB XII** (§ 11 SGB XII),
- Beratung im Rahmen der **Altenhilfe** nach § 71 Abs. 2 Nr. 4 SGB XII,
- Beratung im Rahmen der **Eingliederungshilfe** durch das Gesundheitsamt oder die nach Landesrecht bestimmte Stelle nach § 106 SGB IX. Die Beratung umfasst insbesondere
  - die persönliche Situation des Leistungsberechtigten, den Bedarf, die eigenen Kräfte und Mittel sowie die mögliche Stärkung der Selbsthilfe zur Teilhabe am Leben in der Gemeinschaft einschließlich eines gesellschaftlichen Engagements (Nr. 1), sowie
  - die Leistungen anderer Leistungsträger (Nr. 3).

Weitere Beratungsansprüche/ Beratungspflichten in **kommunaler Verantwortung** im 55
Zusammenhang mit Pflege und Pflegevermeidung bestehen ua nach SGB I, BGB (rechtliche Betreuung) und den jeweiligen Landesgesetzen zum Öffentlichen Gesundheitsdienst. Hinzu kommen Beratungspflichten der stationären Leistungserbringer nach dem SGB V.

> **Praxishinweis:** 56
>
> Die Pflegekassen kommen ihrer Auskunfts- und Informationspflicht nur dann ausreichend nach, wenn sie auch über die Leistungen und Hilfen anderer Träger – namentlich der Krankenkassen und der Träger der Sozialhilfe – informieren.

1. Die Auskunft

Die Verpflichtung der Pflegekassen nach § 7 SGB XI zur Information und Aufklärung 57
der Versicherten ist eine Konkretisierung der allgemeinen **Auskunft** nach § 15 SGB I für den Bereich der sozialen Pflegeversicherung und umfasst auch die **allgemeine Beratung** der Versicherten über ihre Rechte und Pflichten iSd § 14 SGB I und soll der Abgrenzung zur Pflegeberatung nach § 7a SGB XI dienen. Aufgabe der Pflegekassen ist es insoweit das von den Versicherten nach § 6 SGB XI (→ Rn. 21) erwartete eigenverantwortliche Handeln zu fördern. Die als Aufklärungsmaßnahmen gedachten Beiträge in den Mitgliederzeitschriften der gesetzlichen und privaten Krankenkassen und die Herausgabe von Informationsbroschüren können insoweit immer nur ein erster Schritt sein, um diesen gestiegenen Beratungsbedarf nachkommen zu können.

Die Auskunft und Information über die Leistungen der Pflegekassen sowie über die 58
Leistungen und Hilfen anderer Träger soll nach § 7 Abs. 2 S. 1 SGB XI in verständlicher Weise, also in **einfacher Sprache** erfolgen, so dass diese auch für Versicherte und ihre Angehörigen verständlich ist, deren Muttersprache nicht Deutsch ist. Dies gilt insbesondere auch für die schriftlichen Informationen der Pflegekassen. Darüber hinaus haben die Pflegekassen **aufzuklären**, dass ein Anspruch besteht auf die Übermittlung

1. des Gutachtens des MD oder eines anderen von der Pflegekasse beauftragten Gutachters sowie
2. der gesonderten Präventions- und Rehabilitationsempfehlung gemäß § 18b Abs. 2 SGB XI.

29

59 Ebenso gibt die zuständige Pflegekasse nach § 7 Abs. 2 S. 4 SGB XI Auskunft über die in ihren **Verträgen zur integrierten Versorgung** nach § 92b Abs. 2 SGB XI (→ Rn. 551) getroffenen Festlegungen, insbesondere zu Art, Inhalt und Umfang der zu erbringenden Leistungen und der für die Versicherten entstehenden Kosten, und veröffentlicht diese Angaben auf einer eigenen Internetseite.

60 Die Angehörigen bzw. Lebenspartner und **beteiligte Dritte** sind im Bedarfsfall von den Pflegekassen einzubeziehen und zu informieren. Dies ist insbesondere gegeben, wenn

- die Pflege ehrenamtlich (zB von Angehörigen, Lebenspartnern oder Nachbarn) erbracht wird,
- die Art oder Schwere der Erkrankung eine Kontaktaufnahme mit dem Pflegebedürftigen erschwert,
- eine Leistungspflicht der Pflegekasse nach § 44 SGB XI (→ Rn. 558) besteht.

2. Die Leistungs- und Preisvergleichslisten

61 Der Pflegebedürftige kann zwischen Einrichtungen und Diensten verschiedener Träger wählen (§ 2 Abs. 2 S. 1 SGB XI [→ Rn. 31]). Um dieses Wahlrecht ausüben zu können und den Wettbewerb zwischen den Leistungserbringern zu ermöglichen, ist Transparenz hinsichtlich der bestehenden Versorgungsangebote von großer Bedeutung. Die Pflegekassen haben deshalb dem Versicherten auf Anforderung eine Vergleichsliste über Leistungen und Vergütungen der im maßgeblichen Einzugsbereich zugelassenen Pflegeeinrichtungen zur Verfügung zu stellen; § 7 Abs. 3 S. 1 SGB XI.

62 Die **Leistungs- und Preisvergleichslisten** müssen mindestens

- die geltenden Festlegungen der Vergütungsvereinbarungen mit den zugelassenen Pflegeeinrichtungen,
- (durch Landesrecht) anerkannte Angebote zur Unterstützung im Alltag nach § 45a SGB XI sowie
- Angaben zur Person des zugelassenen oder anerkannten Leistungserbringers

beinhalten.

63 Die zuständige Pflegekasse informiert nach § 7 Abs. 2 S. 3 SGB XI die Versicherten unverzüglich nach Eingang eines Antrags auf Zuerkennung eines Pflegegrades auch über ihren Anspruch auf die Leistungs- und Preisvergleichsliste.

3. Die Pflegeberatung

64 Der Anspruch auf **Pflegeberatung** soll mit Blick auf die Vielfalt der vorhandenen Versorgungsangebote der Pflegeversicherung, aber auch anderer sozialer Sicherungssysteme, dazu beitragen, jedem Pflegebedürftigen sowie jeder weiteren Person – vor allem den Angehörigen und sonstigen ehrenamtlichen Pflegepersonen – die Leistungen nach dem SGB XI erhält, eine an seinem persönlichen Bedarf ausgerichtete, qualifizierte Pflege, Betreuung und Behandlung zukommen zu lassen. Mit dieser Zielsetzung ist die Pflegeberatung als Einzelfallhilfe auszugestalten im Sinne eines **individuellen Fallmanagements**. Der Anspruch auf Pflegeberatung geht daher weit über den allgemeinen Aufklärungs- und Auskunftsauftrag nach § 7 SGB XI (→ Rn. 57) hinaus. Nach § 7a Abs. 1 S. 9 SGB XI hat auch derjenige einen Anspruch auf Pflegeberatung, wenn ein Antrag

auf Zuerkennung eines Pflegegrades gestellt wurde und erkennbar ein Hilfe- und Beratungsbedarf besteht, ein Verwaltungsakt aber noch nicht erlassen wurde.

Praxishinweis: 65

Besonders in komplexen Pflegesituationen empfiehlt es sich einen individuellen Versorgungsplan von der Pflegekasse erstellen zu lassen, die dessen Durchführung und Anpassung überwachen muss.

Die Pflegekassen sind dafür verantwortlich, dass für die Pflegeberatung ihrer Versicherten in ausreichendem Maße **Pflegeberater** zur Verfügung stehen. Der Anspruch des Versicherten auf Pflegeberatung nach § 7a SGB XI besteht unmittelbar gegenüber der zuständigen Pflegekasse, unabhängig davon, ob in einem Bundesland Pflegestützpunkte (§ 7c SGB XI) eingerichtet worden sind oder nicht. 66

Aufgabe der Pflegeberatung ist nach § 7a Abs. 1 S. 3 SGB XI insbesondere, 67

1. den Hilfebedarf unter Berücksichtigung der Ergebnisse der Begutachtung durch den Medizinischen Dienst der Krankenversicherung sowie, wenn die nach S. 1 anspruchsberechtigte Person zustimmt, die Ergebnisse der Beratung in der eigenen Häuslichkeit nach § 37 Absatz 3 **systematisch** zu **erfassen** und zu **analysieren**,
2. einen **individuellen Versorgungsplan** mit den im Einzelfall erforderlichen Sozialleistungen und gesundheitsfördernden, präventiven, kurativen, rehabilitativen oder sonstigen medizinischen sowie pflegerischen und sozialen Hilfen zu erstellen,
3. auf die für die **Durchführung** des Versorgungsplans erforderlichen Maßnahmen einschließlich deren Genehmigung durch den jeweiligen Leistungsträger hinzuwirken,
4. die Durchführung des Versorgungsplans zu **überwachen** und erforderlichenfalls einer veränderten Bedarfslage anzupassen,
5. bei besonders komplexen Fallgestaltungen den Hilfeprozess **auszuwerten** und zu dokumentieren sowie
6. über Leistungen zur **Entlastung der Pflegepersonen** zu informieren.

Praxishinweis: 68

Vor der erstmaligen Pflegeberatung wird ein für den Versicherten zuständiger Pflegeberater (Kontaktperson) namentlich benannt. Diese Person soll auch für alle folgenden Beratungen und späteren Rückfragen zuständig sein mithin einen **festen Ansprechpartner** bilden und so das Vertrauen des Versicherten gewinnen.

Die Pflegeberatung muss auf Wunsch des Versicherten in seiner **häuslichen Umgebung** oder in einer **Einrichtung**, in der er lebt, erfolgen. Der Begriff „Einrichtung" ist, entsprechend der Ausrichtung der Pflegeberatung, weit auszulegen. Dies kann etwa ein Pflegeheim oder ein Wohnheim für behinderte Menschen sein, aber auch ein Ort, an dem der Versicherte sich nur vorübergehend aufhält, also auch eine Rehabilitationseinrichtung oder ein Krankenhaus. In die Beratung sollen Angehörige und Lebenspartner sowie sonstige mit der Pflege befasste Personen, auch ehrenamtliche oder professionelle Pflege- oder Betreuungskräfte, einbezogen werden. 69

Wegen des Vorrangs des Wunsch- und Wahlrechts, also des Selbstbestimmungsrechts des Versicherten (§ 2 SGB XI [→ Rn. 31]) und der weiterhin bei den jeweils zuständigen Leistungsträgern angesiedelten Kompetenz hinsichtlich der Leistungsentscheidungen 70 hat der Versorgungsplan keinen zwingenden und rechts-verbindlichen, sondern lediglich einen **empfehlenden Charakter**. In Konkretisierung zur allgemeinen Regelung des § 16 SGB I ist in § 7a Abs. 2 S. 3 SGB XI (→ Rn. 67) geregelt, dass **Leistungsanträge nach dem SGB XI und SGB V** auch gegenüber den Pflegeberatern gestellt werden können. Sofern der Pflegeberater nicht selbst entscheidungsbefugt ist, leitet er den Antrag an den zuständigen Leistungsträger weiter. Dies wird insbesondere bei der Pflegeberatung durch beauftragte Pflegeberater anderer Träger von Bedeutung sein. In diesen Fällen ist der Pflegeberater auch über die Leistungsentscheidung des zuständigen Trägers zu informieren. Die Pflegekassen haben nach § 7 Abs. 3 S. 2 SGB XI für die persönliche Beratung durch Pflegeberater entsprechend **qualifiziertes Personal** einzusetzen; insbesondere sind damit Pflegefachkräfte, Sozialversicherungsfachangestellte oder Sozialarbeiter mit der jeweils erforderlichen Zusatzqualifikation gemeint.

71 **Praxishinweis:**

Neben den Leistungen der Pflegeversicherung werden in die **Versorgungsplanung** insbesondere Leistungen nach dem SGB V (zB häusliche Krankenpflege, Heil- und Hilfsmittel), SGB XII (zB Hilfe zur Pflege) sowie komplementäre Leistungen (zB Besuchs- oder Fahrdienste oder „Essen auf Rädern") einbezogen.

72 Damit die neutrale Beratung den Versicherten einerseits erreicht und die notwendige Aufklärung über den Pflegebedarf gelingt, sind die Pflegekassen zu folgendem verpflichtet:
- Der Antragsteller ist bei der Begutachtung nach § 18 Abs. 3 S. 8 SGB XI auf die maßgebliche **Bedeutung des Gutachtens** insbesondere für eine umfassende Beratung, das Erstellen eines individuellen Versorgungsplans nach § 7a SGB XI, das Versorgungsmanagement nach § 11 Abs. 4 SGB V und für die Pflegeplanung hinzuweisen.
- Das Gutachten wird dem Antragsteller nach § 18 Abs. 3 S. 9 SGB XI ohne Weiteres durch die Pflegekasse **übersandt**, eines Antrags bedarf es nicht. Die Pflegeeinrichtung erhält das Gutachten über den Kunden bzw. Bewohner.
- Das Ergebnis des Gutachtens ist **transparent darzustellen** und dem Antragsteller **verständlich** zu erläutern; § 18 Abs. 3 S. 10 SGB XI.
- Der Pflegeberater hat den **Erfolg des Versorgungsplanes** zu beobachten.[36]
- Die weitern Ausgestaltung des Begutachtungsverfahrens wird in einer **Pflegeberatungs-Richtlinie** nach § 17 Abs. 1a SGB XI (→ Rn. 52) geregelt.

4. Die Beratungsgutscheine

73 Die **Beratungsgutscheine** nach § 7b SGB XI haben bisher in der Praxis überhaupt keine Rolle gespielt. Der Grund dafür ist allein in der angebotenen Vergütung für eine durchgeführte Beratung in Anbetracht der Kosten (etwa die notwendige Haftpflichtversicherung) zu sehen, obwohl anzunehmen ist, dass gerade die Konkurrenz durch unabhängige Berater das Beratungsverfahren insgesamt belebt und so die Qualität verbessert hatte.

74 Dabei gibt § 7b Abs. 1 S. 1 SGB XI durchaus ambitionierte Ziele vor. So hat die Pflegekasse dem Antragsteller unmittelbar nach Eingang eines **erstmaligen Antrags** auf

---

36 BT-Drs. 18/5926, 85.

Leistungen nach diesem Buch sowie weiterer Anträge auf Leistungen nach § 18 Abs. 3, den §§ 36–38, 41–43, 44a, 45, 87a Abs. 2 S. 1 und § 115 Abs. 4 SGB XI entweder

1. unter **Angabe einer Kontaktperson** einen konkreten Beratungstermin anzubieten, der spätestens innerhalb von zwei Wochen nach Antrageingang durchzuführen ist, oder
2. einen Beratungsgutschein auszustellen, in dem **Beratungsstellen** benannt sind, bei denen er zulasten der Pflegekasse innerhalb von zwei Wochen nach Antragseingang eingelöst werden kann.

Das Beratungsangebot setzt den Abschluss eines Vertrages der Pflegekasse mit den benannten Beratungsstellen nach § 7b Abs. 2 SGB XI voraus. Beratungsgutscheine sind nur dann auszustellen, wenn die Pflegekasse die Beratung nach § 7b Abs. 1 S. 1 Nr. 1 SGB XI nicht selbst anbietet. Die Entscheidung, ob die Pflegekasse einen Beratungsgutschein anbietet, obliegt der Pflegekasse. Der Versicherte hat **keinen Rechtsanspruch** auf die Ausstellung eines Beratungsgutscheins, wenn die Pflegekasse einen konkreten Beratungstermin nach Maßgabe des § 7b Abs. 1 S. 1 Nr. 1 SGB XI anbietet. Ebenso haben Anbieter von Beratungsleistungen keinen Anspruch auf Abschluss eines Beratungsstellenvertrages mit der Pflegekasse. Um die Einhaltung des Datenschutzes zu gewährleisten, ist eine Datenschutzvereinbarung abzuschließen, die für die Beratungsstelle verbindlich ist. Sie muss alle erforderlichen Maßnahmen regeln, die sich zum Schutz der Versicherten durch das Erfassen ihrer Daten ergeben.

5. Die Pflegestützpunkte

Die früher in § 92c SGB XI aF enthaltenen Regelungen zur Beratung in und durch **Pflegestützpunkte** wurden aufgrund des engen Sachzusammenhangs mit den allgemeinen Vorschriften und Anforderungen an den Auftrag der Pflegekassen zur Aufklärung, Auskunft und Beratung nach den §§ 7 ff. SGB XI in den § 7c SGB XI verschoben.

Dabei hat die **Bund-Länder-AG**[37] bereits 2016 folgende Bedarfe hinsichtlich der Beratung ausgemacht: Die bedarfsgerechte Versorgung älterer und pflegebedürftiger Menschen umfasst

- eine **neutrale, effiziente** und **wohnortnahe Beratung**, die die erforderlichen Informationen vermittelt und durch ein gutes **Fallmanagement** zur Verhinderung, Minderung und Bewältigung von Pflegebedürftigkeit beiträgt,
- ein breites Spektrum an Wohnformen, um **Wahlfreiheit** bezüglich des altersgerechten Wohnens zu sichern und dem Wunsch nach größtmöglicher Selbstständigkeit Rechnung zu tragen,
- eine leistungsfähige, ortsnahe und aufeinander abgestimmte ambulante und stationäre pflegerische Versorgung der Bevölkerung sowie
- die **Gestaltung des Sozialraums**, in dem Familie, bürgerschaftliches Engagement und Nachbarschaftshilfe durch Fachkräfte sinnvoll ergänzt werden.

Nur im engen **Zusammenwirken** von Bund, Ländern, Kommunen, Pflegekassen und Pflegeeinrichtungen kann diese Aufgabe zum Wohle pflegebedürftiger Menschen und

---

37 Vgl. Entschließungsantrag des Bundesrates auf Antrag der Länder Rheinland-Pfalz, Baden-Württemberg, Hamburg, Niedersachsen, Schleswig-Holstein, Nordrhein-Westfalen, BR-Drs. 760/3/16.

ihrer Angehörigen erfüllt werden. **Gemeinsames Ziel** ist es, so lange wie möglich den Verbleib in der vertrauten häuslichen und familiären Umgebung zu unterstützen und ein selbstbestimmtes Leben zu gewährleisten.

6. Beratungsmängel: Der sozialrechtliche Herstellungsanspruch

79   Der Anspruch auf Pflegegeld besteht regelmäßig erst vom Monat der Antragstellung an, § 33 Abs. 1 S. 2 SGB XI (→ Rn. 114). Eine **verspätete Antragstellung** ist nach den Grundsätzen des sozialrechtlichen Herstellungsanspruchs aber dann unschädlich, wenn der Versicherte von der Pflegekasse nicht ausreichend über mögliche Leistungen im Pflegefall beraten worden ist und deshalb eine rechtzeitige Beantragung von Pflegeleistungen unterlassen hat.

80   Die Schadensersatz- oder Herstellungspflicht gilt entsprechend, wenn in einem Krankenhaus über mögliche Ansprüche auf Pflegeleistungen im Anschluss an eine stationäre Versorgung unzureichend beraten worden ist, obwohl dazu objektiv Anlass bestanden hat. Grundlage dazu sind die Vorschriften über das **Versorgungs- und Entlassmanagement** im Krankenhaus nach § 11 Abs. 4 S. 1 sowie § 39 Abs. 1a S. 1 SGB V. Hiernach haben Versicherte am Ende eines Krankenhausaufenthaltes grundsätzlich Anspruch auf ein allgemeines Versorgungsmanagement. Damit umfasst die Krankenhausbehandlung im Besonderen ein Entlassmanagement zur Lösung von Problemen beim Übergang in die verschiedenen Versorgungsbereiche bzw. nach der Krankenhausbehandlung, insbesondere beim Wechsel von einer stationären Versorgung in eine ambulante Versorgungsstruktur. Diese Nebenleistungspflicht des Krankenhauses umfasst auch die Beratung über Leistungen der Pflegeversicherung. Zu erfüllen sind diese Ansprüche von den Krankenkassen mittels der beteiligten Leistungserbringer, die für eine sachgerechte Anschlussversorgung sorgen und von den Krankenkassen zu unterstützen sind.[38]

81   **Praxishinweis:**

Erforderlich ist im Rahmen des Entlassmanagements neben der Analyse der dem Versicherten zur Verfügung stehenden Ressourcen (etwa Fähigkeit zum Selbstmanagement, Hilfe durch Angehörige) und der aus den individuellen Versorgungsbedürfnissen des Versicherten resultierenden Maßnahmen die Abstimmung des individuellen Hilfe- und Koordinierungsbedarfs mit allen an der medizinischen Betreuung Beteiligten.[39]

82   Verstöße gegen die vom Krankenhaus gegenüber den Versicherten im Auftrag der Krankenkassen zu erfüllenden Informations- und Beratungspflichten muss sich eine Pflegekasse nach Regelungszweck und -systematik der Vorschriften zum Versorgungs- und Entlassmanagement wie eigene Beratungsfehler zurechnen lassen, soweit die Inanspruchnahme von Leistungen der Pflegeversicherung betroffen ist. Die Pflegekassen sind zusätzlich zu Beratung und Auskunft (§§ 14 und 15 SGB I, § 7 Abs. 2 S. 1 SGB XI) schon nach den allgemeinen Vorschriften verpflichtet, darauf hinzuwirken, dass jeder

---

38   Dazu: BSG Urt. v. 8.10.2019 – B 1 A 3/19 R = BSGE 129, 156.
39   BT-Drs. 16/7439, 95.

Versicherte die ihm zustehenden Leistungen in zeitgemäßer Weise, umfassend und zügig erhält (§ 17 Abs. 1 Nr. 1 SGB I).[40]

V. Das Verhältnis der SGB XI-Leistungen zu anderen Sozialleistungen

1. Entschädigungsleistungen

Entschädigungsleistungen wegen Pflegebedürftigkeit nach § 35 BVG, aus der gesetzlichen **Unfallversicherung** (§ 44 SGB VII) oder aus öffentlichen Kassen aufgrund gesetzlich geregelter **Unfallversorgung** gehen denen der Pflegeversicherung nach § 13 Abs. 1 SGB XI vor, da diese Leistungen regelmäßig umfassender als die der Höhe nach beschränkten Leistungen der Pflegeversicherung sind. So werden nach § 35 BVG die vollen Kosten eines Pflegedienstes übernommen. Daneben verbleibt dem Pflegebedürftigen ein erheblicher Teil der **Pflegezulage,** wenn er mit seinem Ehegatten oder einem Elternteil zusammenlebt.[41] Nach § 34 **BeamtVG** sind den infolge eines Dienstunfalls Pflegebedürftigen die (gesamten) Kosten der notwendigen Pflege in angemessenem Umfang zu erstatten. Beim Zusammentreffen dieser Leistungsansprüche **ruhen** die **Leistungen der Pflegekassen** (§ 34 Abs. 1 Nr. 2 SGB XI), soweit der Versicherte Entschädigungsleistungen erhält. Damit ist sichergestellt, dass der Pflegebedürftige die **höchste** ihm **zustehende Leistung** erhält.[42] Da die Entschädigungsbestimmungen keine soziale Sicherung der Pflegepersonen (vgl. § 44 SGB XI; [→ Rn. 563]) vorsehen, bleiben diese bestehen, wenn die Leistungsansprüche des Pflegebedürftigen wegen vorrangiger Entschädigungsleistungen ruhen.

83

2. Häusliche Krankenpflege (§ 37 SGB V)

Die häusliche Krankenpflege (**Behandlungspflege**) bleibt trotz der Berücksichtigung bei der Zuerkennung des Pflegegrades über Modul 5 (→ Rn. 279) nach § 13 Abs. 2 S. 1 SGB XI unberührt, sie geht damit den Leistungen der Pflegeversicherung vor. Der **Anspruch** auf Leistungen der häuslichen Pflege aus der **Pflegeversicherung ruht** nach Maßgabe des § 34 Abs. 2 SGB XI.[43]

84

Mit der Einführung des neuen Pflegebedürftigkeitsbegriffs zum 1.1.2017 sind keine Leistungsverschiebungen zwischen der sozialen Pflegeversicherung und der gesetzlichen Krankenversicherung verbunden. Unverändert gilt dies nach § 13 Abs. 2 S. 2 SGB XI auch für **krankheitsspezifische Pflegemaßnahmen**, soweit diese im Rahmen der häuslichen Krankenpflege nach § 37 SGB V zu leisten sind.[44] Krankheitsspezifische Pflegemaßnahmen sind nach der gesetzlichen Definition in § 15 Abs. 5 S. 3 SGB XI Maßnahmen der Behandlungspflege, bei denen der behandlungspflegerische Hilfebedarf aus medizinisch-pflegerischen Gründen regelmäßig und auf Dauer untrennbarer Bestandteil einer pflegerischen Maßnahme in den in § 14 Abs. 2 SGB XI (→ Rn. 213) genannten sechs Bereichen ist oder mit einer solchen notwendig in einem unmittelbaren zeitlichen und sachlichen Zusammenhang steht.

85

---

40 BSG Urt. v. 17.6.2021 – B 3 P 5/19 R = BSGE 132, 216.
41 Die Regelung des BVG werden beispielsweise entsprechend angewendet durch §§ 80 SVG, 47 Abs. 1 ZDG, 1 Abs. 1 S. 1 OEG, 60 IfSG, 4 Abs. 1 HHG und 21 ff. StrRehaG.
42 BT-Drs. 12/5262, 93 f.
43 BT-Drs. 12/5262, 94.
44 BT-Drs. 18/5926, 107.

3. Fürsorgeleistungen

86 **Fürsorgeleistungen**, die von einer **Bedürftigkeitsprüfung** abhängen, sind gegenüber den Leistungen der Pflegeversicherung nachrangig; § 2 Abs. 1 SGB XII. Der leistungsberechtigte Pflegebedürftige muss Leistungen der Pflegeversicherung erst umfassend ausschöpfen, beispielsweise die Sachleistungen nach § 36 SGB XI (→ Rn. 362) bevor ergänzende Ansprüche nach § 65 Abs. 1 SGB XII geltend machen kann.[45]

87 **Praxishinweis:**
Der Träger der Sozialhilfe kann gem. § 95 S. 1 SGB XII selbstständig die Feststellung der Leistungen nach dem SGB XI betreiben, also einen Antrag auf Zuerkennung eines Pflegegrades stellen, und Rechtsmittel einlegen.

88 Fürsorgeleistungen, die anderen (beispielsweise **Hilfe zum Lebensunterhalt**) oder weitergehenden Zwecken dienen als die Leistungen der Pflegeversicherung, bleiben nach § 13 Abs. 2 S. 2 SGB XI **unberührt**; sie können allein oder neben den Leistungen der Pflegeversicherung in Anspruch genommen werden.

89 Notwendige Hilfen sind in den Einrichtungen nach § 71 Abs. 4 SGB XI einschließlich der Pflegeleistungen zu gewähren; § 13 Abs. 3 S. 3 2. Hs. SGB XI. Damit ist der Nachranggrundsatz der Sozialhilfe für die in den stationären Einrichtungen der Eingliederungshilfe erbrachten Pflegeleistungen durchbrochen. Das hat zur Folge, dass der Sozialhilfeträger in einem solchen Fall den Hilfebedürftigen nicht auf die sonst vorrangigen SGB XI-Leistungen verweisen kann. Nur für den Fall, dass der Pflegebedürftige, der in einer vollstationären Einrichtung der Eingliederungshilfe lebt, seinen Aufenthalt in der Einrichtung unterbricht und sich in häusliche Pflege begibt, hat er einen Anspruch auf entsprechende Leistungen.[46] Anteilig für die Tage, an denen sie sich in häuslicher Pflege befinden, haben Pflegebedürftige, die ansonsten in vollstationären Einrichtungen der Hilfe für behinderte Menschen (§ 43a SGB XI) leben, Anspruch auf Pflegegeld, wie § 38 Abs. 1 S. 5 SGB XI bestimmt.

4. Leistungen der Eingliederungshilfe

90 Treffen Leistungen der Pflegeversicherung und Leistungen der Eingliederungshilfe zusammen, haben die zuständige Pflegekasse und der für die Eingliederungshilfe zuständige Träger nach § 13 Abs. 4 S. 1 mit **Zustimmung des Leistungsberechtigten** die Abstimmung der Leistung zu vereinbaren. **Verweigert** der Leistungsberechtigte die Zustimmung zum Abschluss einer Vereinbarung, darf diese nicht abgeschlossen werden, sondern der Leistungsberechtigte erhält die Leistungen von den jeweiligen Leistungsträgern getrennt.

91 **Inhalt** der Vereinbarungen ist,
1. dass im Verhältnis zum Pflegebedürftigen der für die Eingliederungshilfe zuständige Träger die Leistungen der Pflegeversicherung auf der Grundlage des von der Pflegekasse erlassenen Leistungsbescheids zu übernehmen hat,
2. dass die zuständige Pflegekasse dem für die Eingliederungshilfe zuständigen Träger die Kosten der von ihr zu tragenden Leistungen zu erstatten hat sowie

---

45 LSG Hamburg Urt. v. 1.10.2014 – L 4 SO 41/10.
46 BSG Urt. v. 17.5.2000 – B 3 P 2/99 R = NZS 2001, 425.

3. die Modalitäten der Übernahme und der Durchführung der Leistungen sowie der Erstattung.

Bei einem Zusammentreffen von Leistungen unterschiedlicher Träger wird durch die Vereinbarung somit klar geregelt, wie die Leistungserbringung im Verhältnis zum Leistungsberechtigten jeweils erfolgen soll und wie die Kostenerstattung der Träger untereinander erfolgt.[47] Die Ausführung der Leistungen hingegen erfolgt, so ordnet es § 13 Abs. 4 S. 3 SGB XI an, weiterhin nach den jeweiligen für den **zuständigen Leistungsträger geltenden Rechtsvorschriften.**

Praxishinweis:

Auf einen Antrag hin lässt die Pflegekasse den MD oder andere unabhängige Gutachter nach §§ 18 ff. SGB XI begutachten, ob die Voraussetzungen der Pflegebedürftigkeit erfüllt sind. Sodann entscheiden die Leistungsträger nach den für sie jeweils geltenden Rechtsvorschriften, ob und inwieweit der Antragsteller Anspruch auf Leistungen des entsprechenden Leistungssystems hat.

Die konkrete Durchführung der Leistungen gegenüber dem Leistungsberechtigten und die Erstattung der Kosten ist dann Inhalt der Vereinbarung.[48] Die gesetzlichen **Wunsch- und Wahlrechte** (→ Rn. 24 ff) der Leistungsberechtigten bleiben nach § 13 Abs. 4 S. 2 SGB XI unverändert bestehen und sind bei der Vereinbarung zu beachten. Dazu gehören auch bestehende Gestaltungsrechte im Recht der Pflegeversicherung, wonach die Pflegebedürftigen bei häuslicher Pflege zwischen dem Bezug von Pflegegeld, ambulanten Pflegesachleistungen oder einer Kombination aus beidem wählen können. Auch die übrigen leistungs- und leistungserbringerrechtlichen Vorgaben des jeweiligen Leistungssystems behalten unverändert ihre Geltung. Der Spitzenverband Bund der Pflegekassen ist der Anordnung aus § 13 Abs. 4 S. 5 SGB XI nachgekommen und hat **Empfehlungen** zu den Modalitäten der Übernahme und der Durchführung der Leistungen sowie der Kostenerstattung veröffentlicht,[49] um eine bundeseinheitliche Rechtsanwendung zu fördern.

5. Berücksichtigung der Leistungen bei anderen Sozialleistungen

Die Leistungen der Pflegeversicherung bleiben als **Einkommen** bei Sozialleistungen und bei Leistungen nach dem Asylbewerberleistungsgesetz, deren Gewährung von anderen Einkommen (beispielsweise Bürgergeld (bis zum 31.12.2022: Arbeitslosengeld II), Wohngeld, Sozialhilfe, BAföG, Ausgleichsrente nach dem BVG, Fürsorgeleistungen nach dem BVG und dem LAG und dem FlüHG) abhängig ist, nach § 13 Abs. 5 S. 1 SGB XI **unberücksichtigt.** Der Pflegebedürftige soll mit den Leistungen der sozialen oder der privaten Pflegeversicherung die besonderen Bedürfnisse abdecken, die mit der Pflegebedürftigkeit regelmäßig verbunden sind.[50] § 13 Abs. 5 S. 2 SGB XI erweitert diese Regelung auf Leistungen der privaten Pflegeversicherung.

---

47 BT-Drs. 18/10510, 105 ff.
48 BT-Drs. 18/10510, 105.
49 https://www.gkv-spitzenverband.de/media/dokumente/pflegeversicherung/richtlinien__vereinbarungen__formulare/rahmenvertraege__richtlinien_und_bundesempfehlungen/2018_10_15_Pflege_Empfehlungen_nach_13_Abs__4_SGB_XI.pdf.
50 BT-Drs. 12/5262, 94.

96 Dies gilt nicht für das **Pflegeunterstützungsgeld** gemäß § 44a Abs. 3 SGB XI (→ Rn. 575), da es als **Lohnersatzleistung** für entgangenes Arbeitsentgelt ebenso wie andere Entgeltersatzleistungen (wie Krankengeld, Kinderkrankengeld oder Verletztengeld) als Einnahme zum Lebensunterhalt gilt und somit als Einkommen bei Sozialleistungen, deren Gewährung von anderen Einkommen abhängig ist, berücksichtigt wird.[51]

97 **Praxishinweis:**
Bei der **Einkommensberechnung im Prozesskostenhilfeverfahren** bleibt das Pflegegeld (§ 37 SGB XI) aufgrund der sozialrechtlichen Prägung des Einkommensbegriffs in § 115 Abs. 1 ZPO unberücksichtigt.[52]

98 **Pflegegeld aus der gesetzlichen Unfallversicherung** (§ 44 SGB VII) ist hingegen als Einkommen iSd § 82 Abs. 1 SGB XII anzusehen, da es eine dem § 13 Abs. 5 SGB XI vergleichbare Vorschrift im SGB VII nicht gibt. Eine analoge Anwendung des § 13 Abs. 5 SGB XI kommt nicht in Betracht, da es an der für eine Analogie notwendigen vergleichbaren Interessenlage fehlt.[53]

99 **Praxishinweis:**
Keine Anrechnung des Pflegegeldes findet auch bei der Berechnung der Bruttoeinnahmen zum Lebensunterhalt für die **Belastungsgrenze** nach § 62 SGB V statt.

100 Weiterhin umstritten ist die Frage, ob § 13 Abs. 5 SGB XI auch auf das an ehrenamtliche Pflegepersonen **weitergeleitete Pflegegeld** generell anwendbar ist.[54] Für die Begründung der Nichtanrechnung bei der Einkommensermittlung bietet sich der Rechtsgedanke des § 3 Nr. 36 EStG an. Danach sind Einnahmen für Leistungen zur Grundpflege oder hauswirtschaftlichen Versorgung bis zur Höhe des Pflegegeldes nach § 37 SGB XI **steuerfrei**, wenn die Leistungen von Angehörigen oder anderen Personen erbracht werden, die damit eine sittliche Pflicht iSv § 33 Abs. 2 EStG gegenüber dem Pflegebedürftigen erfüllen. Bei Prüfung der Frage, ob ein **behindertes Kind** zum **Selbstunterhalt** iSd § 32 Abs. 4 S. 1 Nr. 3 EStG im Stande ist, sind Pflegegeld-Zahlungen der Pflegekasse in der Weise zu berücksichtigen, dass sie bei den eigenen finanziellen Mitteln des Kindes zum Ansatz gebracht werden. Dies gilt unabhängig davon, ob die betreffenden Geldzahlungen an das Kind selbst oder an Dritte, etwa die Eltern oder den Pflegedienst, erfolgen.[55]

VI. Die Checkliste: Anspruch auf Pflegeleistungen

101 Um die Leistungen bei Pflegebedürftigkeit und die Pflegeversicherung möglichst flächendeckend einführen zu können, wurde die Pflegeversicherung als Vollversicherung ausgestaltet. Die Pflegeversicherung folgt der jeweiligen Krankenversicherung des Versicherten, gesetzlich oder privat, § 1 Abs. 2 SGB XI. Private Krankenversicherungsunternehmen wurden daher verpflichtet, ihren Mitgliedern eine **(private) Pflegeversicherung** anzubieten, die in Bezug auf die Leistungen (§ 23 Abs. 1 Sätze 2, 3 SGB XI) und

---

51 BT-Drs. 18/5926, 88.
52 OLG Bremen Urt. v. 27.4.2012 – 5 WF 14/12 = NZS 2012, 823.
53 LSG Nordrhein-Westfalen Urt. v. 29.3.2012 – L 9 SO 340/11.
54 Udsching/Schütze/Udsching SGB XI § 13 Rn. 27 f.
55 FG Hessen Urt. v. 10.6.2015 – 3 K 1496/13.

die Feststellung der Pflegebedürftigkeit (§ 23 Abs. 6 SGB XI) der sozialen (gesetzlichen) Pflegeversicherung gleicht. Zur Ausgestaltung der Beiträge vgl. § 110 SGB XI.

Praxishinweis: 102

Streitigkeiten über Leistungen und Einstufungen der privaten Pflegeversicherung werden nach § 51 Abs. 1 Nr. 2 SGG vor den örtlich zuständigen Sozialgerichten geführt.

Für die Durchsetzung von Leistungsansprüchen im Verwaltungs- oder Klageverfahren sind vorab einige Fragen zu klären:

Praxishinweis: 103

Checkliste – Prüfung von Leistungsansprüchen:
- Versicherter einer Pflegekasse (die stets der gesetzlichen oder privaten Krankenkasse folgt, § 1 Abs. 2 SGB XI)?
- Vorversicherungszeit (§ 33 Abs. 2 SGB XI) erfüllt?
- Antrag gestellt, § 33 SGB XI?
- Liegt eine Pflegebedürftigkeit (min. 12,5 gewichtete Punkte) vor?
- Erreicht der Versicherte eine erhebliche Pflegebedürftigkeit (min. 27 gewichtete Punkte = Pflegegrad 2)?
- Ruht der Anspruch auf Pflegeleistungen?

§ 2 Das Verfahren

104 Durch die Neustrukturierung der §§ 18 bis 18c SGB XI aF, in dem das Verfahren zur Feststellung der Pflegebedürftigkeit geregelt ist, zum „ersten Tag des vierten auf die Verkündung folgenden Kalendermonats" (Art. 10 Abs. 3 PUEG = 1.10.2023), wurden verfahrens- und leistungsrechtliche Inhalte in voneinander getrennten Vorschriften in den §§ 18–18e SGB XI übersichtlicher und adressatengerechter aufbereitet. Damit wurden Verständnisschwierigkeiten, Auslegungsfragen und Unsicherheiten begegnet, die sich in der Praxis hinsichtlich der in verschiedenen Reformschritten seit 2008 gewachsenen Komplexität und Unübersichtlichkeit der geltenden Norm gezeigt hatten.[56] Dadurch wurden die Regelungen zum Verfahren der Begutachtung systematisch aufbereitet und für die Hauptnutzergruppen, dh die Versicherten und ihre An- und Zugehörigen, die Pflegekassen und die Medizinischen Dienste klarer geordnet und besser verständlich.[57]

105 Die Inhalte der §§ 18 und 18a SGB XI aF werden in fünf neue Vorschriften gegliedert:
- § 18 SGB XI hat die grundlegenden Steuerungsaufgaben der Pflegekassen zum Gegenstand (→ Rn. 133),
- § 18a SGB XI regelt die Durchführung der Begutachtung beim Antragsteller (→ Rn. 154),
- § 18b SGB XI führt die Regelungen zu den Inhalten des Gutachtens zusammen (→ Rn. 186),
- § 18c SGB XI bestimmt die Verfahren und Fristen bei der Erteilung des Bescheides (→ Rn. 198),
- § 18d SGB XI nennt die Berichtspflichten von Pflegekassen und Bund der Pflegekassen (→ Rn. 204).
- Zudem enthält § 18e SGB XI Grundlagen zur wissenschaftlichen Erprobung von Weiterentwicklungsmöglichkeiten des Pflegebegutachtungsverfahrens.

106 **Synopse**

Bisher	Neu	Rn.
§ 18 Abs. 1 S. 1	§ 18 Abs. 1 S. 1	133
§ 18 Abs. 1 S. 2	§ 18a Abs. 1	166
§ 18 Abs. 1 S. 3 + 4	§ 18b Abs. 1	187
§ 18 Abs. 1a	§ 18 Abs. 2	-
§ 18 Abs. 2	§ 18a Abs. 2	154
§ 18 Abs. 2a	-	-
§ 18 Abs. 2b	-	-
§ 18 Abs. 3 S. 1	§ 18 Abs. 1 S. 2	134
§ 18 Abs. 3 S. 2	§ 18c Abs. 1 S. 1	198

---

56 BT-Drs. 20/6544, 40.
57 BT-Drs. 20/6544, 56.

Bisher	Neu	Rn.
§ 18 Abs. 3 S. 3	§ 18a Abs. 5 S. 1	137
§ 18 Abs. 3 S. 4	§ 18a Abs. 5 S. 3	140
§ 18 Abs. 3 S. 5	§ 18a Abs. 6	141
§ 18 Abs. 3 S. 6	§ 18a Abs. 7 S. 1	144
§ 18 Abs. 3 S. 7	§ 18c Abs. 1 S. 2	198
§ 18 Abs. 3 S. 8	§ 18a Abs. 3 S. 3	312, 316
§ 18 Abs. 3 S. 9 – 13	§ 18c Abs. 2	193 f.
§ 18 Abs. 3a	§ 18 Abs. 3	72, 185
§ 18 Abs. 3b	§ 18c Abs. 5	198
§ 18 Abs. 4	§ 18a Abs. 9	149
§ 18 Abs. 5	§ 18 Abs. 4 S. 1 und 3	145
§ 18 Abs. 5a	§ 18a Abs. 3	312, 318
§ 18 Abs. 6 S. 1	§ 18b Abs. 4	186
§ 18 Abs. 6 S. 2	§ 18b Abs. 1 S. 1	187
§ 18 Abs. 6 S. 3	§ 18b Abs. 2 S. 1	189
§ 18 Abs. 6 S. 4	§ 18b Abs. 1 S. 2	35
§ 18 Abs. 6a	§ 18b Abs. 3	189
§ 18 Abs. 7	§ 18a Abs. 10	177

Synopse

Bisher	Neu	Rn.
§ 18a Abs. 1	§ 18c Abs. 4	188
§ 18a Abs. 2	§ 18d Abs. 1	204
§ 18a Abs. 3	§ 18d Abs. 2	204

I. Der Antrag

Der allgemeine Grundsatz des § 19 S. 1 SGB IV, dass Leistungen der Sozialversicherungen nur auf **Antrag** gewährt werden, gilt auch für die soziale und die private Pflegeversicherung und wird durch § 33 Abs. 1 S. 1 SGB XI bestärkt, dass für den Versicherungszweig der sozialen Pflegeversicherung nichts Abweichendes gilt. Der Antrag kann jederzeit gestellt werden und ist nicht von einer bestimmten Form abhängig, kann also grundsätzlich auch **mündlich** in der Geschäftsstelle der Pflegekasse oder **telefonisch** übermittelt werden, wobei sich zum Nachweis eine schriftliche Form empfiehlt. Insbesondere ist ein Beleg für das Vorliegen der Leistungsvoraussetzungen etwa durch

107

ärztliche Atteste, Gutachten oder Bescheinigungen sowie Krankenhausentlassungsbriefe dem Antrag weder beizufügen noch ist der Antrag anderweitig zu begründen.

108 Das Antragsverfahren zur Feststellung der Pflegebedürftigkeit und Erlangung des Pflegegrades ist – wie alle Antragsverfahren in der Sozialversicherung – **verfahrenskostenfrei**.

109 **Antragsberechtigt** sind grundsätzlich diejenigen, die eine gesetzlich geregelte Leistung begehren, also der Versicherte bzw. ein von ihm Bevollmächtigter, sein Betreuer oder gesetzlicher Vertreter, in den Fällen der §§ 44 und 45 iVm § 19 SGB XI die Pflegeperson (→ Rn. 566) sowie in den Fällen des § 44a SGB XI der Beschäftigte im Sinne von §§ 3, 7 Pflegezeitgesetz (→ Rn. 575 f). Die zuvor Genannten sind auch für den Antrag bei einer Änderung des Pflegebedarfs berechtigt.[58] Der geschäftsfähige Pflegebedürftige kann sich bei seiner Antragstellung vertreten lassen, § 13 Abs. 1 S. 1 SGB X. Der Bevollmächtigte muss kein Rechtsanwalt sein, vielmehr können alle Personen bevollmächtigt werden, die dazu geeignet sind (vgl. § 13 Abs. 6 SGB X). Ist ein Bevollmächtigter bestellt, so hat sich die Pflegekasse grundsätzlich an diesen und nicht an den Versicherten selbst zu wenden. Wendet sie sich an den beteiligten Pflegebedürftigen selbst, so ist der Bevollmächtigte zu verständigen, § 13 Abs. 3 SGB X. Als Antrag gilt auch die der Pflegekasse mit Einwilligung des Versicherten zugehende Information von Dritten nach § 7 Abs. 2 S. 2 SGB XI (also etwa der behandelnde Arzt, die Stationsärzte oder der soziale Dienst im Krankenhaus oder einer Rehabilitationseinrichtung, Angehörige, die nicht ausdrücklich vom Versicherten bevollmächtigt sind, oder der ambulante Pflegedienst), sofern der Versicherte später nichts Gegenteiliges erklärt. Dies folgt bereits aus dem Amtsermittlungsgrundsatz nach § 20 SGB X, wonach die jeweilige Pflegekasse Hinweisen auf einen Pflegebedarf nachgehen muss.

110 Bei pflegebedürftigen **Jugendlichen über 15 Jahren** ist § 36 Abs. 1 SGB I zu beachten. Sie können Anträge auf Pflegeleistungen stellen und selbstständig verfolgen sowie Geldleistungen entgegennehmen. Der Leistungsträger soll den gesetzlichen Vertreter allerdings über die Antragstellung und die erbrachten Sozialleistungen unterrichten.

111 Der Antrag ist grundsätzlich an die zuständige Pflegekasse zu richten. Nach § 16 Abs. 1 S. 2 SGB I ist der Antrag aber auch von allen **anderen Leistungsträgern**, von den Gemeinden und bei Personen, die sich im Ausland aufhalten, von den amtlichen Vertretungen der Bundesrepublik Deutschland anzunehmen. Mit dem Eingang des Antrags bei einer der genannten Stellen, die für eine unverzügliche **Weiterleitung** zu sorgen haben, gilt der Antrag gemäß § 16 Abs. 2 S. 2 SGB I als gestellt. Auf den zeitlichen Eingang des Antrags bei der örtlich zuständigen Pflegekasse kommt es dann nicht mehr an. Gleiches gilt für Leistungsanträge, die gegenüber dem Pflegeberater nach § 7a Abs. 2 S. 3 und 4 SGB XI gestellt werden.

112 **Praxishinweis:**

In der Praxis verschicken die Pflegekassen nach Eingang der ersten Meldung einer Pflegebedürftigkeit ein „**Antragsformular**"; der Antrag gilt aber mit Kenntnisnahme der ersten Meldung als gestellt.

---

58 BSG Urt. v. 1.9.2005 – B 3 P 4/04 R = BSGE 95, 102.

Der gestellte Antrag entfaltet eine **Dauerwirkung** und besitzt eine **Doppelnatur**, weil er sowohl für die Einleitung und den Gang des Verfahrens als auch – materiellrechtlich – für die Entstehung des Anspruchs auf Leistungen selbst erforderlich ist. Mit anderen Worten: Der nach § 33 Abs. 1 S. 1 SGB XI notwendige Antrag ist hier sowohl materiellrechtliche Anspruchsvoraussetzung als auch „Startschuss" zur Einleitung des Sozialverwaltungsverfahrens. Das durch den Antrag in Gang gesetzte Verfahren wird erst durch den Erlass einer abschließenden Verwaltungsentscheidung beendet; der Antrag ist abschließend beschieden worden und hat sich erledigt. Dies gilt jedoch nicht, wenn die ergangene Verwaltungsentscheidung in einem gerichtlichen Verfahren angefochten wird, also nicht sofort bzw. nach Ablauf der Widerspruchsfrist von einem Monat in Rechtsbindung erwächst. In diesem Fall wirkt der Antrag weiter fort; das durch ihn in Gang gesetzte Verwaltungsverfahren wird erst mit dem Abschluss des Gerichtsverfahrens beendet, weil das Gericht insoweit funktionell an die Stelle der Verwaltungsbehörde tritt und deren Entscheidung ersetzt.[59] Entsteht der zunächst zu Recht abgelehnte Anspruch wegen einer Änderung des pflegerischen Bedarfs erst im Laufe des gerichtlichen Verfahrens, muss nicht erneut ein weiterer Anspruch gestellt werden. Ein einmal gestellter Antrag behält seine Wirkung auch dann, wenn der Antrag zu Recht abgelehnt wurde, die Leistungsvoraussetzungen dann aber während des anschließenden gerichtlichen Verfahrens eintreten.[60] Es bedarf also keines erneuten Leistungsantrages an die Pflegekasse; der vorher gestellte Antrag hat insoweit eine **Dauerwirkung**. Die Pflegebedürftigkeit ist grundsätzlich ein Dauerzustand und das Tatbestandsmerkmal in § 33 Abs. 1 S. 1 SGB XI „Leistungen ... auf (ab) Antrag" zielt gerade auf eine Dauerleistung ab.[61] Ist aber der Versicherungsfall der Pflegebedürftigkeit seinem Wesen nach auf einen andauernden Zustand angelegt, zielt der Antrag auf Leistungen der Pflegeversicherung auf eine dauerhafte und über den Zeitpunkt der Leistungsablehnung hinausgehende Leistungsgewährung ab.

1. Der Leistungsbeginn beim Erstantrag

Die Leistungen werden ab Antragstellung gewährt, frühestens jedoch von dem Zeitpunkt an, ab dem die Anspruchsvoraussetzungen vorliegen. Erster möglicher **Leistungsbeginn** ist nach § 33 Abs. 1 S. 2 SGB XI der Zeitpunkt der Antragstellung; frühestens jedoch der Zeitpunkt, an dem die entsprechenden Leistungsvoraussetzungen vorgelegen haben.

Beispiel 1:

Antrag auf Pflegeleistungen	28.03.
Begutachtung durch den MD am	23.04.
Feststellung: Pflegebedürftigkeit liegt vor seit	01.04.
Anspruch auf Pflegeleistungen ab	01.04.

In der privaten Pflegeversicherung regelt der Versicherungsvertrag gemäß MB/PPV 2017 in Verbindung mit § 193 VVG den Beginn der Leistungen; allerdings gemäß § 23 SGB XI

---

59 BSG Urt. v. 19.9.1979 – 9 RV 68/78.
60 BSG Urt. v. 13.5.2004 – B 3 P 7/03 R; kritisch: LSG Nordrhein-Westfalen Urt. v. 20.5.2015 – L 10 P 134/14.
61 BSG Urt. v. 14.12.2000 – B 3 P 1/00 R = NZS 2001, 493.

zwingend zum gleichen Ergebnis kommend wie die soziale Pflegeversicherung. Entscheidend für den Leistungsbeginn ist daher zunächst die Begutachtung durch den MD bzw. den Prüfdienst der PKV. Stellt das Gutachten fest, dass bereits im Zeitpunkt der Antragstellung ein Pflegegrad vorlag, werden die Leistungen ab dem Tag der Antragstellung erbracht. Wird die einen Pfleggrad begründende Pflegebedürftigkeit zu einem nach der Antragstellung liegenden Zeitpunkt festgestellt, sind die Leistungen erst ab diesem Tag zu erbringen – wie das Beispiel 1 zeigt.

117 **Beispiel 2:**

Antrag auf Pflegeleistungen	28.3.
Begutachtung durch den MD am	29.4.
Feststellung: Pflegebedürftigkeit liegt vor seit	15.2.
Anspruch auf Pflegeleistungen ab	1.3.

118 Die Sonderregelung des § 33 Abs. 1 S. 3 SGB XI, wonach zugunsten des pflegebedürftigen Versicherten die Leistungen bereits vom Beginn des Monats der Antragstellung an gewährt werden – also von einem Zeitpunkt an, der vor der Antragsstellung liegt –, greift wörtlich nur ein, wenn der Antrag erst später als einen Monat nach Eintritt der Pflegebedürftigkeit gestellt wird, wie das Beispiel 2 zeigt. Wäre der Antrag im Beispiel 2 vom Versicherten bereits am 10.3. gestellt worden, so wäre die Sonderregelung des § 33 Abs. 1 S. 3 SGB XI nicht einschlägig, weil zwischen dem festgestellten Eintritt der Pflegebedürftigkeit und dem Antrag auf Pflegeleistungen kein Monat vergangen war, so dass der Leistungsbeginn am 28.3., dem Tag der Antragstellung, liegen würde. Zur Vermeidung dieses unbilligen Ergebnisses und als Nachteilsausgleich sollen nach Auffassung des GKV-Spitzenverbandes die Pflegekassen auch bei Antragstellung innerhalb der Monatsfrist die Pflegeleistung bereits ab dem **1. des Monats der Antragstellung** gewähren, wenn die Pflegebedürftigkeit vor dem Antragsmonat eingetreten ist.[62] Nur ein solches Ergebnis entspricht der Intention des Gesetzgebers und vor allem der Auslegungsregel des § 2 Abs. 2 SGB I, wonach die sozialen Rechte möglichst weitgehend verwirklicht werden.

2. Der Leistungsbeginn beim Antrag auf einen höheren Pflegegrad

119 **Praxistipp**

Es ist bei jeder Begutachtung stets zu prüfen, ob der aktuelle Pflegegrad durch die automatische Überleitung zum 1.1.2017 gewonnen wurde, um ggf. die Sperrwirkung des § 140 Abs. 3 SGB XI (→ Rn. 126) geltend zu machen.

120 Für den Leistungsbeginn der höheren Leistungen bei einer Höherstufung in den nächsten Pflegegrad, die aufgrund einer Beantragung auf Zuerkennung eines höheren Pflegegrads oder einer von Amts wegen veranlassten Nachuntersuchung festgestellt wird, ist nach § 48 Abs. 1 S. 1 SGB X bei der Änderung eines Verwaltungsaktes mit Dauerwirkung der Ursprungsbescheid grundsätzlich mit Wirkung für die Zukunft aufzuheben. Der Wille des Gesetzgebers die betroffenen Bürger im Sozialrecht zu privilegieren, indem

---

[62] GKV-Spitzenverband, Gemeinsames Rundschreiben zu den leistungsrechtlichen Vorschriften des SGB XI vom 20.12.2022, S. 106.

die „sozialen Rechte möglich weitgehend verwirklicht" (§ 2 Abs. 2 SGB I) werden, zeigt sich auch an dieser Stelle.

Beispiel 3:

Versicherter erhält Pflegeleistungen nach Pflegegrad 3 seit	1.2.
Antrag auf Höherstufung	17.9.
Begutachtung durch den MD am	23.10.
Feststellung: Pflegebedürftigkeit nach Pflegegrad 4 liegt vor seit	1.7.
Anspruch auf Leistungen PG 4 ab	1.7.

Wie Beispiel 3 zeigt, ist nicht der Zeitpunkt der Antragstellung entscheidend, sondern der Zeitpunkt der Änderung der Verhältnisse bzw. des konkreten Pflegebedarfs. § 48 Abs. 1 S. 2 Nr. 1 SGB X bestimmt den Zeitpunkt der Änderung des Pflegebedarfs zum entscheidenden Datum für die Wirkung des neuen Bescheides, aber nur, wenn der Betroffene durch die Entscheidung begünstigt wird. Soll eine Rückstufung in einen niedrigeren Pflegegrad erfolgen, dann gilt der Grundsatz nach § 48 Abs. 1 S. 1 SGB X, so dass eine Änderung nur für die Zukunft möglich ist.

Die vorgenannten Grundsätze gelten auch für **vollstationär** nach § 43 SGB XI versorgte Versicherte. Erhöht sich der Pflegebedarf eines Pflegebedürftigen in vollstationärer Pflege und wird aufgrund eines Höherstufungsantrages oder einer Wiederholungsbegutachtung im laufenden Monat ein höherer Pflegegrad zuerkannt, ist für den Leistungsbeginn ebenfalls § 48 SGB X zu beachten. Fällt der Leistungsbeginn des höheren Pflegegrades nicht auf den ersten eines Monats, ist aus pragmatischen Gründen der höhere Pauschbetrag vom Beginn des jeweiligen Kalendermonats maßgeblich.[63]

Beispiel 4:

Versicherter erhält Pflegeleistungen nach Pflegegrad 3 seit	1.1.
Antrag auf Höherstufung	23.3.
Begutachtung durch den MD am	5.5.
Feststellung: Pflegebedürftigkeit nach Pflegegrad 4 liegt vor seit	8.2.
Anspruch auf Leistungen PG 4 ab	1.2.

Die Pflegekasse übernimmt also im Beispiel 4 bereits für den Monat Februar den vollen Betrag des Budgets nach § 43 Abs. 2 S. 2 Nr. 3 SGB XI (bis zum 31.12.2014: 1.775,00 EUR [→ Rn. 537]) und nimmt keine anteilige Kürzung (im Beispiel auf den 8.2.) vor.

Nach der Einführung des **einrichtungseinheitlichen Eigenanteils** in § 84 Abs. 2 SGB XI ist diese Vorgehensweise für die stationäre Pflegeeinrichtung vorteilhaft und in der Abrechnung gegenüber der Pflegekasse unproblematisch, da durch die Höherstufung keine höheren Eigenanteile beim Bewohner bzw. dem Träger der Sozialhilfe entstehen.

---

63 GKV-Spitzenverband, Gemeinsames Rundschreiben zu den leistungsrechtlichen Vorschriften des SGB XI vom 20.12.2022, S. 272.

3. Die Sperrwirkung durch das Übergangsrecht

126 Eine Besonderheit besteht für die Versicherten, die in der Nacht vom 31.12.2016 auf den 1.1.2017 automatisch von einer Pflegestufe in einen Pflegegrad übergeleitet wurden. Der automatisch zuerkannte Pflegegrad bleibt auf Dauer bestehen, wie § 140 Abs. 3 S. 1 SGB XI regelt. Geändert wird der automatisch zuerkannte Pflegegrad nur dann, wenn in der Wiederholungsbegutachtung festgestellt wird, dass der Pflegegrad anzuheben ist oder die Feststellung getroffen wird, dass keine Pflegebedürftigkeit im Sinne der §§ 14, 15 SGB XI mehr vorliegt. Ein höherer Pflegegrad ist also nach der Feststellung in der Begutachtung seit der Änderung des Pflegebedarfs jederzeit möglich. Durch die Einführung des neuen Vorpflegegrades – Pflegegrad 1 in § 28a SGB XI (→ Rn. 361) – dürfte die Feststellung, dass überhaupt keine Pflegebedürftigkeit mehr vorliegt, lediglich ein theoretisches Problem sein. Damit wird auch für die Zukunft gewährleistet, dass Pflegebedürftige, die zum Umstellungsstichtag anspruchsberechtigt waren, aufgrund der Einführung des neuen Pflegebedürftigkeitsbegriffs nicht schlechter gestellt werden als nach dem bisherigen Recht. Für die nicht automatisch, also seit dem 1.1.2017 zuerkannten Pflegegrade gilt diese Sperrwirkung nicht. Derartige Fälle können jederzeit für die Zukunft im Rahmen einer Neubegutachtung in einen niedrigeren Pflegegrad herabgestuft werden.

127 **Beispiel 5:**

Versicherter erhält bis zum 31.12.2016 Pflegeleistungen nach Pflegestufe 2 und wird zum 1.1.2017 in Pflegegrad 3 übergeleitet.

Antrag auf Höherstufung	17.9.
Begutachtung durch den MD am	23.10.
Feststellung: Pflegebedürftigkeit nach Pflegegrad 2 liegt vor seit	1.9.

Aufgrund des § 140 Abs. 3 SGB XI erhält der Versicherte weiterhin Leistungen des PG 3!

128 Der durch die Überleitung zum 1.1.2017 erworbene Besitzstandsschutz bleibt auch bei einem **Wechsel der Pflegekasse** nach dem 1.1.2017 erhalten, wenn die neue Mitgliedschaft unmittelbar an die Mitgliedschaft der vorherigen Pflegekasse anschließt, wie § 140 Abs. 3 S. 2 SGB XI bestimmt. Ein neuer Antrag auf Pflegeleistungen ist nicht erforderlich. Die Pflegekasse, bei der die Mitgliedschaft beendet wird, hat der neu zuständigen Pflegekasse die bisherige Einstufung des Pflegebedürftigen rechtzeitig schriftlich mitzuteilen. Entsprechendes gilt nach § 140 Abs. 3 S. 4 SGB XI bei einem Wechsel der Pflegeversicherung zwischen privaten Krankenversicherungsunternehmen und einem Wechsel von sozialer zu privater sowie von privater zu sozialer Pflegeversicherung.

4. Die Entscheidung über vor dem 1.1.2017 gestellte Anträge

129 Grundsätzlich folgt die Anwendung der §§ 14, 15 SGB XI in der Fassung vor dem 31.12.2016 oder ab dem 1.1.2017 dem Datum des Antrags. Der Zeitpunkt der Antragstellung bestimmt nach § 140 Abs. 1 S. 1 SGB XI das anzuwendende Recht. Dieser Grundsatz gilt für das **gesamte Verfahren** von Antragstellung über die Begutachtung bis zum Erlass des Leistungsbescheids und auch für nachfolgende Widerspruchs- und sozialge-

richtliche Verfahren.⁶⁴ Die Übergangsvorschriften enthalten allerdings keine Regelung zur Überleitung für Versicherte, bei denen die anspruchsbegründenden Voraussetzungen erst ab dem 1.1.2017 oder später vorliegen, der Antrag aber vor dem 1.1.2017 gestellt wurde.

Von praktischer Bedeutung ist die Antwort auf die Frage, welche Begutachtungs-Richtlinie für die Begutachtung zugrunde gelegt wird. Wurde ein Antrag auf Feststellung des Vorliegens von Pflegebedürftigkeit bis zum 31.12.2016 gestellt, so findet das bis zum 31.12.2016 geltende Begutachtungsverfahren Anwendung. Bei einer Antragsstellung ab dem 1.1.2017 finden hingegen die neugefassten Regelungen zur Begutachtung Anwendung. Eine Beschränkung auf Ansprüche nach altem Pflegerecht in Konstellationen wie dieser lässt sich auch dem **Überleitungsrecht** zum neuen Pflegebedürftigkeitsbegriff nicht entnehmen. Nach Regelungssystematik und -motiven war es darauf angelegt, insbesondere die Bestandsleistungsbezieher ohne weitere Begutachtung in eine ihrem vorherigen Leistungsbezug entsprechende Rechtsstellung einweisen ("überleiten") zu können, ihnen also den Status zu erhalten, den sie vor der Rechtsänderung innehatten. Soweit das regelungstechnisch so umgesetzt worden ist, dass Ansprüche nach neuem Recht nur begründet werden, soweit spätestens zum Umstellungszeitpunkt am 31.12.2016 Ansprüche nach altem Recht bestanden haben, rechtfertigt das nicht den Schluss, dass im Übrigen Ansprüche nach neuem Recht ohne neuen Antrag nach § 33 Abs. 1 S. 1 SGB XI in noch offenen (Alt-)Klageverfahren nicht zuerkannt werden können. Steht auf eine vor der Umstellung erhobene Klage noch nicht fest, ob ein Anspruch auf Pflegeleistungen zum Umstellungsstichtag bereits bestanden hat, ist eine Anspruchsüberleitung auf das neue Recht nicht ausgeschlossen und Rechtsschutzsuchenden daher **nicht zuzumuten**, auf diese ihnen günstige Möglichkeit über einen neuen Leistungsantrag und die bei seiner Bescheidung den Streitgegenstand des anhängigen Rechtsstreits begrenzenden Wirkung zu verzichten. Der **einmal gestellte Antrag** auf Pflegeleistungen wirkt wegen ihres **Dauerleistungscharakters** auch nach Ablehnung der Leistung fort, sofern er rechtzeitig angefochten ist und der Rechtsstreit hierüber noch anhängig ist.⁶⁵

Ob ein Anspruch auf Pflegeleistungen besteht, beurteilt sich nach den **allgemeinen Grundsätzen** nach der Sach- und Rechtslage im **Zeitpunkt der letzten mündlichen Verhandlung**, soweit nicht das materielle Recht etwas anderes bestimmt.⁶⁶ Mit der Umstellung auf den neuen Pflegebedürftigkeitsbegriff haben sich die Zuständigkeiten und Rechtsbeziehungen unter den Beteiligten nicht derart geändert, wie das BSG⁶⁷ jüngst für die Neuausrichtung der Eingliederungshilfe für die Zeit ab Inkrafttreten des BTHG unter Verweis insbesondere auf weitreichende Änderungen in materieller Hinsicht und das Fehlen von Übergangsregelungen zur Funktionsnachfolge entschieden hat.

Der Gesetzgeber wollte durch die Einführung der Überleitungsrechte in den §§ 140 ff. SGB XI gerade vermeiden, dass jeder Betroffene einen Neuantrag ab dem 1.1.2017 hätte stellen müssen, wenn dieser bereits im Jahr 2016 einen Antrag gestellt hatte, der noch

---

64 BT-Drs. 18/5629, 140.
65 BSG Urt. v. 17.2.2022 – B 3 P 6/20 R = NZS 2022, 831.
66 BSG Urt. v. 4.9.2013 – B 10 EG 6/12 R.
67 BSG Urt. v. 28.1.2021 – B 8 SO 9/19 R = BSGE 131, 246.

nicht endgültig (rechtskräftig) entschieden wurde. Ebenso lässt sich aus § 140 Abs. 1 SGB XI die klare Absicht des Gesetzgebers ableiten, dass eine Neuantragstellung auch im laufenden Gerichtsverfahren nicht notwendig ist.

5. Die Steuerung des Antrags

133   Das Verfahren zur Feststellung der Pflegebedürftigkeit ist in den **Begutachtungs-Richtlinien**[68] (vgl. §§ 17, 53a S. 1 Nr. 2 SGB XI) verbindlich geregelt. Die Entscheidung über das Vorliegen von Pflegebedürftigkeit und die Zuordnung in einen Pflegegrad ist von der Pflegekasse nach § 18 Abs. 1 S. 1 SGB XI unter maßgeblicher Berücksichtigung des Gutachtens des MD oder des von ihr beauftragten Gutachters zu treffen und ihr obliegt auch die Entscheidung über die zu erbringenden Leistungen nach dem SGB XI. Die Pflegekasse hat – **trotz** evtl. vorliegender **eindeutiger Aussagen** – bei Eingang des Leistungsantrags des Versicherten eine Prüfung durch den MD oder durch einen von ihr beauftragten Gutachter zu veranlassen. Ausnahmsweise kann die Einschaltung des MD oder des von der Pflegekasse beauftragten Gutachters unterbleiben, wenn die Anspruchsvoraussetzungen auch ohne eine Begutachtung von vornherein verneint werden können.

134   Da in der Praxis die Aufträge von einigen Pflegekassen noch immer postalisch an den Medizinischen Dienst bzw. die unabhängigen Gutachterinnen und Gutachter übermittelt werden und diese Art der Weiterleitung ab Antragstellung teilweise bis zu zehn Tage andauert, wird im Sinne der Versicherten den Pflegekassen mit § 18 Abs. 1 S. 3 SGB XI eine Übermittlung der Aufträge in gesicherter **elektronischer Form** geregelt und auf diese Weise eine Einhaltung der gesetzlich vorgesehenen Bearbeitungs- bzw. Begutachtungsfristen unterstützt. Weil es sich um sensible Gesundheitsdaten der antragstellenden Personen handelt, haben die Pflegekassen bei der Übermittlung den erforderlichen hohen Datenschutz und die Datensicherheit zu gewährleisten; § 18 Abs. 4 S. 2 SGB XI. Sind im Einzelfall sowohl die Pflegekasse als auch der Medizinische Dienst an die Telematikinfrastruktur (TI) angeschlossen, ist diese zu nutzen (§ 106c SGB XI). Die elektronische Übermittlung hat spätestens am **dritten Arbeitstag** nach Eingang des Antrags nach § 33 Abs. 1 S. 1 SGB XI zu erfolgen.

135   Da derzeit noch nicht alle Pflegekassen und Medizinischen Dienste bzw. unabhängigen Gutachterinnen und Gutachter über die für eine elektronische Weitergabe erforderlichen technischen Voraussetzungen verfügen, ist eine Übermittlung der Unterlagen ausschließlich in gesicherter elektronischer Form verpflichtend erst ab dem ersten Tag des sechsten auf die Verkündung folgenden Kalendermonats (1.12.2023) vorgesehen.[69]

136   Der Medizinische Dienst benötigt zum Zweck der Begutachtung vollständige und damit „**prüffähige Antragsunterlagen**". In der Praxis ist häufig unklar, welche **Informationen, Daten und Unterlagen** der Pflegekasse von der antragstellenden Person vorgelegt werden müssen, damit die Pflegekasse den Medizinischen Dienst oder andere unabhängige Gutachterinnen und Gutachter mit der Begutachtung beauftragen kann.

---

68   https://md-bund.de/fileadmin/dokumente/Publikationen/SPV/Begutachtungsgrundlagen/_21-05_BRi_Pflege_21_11_18_barrierefrei.pdf
69   BT-Drs. 20/6544, 57.

So ist offen, ob eine **Datenfreigabeerklärung** des Versicherten oder eine schriftliche **Entbindung** des behandelnden Arztes **von der Schweigepflicht** zu den „prüffähigen Antragsunterlagen" zählen. Daher wird in § 18 Abs. 1 S. 4 SGB XI festgelegt, dass der Medizinische Dienst Bund in den Begutachtungs-Richtlinien nach § 17 Abs. 1 SGB XI Konkretisierungen dahin gehend vorzunehmen hat, dass abschließend klargestellt wird, welche Unterlagen im Einzelnen dringend erforderlich und durch die Pflegekassen unbedingt beizubringen sind, damit diese die Begutachtung beauftragen können. Datenschutzrechtliche Aspekte sind dabei zu berücksichtigen. Die Konkretisierung der Richtlinien hat bis spätestens zum letzten Tag des vierten auf die Verkündung folgenden Kalendermonats [1.10.2023] zu erfolgen.[70]

6. Der Antrag auf „Schnellbegutachtung"

Für besonders eilige Fälle, in denen Leistungsentscheidungen **kurzfristig** erforderlich sind, um die Weiterversorgung im Anschluss an stationäre Krankenhaus- oder Rehabilitationsbehandlungen zu organisieren oder ergänzende Ansprüche realisieren zu können, sieht § 18a Abs. 5 S. 1 SGB XI stark abgekürzte Fristen für die Begutachtung des MD oder des von der Pflegekasse beauftragten Gutachters vor. 137

> **Praxishinweis:** 138
>
> Einer der Standardfälle für die anwaltliche Beratung bzw. die Übernahme eines Mandates in der Pflege ist die Klärung des Pflegebedarfs im Anschluss an eine stationäre Versorgung, meist dem Krankenhaus. Erste Priorität hat dann die Beantwortung der Frage, ob (mindestens) ein Pflegebedarf des Pflegegrades 2 vorliegt.

So ist die Begutachtung durch den MD oder des von der Pflegekasse beauftragten Gutachters in der stationären Einrichtung unverzüglich, spätestens innerhalb von **fünf Arbeitstagen** nach Eingang des Antrags bei der zuständigen Pflegekasse durchzuführen, wenn 139

- sich der Versicherte noch im Krankenhaus oder einer stationären Rehabilitationseinrichtung befindet und Hinweise vorliegen, dass zur Sicherstellung der ambulanten oder stationären Weiterversorgung und Betreuung eine Begutachtung in der Einrichtung erforderlich ist, oder
- die Inanspruchnahme von Pflegezeit nach dem Pflegezeitgesetz gegenüber dem Arbeitgeber der pflegenden Person angekündigt wurde oder
- mit dem Arbeitgeber der pflegenden Person eine Familienpflegezeit nach § 2 Abs. 1 Familienpflegezeitgesetz vereinbart wurde.

Diese **Frist** kann in regionalen Vereinbarungen noch weiter **verkürzt** werden. Befindet sich der Versicherte in einem **Hospiz** oder wird dieser ambulant palliativ versorgt, gilt nach § 18a Abs. 5 S. 3 SGB XI ebenfalls die verkürzte Begutachtungsfrist von einer Woche. 140

Wird der Versicherte erst nach der Rückkehr **im häuslichen Bereich** gepflegt, ohne palliativ versorgt zu werden, gilt nach § 18a Abs. 6 S. 1 SGB XI eine Begutachtungsfrist von **zehn Arbeitstagen** nach Eingang des Antrags bei der zuständigen Pflegekasse, 141

---

70 BT-Drs. 20/6544, 57.

wenn gegenüber dem Arbeitgeber der pflegenden Person die Inanspruchnahme von Pflegezeit nach dem Pflegezeitgesetz angekündigt wurde oder mit dem Arbeitgeber der pflegenden Person eine Familienpflegezeit nach § 2 Abs. 1 Familienpflegezeitgesetz vereinbart wurde.

142 In den beiden besonders eiligen Fällen hat der MD den Antragsteller unverzüglich **schriftlich** darüber **zu informieren**, welche Empfehlung im Hinblick auf das Vorliegen von Pflegebedürftigkeit er an die Pflegekasse weiterleitet. Insbesondere hat der MD festzustellen, ob Pflegebedürftigkeit nach den §§ 14 und 15 SGB XI vorliegt. Liegt Pflegebedürftigkeit vor, ist darüber hinaus festzustellen, ob die Voraussetzungen **mindestens** des **Pflegegrades 2** erfüllt sind. Die abschließende Begutachtung – insbesondere ob ein Pflegegrad über Pflegegrad 2 vorliegt – ist dann unverzüglich in der Häuslichkeit des Versicherten nachzuholen.

143 **Praxishinweis:**

Mit der „Schnellbegutachtung" wird lediglich festgestellt, ob ein Pflegebedarf mindestens nach Pflegegrad 2 vorliegt. Wird bei der späteren Begutachtung in der Häuslichkeit ein geringerer oder kein Pfleggrad festgestellt, so gilt § 48 Abs. 1 S. 1 SGB X („Änderung für die Zukunft"); wird ein höherer Pflegegrad festgestellt, so gilt § 48 Abs. 1 S. 2 Nr. 1 SGB X („Änderung rückwirkend") (→ Rn. 119).

144 In den vorgenannten Fällen der „Schnellbegutachtung" muss die Empfehlung nur die Feststellung beinhalten, ob Pflegebedürftigkeit im Sinne der §§ 14 und 15 SGB XI vorliegt und ob mindestens die Voraussetzungen des Pflegegrades 2 erfüllt sind. Die abschließende Begutachtung des Versicherten ist nach § 18a Abs. 7 SGB XI unverzüglich nachzuholen. Nimmt der Versicherte unmittelbar im **Anschluss** an den Aufenthalt in einem Krankenhaus, einschließlich eines Aufenthalts im Rahmen der Übergangspflege nach § 39e SGB V (→ Rn. 511), oder im Anschluss an den Aufenthalt in einer stationären Rehabilitationseinrichtung Kurzzeitpflege in Anspruch, hat die abschließende Begutachtung spätestens am **zehnten Arbeitstag** nach Beginn der Kurzzeitpflege in dieser Einrichtung zu erfolgen.

7. Die Auskunftspflichten im Antragsverfahren

145 Zur Vorbereitung des Gutachters auf den Hausbesuch haben Pflege- und Krankenkassen sowie die Leistungserbringer nach § 18 Abs. 4 S. 1 SGB XI dem MD die für die Begutachtung erforderlichen **Unterlagen** vorzulegen und **Auskünfte** zu erteilen. Die Regelung zu dieser Zusammenarbeit ist – wie § 18 Abs. 4 S. 3 SGB XI hervorhebt – § 276 Abs. 1 SGB V nachgebildet. Den Umfang der zur gutachterlichen Prüfung der Voraussetzungen der Pflegebedürftigkeit und der Zuordnung zu einem Pflegegrad von der Pflegekasse an den MD zu übermittelnden Antragsinformationen beschreiben die Begutachtungs-Richtlinien. Soweit vorhanden sollen folgende Unterlagen bzw. Informationen vorgelegt werden:

- über Vorerkrankungen,
- über Klinikaufenthalte und Leistungen zur medizinischen Rehabilitation,
- zur Heilmittelversorgung,
- zur Hilfsmittel- und Pflegehilfsmittelversorgung,

- zur behandelnden Ärztin bzw. zum behandelnden Arzt,
- zur häuslichen Krankenpflege nach § 37 SGB V,
- hinsichtlich einer bevollmächtigen Person oder Betreuerin bzw. eines Betreuers mit entsprechendem Aufgabenkreis.

Im Fall der verkürzten Bearbeitungsfristen für die **Schnelleinstufung** (→ Rn. 137) informiert die Pflegekasse den MD darüber hinaus – soweit bekannt – über folgende Sachverhalte: 146

- aktueller Aufenthalt der antragstellenden Person im Krankenhaus oder einer Rehabilitationseinrichtung und vorliegende Hinweise auf Dringlichkeit der Begutachtung zur Sicherstellung der ambulanten oder stationären Weiterversorgung,
- aktueller Aufenthalt der antragstellenden Person in einem stationären Hospiz,
- Ankündigung der Inanspruchnahme von Pflegezeit nach dem Pflegezeitgesetz gegenüber dem Arbeitgeber der pflegenden Person, Vereinbarung einer Familienpflegezeit nach § 2 Abs. 1 des Familienpflegezeitgesetzes mit dem Arbeitgeber der pflegenden Person,
- ambulante palliative Versorgung der antragstellenden Person.

> **Praxishinweis:** 147
>
> Regelmäßig sieht das Antragsformular auf Erst- oder Höherstufung der Pflegekasse bereits eine Einwilligungserklärung des Versicherten vor, so dass die datenschutzrechtliche Berechtigung zur Auskunftserteilung der ambulanten und stationären Pflegeeinrichtungen und Ärzte regelmäßig vorliegt.

Bei einer **Wiederholungsbegutachtung** gibt die Pflegekasse außerdem Hinweise auf vorhergehende Begutachtungen, zum derzeitigen Pflegegrad sowie zu den Ergebnissen der Beratungseinsätze gemäß § 37 Abs. 3 SGB XI, sofern sich daraus Hinweise ergeben, dass die Pflege nicht sichergestellt ist. 148

Zu den nach § 18 Abs. 4 SGB XI von den ambulanten und stationären **Pflegeeinrichtungen** vorzulegenden Unterlagen und den zu erteilenden Auskünften gehört insbesondere die **Pflegedokumentation**. Relevant sind alle in der Pflegedokumentation vorhandenen Daten hinsichtlich der Art, dem Umfang und der Dauer der Hilfebedürftigkeit sowie auf geplanten Pflegeziele und Pflegemaßnahmen. Die Verpflichtungen zur Auskunftserteilung ist auf Informationen zum Leistungsumfang der Pflegeversicherung beschränkt. Die Auskunftsbefugnis der behandelnden Ärztinnen und -ärzte – sowohl der behandelnden niedergelassenen Ärzte als auch der Stationsärzte im Krankenhaus – ergibt sich aus § 18a Abs. 9 S. 1 SGB XI. Stimmt der antragstellende Versicherte der Auskunftserteilung an den Gutachter schriftlich zu, ist der behandelnde Arzt verpflichtet den Gutachter informieren. 149

Sofern erforderliche Auskünfte und Unterlagen eingeholt werden, kann dies nur mit Einwilligung der versicherten Person erfolgen.[71] 150

---

[71] Richtlinien des GKV-Spitzenverbandes zur Feststellung der Pflegebedürftigkeit – Begutachtungs-Richtlinien vom 15.4.2016, in der Fassung vom 22.3.2021, S. 21.

8. Die Fortführung bei Tod des Antragstellers

151 Beim **Tod des Antragstellers** nach Antragstellung ist das laufende Antrags- und Begutachtungsverfahren **fortzuführen**. Der MD hat zur Antragsbearbeitung mit den Kassenärztlichen Vereinigungen Vereinbarungen, um Daten zum Pflegebedarf übermitteln zu können, wenn der verstorbene Antragsteller in die Auskunftserteilung nach § 18a Abs. 9 SGB XI eingewilligt hat.

II. Die Prüfung

152 Die Pflegekasse hat bei Eingang des Antrags des Versicherten eine **Prüfung** durch den MD oder durch einen von ihr beauftragten Gutachter zu veranlassen; § 18 Abs. 1 S. 1 SGB XI. Das Verfahren zur Feststellung der Pflegebedürftigkeit ist in den **Begutachtungs-Richtlinien** (vgl. §§ 17, 53a S. 1 Nr. 2 SGB XI [→ Rn.133]) für die Pflegekassen und den MD sowie die von den Pflegekassen beauftragten Gutachter verbindlich geregelt. In den Begutachtungs-Richtlinien werden die Begutachtungskriterien erläutert. Die **Entscheidung** über das Vorliegen von Pflegebedürftigkeit und die Zuordnung in einen Pflegegrad obliegt allein der Pflegekasse, wenn auch das detaillierte und zwingend gesetzlich vorgeschriebene Gutachten des MD oder des von ihr beauftragten Gutachters die Feststellungen der Pflegekasse maßgeblich bestimmt. Der MD bzw. der von der Pflegekasse beauftragte Gutachter ist allerdings an der Verwaltungsentscheidung der Pflegekasse nicht beteiligt, so dass Rechtsmittel gegen das Gutachten des MD nicht zu erheben sind.

153 Nur ausnahmsweise kann die Einschaltung und die Prüfung des MD oder des von der Pflegekasse beauftragten Gutachters **unterbleiben**, wenn die Anspruchsvoraussetzungen aus formellen Gründen – beispielsweise wegen fehlender Vorversicherungszeiten (vgl. § 33 Abs. 2 SGB XI) – auch ohne eine Begutachtung von vornherein verneint werden können.

1. Der Begutachtungsort

154 Der MD oder der von der Pflegekasse beauftragte Gutachter hat den Versicherten in seinem Wohnbereich zu untersuchen. Dies gilt sowohl für die Erst- als auch für die Wiederholungsuntersuchung; § 18a Abs. 2 S. 1 SGB XI. Dabei ist **Wohnbereich** der Ort, an dem der Versicherte seinen Lebensmittelpunkt hat, also der räumliche Bereich, der ihm zum Wohnen dient, insbesondere zum Aufenthalt bei Tage, zum Schlafen, zum Kochen und Essen, zur Verrichtung der Körperpflege sowie zur sonstigen dauernden privaten Benutzung. Der Wohnbereich kann aus der eigenen Wohnung oder der Wohnung der Familie oder eines Dritten bestehen. Ebenso befindet sich der Wohnbereich in einem Alten- oder Behindertenwohnheim, einer Wohngemeinschaft oder einer vollstationären Pflegeeinrichtung. Nur für Zwecke der Schnellbegutachtung mit abgekürzten Begutachtungsfristen (→ Rn. 137), wenn beispielsweise die Leistungsentscheidungen zur Sicherstellung der Weiterversorgung kurzfristig erforderlich sind, ist die Begutachtung auch in der Einrichtung, in der sich der Versicherte im Zeitpunkt der Antragstellung befindet, durchzuführen, wenn die Prüfung nicht allein auf Basis der Aktenlage erfolgt.

> **Praxishinweis:**
>
> Kein Wohnbereich besteht beispielsweise im Krankenhaus, in der Tages- oder Nachtpflegeeinrichtungen sowie im Hospiz. Daher ist eine Begutachtung durch den MDK dort – mit Ausnahme der vorläufigen Schnellbegutachtung – nicht möglich.

155

Ausnahmsweise kann nach § 18a Abs. 2 S. 4 SGB XI die Begutachtung auch ohne Untersuchung des Versicherten in seinem Wohnbereich erfolgen, wenn

156

1. aufgrund einer **eindeutigen Aktenlage** das Ergebnis der medizinischen Untersuchung bereits feststeht oder
2. bei einer **Krisensituation von nationaler Tragweite** oder, bezogen auf den Aufenthaltsort des Versicherten, von **regionaler Tragweite** der Antrag auf Pflegeleistungen während der Krisensituation gestellt wird oder ein Untersuchungstermin, der bereits vereinbart war, in den Zeitraum einer Krisensituation fällt.

Das Gutachten nach Aktenlage hat nach den Bestimmungen der Begutachtungs-Richtlinien zu erfolgen. Erforderliche andere Feststellungen – beispielsweise zur Versorgung mit Pflegehilfsmitteln oder zur Verbesserung des Wohnumfeldes – können trotz der Feststellung eines Pflegegrades dennoch einen Hausbesuch erfordern.

157

2. Strukturierte Telefoninterviews

Während der Coronavirus-Pandemie war es zum Schutz pflegebedürftiger Personen vor zusätzlichen Ansteckungsgefahren durch das Coronavirus SARS-CoV-2 nach § 147 Abs. 1 SGB XI aF übergangsweise möglich, dass Pflegegutachten aufgrund der zur Verfügung stehenden Unterlagen erstellt werden. Zugleich waren die antragstellende Person und andere zur Auskunft fähige Personen, wie Angehörige, Nachbarn oder Ärztinnen und Ärzte von den Gutachterinnen und Gutachtern in **strukturierten Interviews** telefonisch oder auf digitalem Weg zu befragen. Mit § 142a SGB XI wird die Möglichkeit geschaffen, diese Notlösung regelhaft in Ausnahmefällen einzusetzen und das Vorliegen von Pflegebedürftigkeit allein durch Sprachübermittlung am Telefon, bei bestimmten Personengruppen oder in bestimmten Fallkonstellationen als Ergänzung oder Alternative zur persönlichen Untersuchung im Wohnbereich der versicherten Person zu prüfen.[72]

158

> **Praxishinweis:**
>
> Die Begutachtungszahlen sind von 1,8 Mio. im Jahr 2016 auf 2,6 Mio. im Jahr 2022 mit weiter steigender Tendenz gestiegen. Die Pflegebegutachtung erfolgt beim Medizinischen Dienst durch qualifizierte Pflegefachkräfte. Die Anzahl der Vollzeitstellen für Pflegefachkräfte ist zwischen 2016 und 2021 bundesweit um 43 % gestiegen. Die Forderung des MD Bund: „Ein schonender Umgang mit der kostbaren Ressource Pflegekraft ist dringend geboten. Dazu kann die Flexibilisierung der Begutachtungsformate ebenfalls beitragen."

159

Für die Begutachtung durch ein strukturiertes Telefoninterview ist zunächst eine Anpassung der Begutachtungs-Richtlinien erforderlich. Die Änderung muss zudem auf

160

---

[72] BT-Drs. 20/6983, 96.

den Ergebnissen mindestens einer **pflegewissenschaftlichen Studie** beruhen, in der festgestellt wurde, ob, in welchen Fallkonstellationen und jeweils unter welchen Voraussetzungen eine Pflegebegutachtung ergänzend oder alternativ zur persönlichen Untersuchung der versicherten Person durch ein strukturiertes Telefoninterview erfolgen kann (§ 142a Abs. 2 SGB XI). Die Studie muss fachlich begründete Aussagen dahin gehend treffen, ob die Ergebnisse durch diese Begutachtungsform den Ergebnissen einer persönlichen Untersuchung hinsichtlich des Pflegegrades und den gutachterlichen Empfehlungen und Stellungnahmen nach § 18 SGB XI gleichzusetzen sind.[73]

161 Klar ist allen Beteiligten, dass die telefonische Begutachtung nur in bestimmten Begutachtungssituationen in Frage kommt. Eine Begutachtung aufgrund eines **strukturierten telefonischen Interviews** ist nach § 142a Abs. 2 S. 3 SGB XI **ausgeschlossen**, wenn es sich um

1. eine **Erstuntersuchung** des Versicherten handelt, in der geprüft wird, ob die Voraussetzungen der Pflegebedürftigkeit erfüllt sind und welcher Pflegegrad vorliegt,
2. eine **Widerspruchsuntersuchung** im Rahmen eines Widerspruchsverfahrens gegen eine Entscheidung der Pflegekasse handelt,
3. eine Prüfung der Pflegebedürftigkeit von **Kindern** handelt oder
4. die der Begutachtung unmittelbar vorangegangene Begutachtung das Ergebnis enthält, dass Pflegebedürftigkeit im Sinne des § 14 Abs. 1 SGB XI nicht vorliegt.

162 Bei diesen Begutachtungen kommt es besonders darauf an, eine unmittelbare Einschätzung der Pflegebedürftigkeit der antragstellenden Person in ihrem Lebensumfeld (Wohnsituation, Sicherstellung der Pflege, Erfolgsaussichten von präventiven und rehabilitativen Angeboten oder weiteren Leistungen) zu gewinnen. Die Einlegung eines **Widerspruchs** gegen den festgestellten Pflegegrad ist seitens der Antragsteller mit hohen Erwartungen verbunden, denen eine telefonische Abklärung regelmäßig nicht entsprechen kann.

163 Auch die Begutachtung von Kindern verlangt in besonderer Weise Kenntnisse und Einfühlungsvermögen in die Situation des zu begutachtenden Kindes sowie einer besonderen Sorgfalt und Sensibilität der Gutachterinnen und Gutachter, um Pflegebedürftigkeit zutreffend feststellen zu können. Weitere Ausschlussgründe – etwa aufgrund eines gesundheitlich bedingten Unterstützungsbedarfs der antragstellenden Person oder wenn eine sprachliche Verständigung mit der zu begutachtenden Person nicht möglich ist – sind in den Begutachtungs-Richtlinien zu regeln. Die Anforderungen an den Datenschutz und die Datensicherheit sind zu beachten.[74]

164 **Praxishinweis:**

Wünscht der Versicherte eine persönliche Begutachtung in der eigenen Häuslichkeit, dann ist der MD diesem Wunsch nachzukommen. Über die Wahlmöglichkeit ist zu informieren und die Wahl zu dokumentieren; § 142a Abs. 4 SGB XI.

---

73 BT-Drs. 20/6983, 97.
74 BT-Drs. 20/6983, 97.

3. Die Mitwirkungsverpflichtung

Lässt der Versicherte sich nicht in seiner häuslichen Umgebung begutachten, wird also die **Einwilligung** nicht erteilt, kann die Pflegekasse nach § 18a Abs. 2 S. 2 SGB XI die beantragten Leistungen verweigern. Die Einwilligung ist – basierend auf dem Selbstbestimmungsrecht des Art. 2 Abs. 1 GG und der Unverletzlichkeit der Wohnung nach Art. 13 Abs. 1 GG – Voraussetzung sowohl für die Untersuchung wie auch für das Betreten des Wohnbereichs. Diese ist als rechtsgeschäftsähnliche Handlung nur wirksam, wenn der Versicherte Umfang und Bedeutung der ihn betreffenden Untersuchung erkennen kann. Notwendig dafür ist nicht die Geschäftsfähigkeit nach §§ 104 ff. BGB, sondern lediglich die **Einsichtsfähigkeit**.

165

Die Bestimmungen des § 18a Abs. 1 und Abs. 2 S. 1 SGB XI über Art, Form und Umfang einer Untersuchung im Rahmen der sozialen Pflegeversicherung enthalten eine Sonderregelung zu der allgemeinen Bestimmung des § 62 SGB I (→ Rn. 170) über die Mitwirkung des Versicherten an ärztlichen und psychologischen Untersuchungen im Rahmen sozialversicherungsrechtlicher Rechtsverhältnisse. Die Sonderregelung besteht darin, dass sich ein Versicherter im Rahmen der sozialen Pflegeversicherung grundsätzlich in seinem Wohnbereich untersuchen lassen muss, Untersuchungen in der Arztpraxis oder im Krankenhaus also prinzipiell nicht ausreichen.[75]

166

Lebt der Versicherte nicht in seiner eigenen Wohnung, sondern in der Wohnung der Familie, also eines Angehörigen oder eines Dritten, darf die Pflegekasse die Leistung auch dann verweigern, wenn nur der **Wohnungsinhaber** die Begutachtung in der Wohnung verhindert und nicht der Versicherte selbst. Verweigert ein bereits anerkannter Pflegebedürftiger eine Begutachtung, die für die Feststellung eines höheren Pflegegrades erforderlich ist, führt die Verweigerung aber nicht zum Wegfall der Leistungen des niedrigeren, bereits anerkannten Pflegegrades, es sei denn, am Fortbestehen der Pflegebedürftigkeit in Höhe des bereits zuerkannten Pflegegrades bestehen Zweifel.[76]

167

4. Die Mitwirkungspflicht bei der Wiederholungsbegutachtung

Nach § 48 Abs. 1 S. 1 SGB X ist ein Verwaltungsakt mit Wirkung für die Zukunft aufzuheben, soweit in den tatsächlichen oder rechtlichen Verhältnissen, die beim Erlass eines Verwaltungsakts mit Dauerwirkung vorgelegen haben, eine wesentliche Änderung eintritt (→ Rn. 119). Die Mitwirkungspflicht eines Versicherten mit zuerkanntem Pflegegrad an einer Wiederholungsbegutachtung, mit der die Pflegekasse ihren Leistungsbescheid auf Zuerkennung des Pflegegrades widerrufen will, besteht **nicht uneingeschränkt**. Entgegen dem Wortlaut des § 18a Abs. 2 S. 4 SGB XI, nach dem die Untersuchung „in angemessenen Zeitabständen" zu wiederholen ist, kann ein nicht hinreichend bestimmter Zeitablauf die Pflegekasse nicht allein zur Rechtfertigung einer Wiederholungsuntersuchung verpflichten. Wegen des mit einer Begutachtung verbundenen Eingriffs in die Privatsphäre des Versicherten ist für die Mitwirkungspflicht erforderlich, dass zumindest die Möglichkeit besteht, dass die Voraussetzungen für

168

---

[75] BSG Urt. v. 13.3.2001 – B 3 P 20/00 R = NZS 2001, 538.
[76] GKV-Spitzenverband, Gemeinsames Rundschreiben zu den leistungsrechtlichen Vorschriften des SGB XI vom 20.12.2022, S. 80.

eine vollständige oder teilweise Aufhebung der Leistungsbewilligung eingetreten sein können. Eine Wiederholungsbegutachtung, die sich allein am Zeitablauf orientiert, ist unzulässig, da § 48 Abs. 1 S. 1 SGB X eine Änderung der Leistungsbewilligung bei einer unveränderter Pflegesituation allein wegen eines Zeitablaufs nicht zulässt. Die Angemessenheit der **Zeitabstände** richtet sich insbesondere nach dem vom MD ermittelten Befund und der über die weitere Entwicklung der Pflegebedürftigkeit abgegebenen Prognose.[77]

169 Die **erneute Untersuchung** darf von der Pflegekasse nur angeordnet werden, wenn die zu treffenden Feststellungen dazu dienen sollen, die Voraussetzungen einer rechtlich zulässigen Rechtsfolge (etwaige Herabstufung in einen geringeren Pflegegrad nach § 48 SGB X wegen nachträglicher wesentlicher Änderung der tatsächlichen Verhältnisse) zu ermitteln, und die Maßnahme dazu in tatsächlicher Hinsicht auch notwendig ist.

5. Die Grenzen der Mitwirkungspflicht

170 Wie § 18a Abs. 2 S. 3 SGB XI regelt, unterscheiden sich die **Grenzen der Mitwirkungspflicht** im Begutachtungsverfahren nicht von den allgemeinen Regelungen des SGB I. Diese bestimmen sich nach den §§ 65 und 66 SGB I. Gemäß § 66 Abs. 1 SGB I kann der Leistungsträger ohne weitere Ermittlungen die Leistung bis zur Nachholung der Mitwirkung ganz oder teilweise versagen oder – im Falle bereits erfolgter Bewilligung – entziehen, soweit die Voraussetzungen der Leistungen nicht nachgewiesen sind, wenn derjenige, der eine Sozialleistung beantragt hat oder erhält, seinen Mitwirkungspflichten nach den §§ 60–62 oder 65 SGB I nicht nachkommt und hierdurch die Aufklärung des Sachverhalts erheblich erschwert wird. Besondere Bedeutung erlangt die Verweisung für den Fall, dass die Pflegekasse nach den §§ 65 Abs. 1 und 66 Abs. 1 SGB I bei fehlender Einwilligung des Versicherten zur Begutachtung im Wohnbereich nicht nur beantragte Leistungen versagen, sondern im Rahmen von Wiederholungsuntersuchungen auch bewilligte Leistungen einstellen will. Dazu muss die Begutachtung allerdings notwendig für die Entscheidung der Pflegekasse sein. Ist sie dies nicht, so hat sie zu unterbleiben. Die Mitwirkung des Versicherten nach § 65 Abs. 1 SGB I kann für nicht notwendige Begutachtungen nicht verlangt werden, negative Folgen – wie die Leistungseinstellung nach § 66 Abs. 1 SGB I – dürfen an die zu Recht verweigerte Mitwirkung nicht geknüpft werden.[78] Der Wortlaut „kann" des § 66 Abs. 1 S. 1 SGB I bedeutet daher nicht, dass den Pflegekassen ein Recht zustünde, nach ihrem Ermessen eine Untersuchung anzuordnen, obwohl das Ergebnis nach der Aktenlage bereits feststeht.

171 Nach § 65 Abs. 1 SGB I bestehen Mitwirkungspflichten nach den §§ 60 bis 64 SGB I dann nicht, wenn **besondere Fallkonstellationen** bestehen. Der erste Fall (die Mitwirkung steht nicht in einem angemessenen Verhältnis zu der in Anspruch genommenen Sozialleistung) dürfte für die Leistungen der Pflegekasse regelmäßig nicht in Betracht kommen. Anwendbar dürften allerdings die Regelungen der Nr. 2 (Mitwirkung ist dem Betroffenen aus einem wichtigen Grund nicht zuzumuten) und Nr. 3 (die Pflegekasse kann sich mit einem geringeren Aufwand als der Antragsteller die erforderlichen Kenntnisse selbst beschaffen) sein. Befindet sich der Versicherte etwa im Krankenhaus

---

77 BT-Drs. 12/5262, 100.
78 BSG Urt. v. 13.3.2001 – B 3 P 20/00 R.

oder einer stationären Rehabilitationseinrichtung, dann ist eine Begutachtung im Wohnbereich diesem nicht zumutbar.

6. Die Hinweispflichten der Pflegekasse

Liegen die Voraussetzungen für eine teilweise oder vollständige Leistungsversagung vor, so darf die Pflegekasse die Rechtsfolgen der Versagung oder Entziehung nur herbeiführen, wenn die formellen Voraussetzungen des § 66 Abs. 3 SGB I erfüllt sind. Dazu muss der mitwirkungsverpflichtete Versicherte **schriftlich** auf die mögliche Folge hingewiesen und ihm ist eine **angemessene Frist** gesetzt worden sein.

> **Praxishinweis:**
>
> Der Hinweis darf sich nicht auf eine allgemeine Wiedergabe des Gesetzestextes beschränken, sondern muss unmissverständlich die im konkreten Einzelfall **beabsichtigte Entscheidung** bezeichnen, die dem zur Mitwirkung Verpflichteten droht, wenn dieser dem Mitwirkungsverlangen innerhalb der gesetzten Frist nicht nachkommt.

Der schriftliche Hinweis ist eine zwingende (formelle) Voraussetzung für die Versagung oder Entziehung einer Sozialleistung wegen fehlender Mitwirkung. Dieser Hinweis muss die notwendige Bestimmtheit aufweisen, damit der zur Mitwirkung Aufgeforderte eindeutig erkennen kann, was ihm bei Unterlassung der Mitwirkung droht. Darüber hinaus muss die Belehrung auch den Hinweis enthalten, dass die Leistungsversagung bzw. -entziehung nur **bis zur Nachholung** (§ 67 SGB I) der bisher unterlassenen erforderlichen Mitwirkung erfolgen kann.

Zur Erfüllung der Mitwirkungsverpflichtung muss eine **angemessene Frist** gesetzt werden. Angemessen ist die Frist, wenn sie hinreichend Überlegungs- und Informationsmöglichkeiten zulässt, was von den Umständen des Einzelfalls abhängt. Eine schematische Länge der Frist verbietet sich, allerdings beträgt die Frist in der Praxis regelmäßig 2 bis 6 Wochen.

7. Der Ablauf des Begutachtungsverfahrens

Der Ablauf des Verfahrens zur Feststellung der Pflegebedürftigkeit wird im Einzelnen im Kapitel 3.2 der Begutachtungs-Richtlinien (→ Rn. 133) beschrieben. Zusammengefasst ergibt sich folgender Ablauf:

Verfahrensabschnitte:
- Der MD sichtet die Unterlagen der Pflegekasse und prüft, ob Auskünfte seitens der behandelnden Ärzte des Antragstellers, der Pflegeperson, des Krankenhauses bzw. der Pflegeeinrichtung benötigt werden;
- mit Einwilligung der versicherten Person werden notwendige Auskünfte und Unterlagen eingeholt;
- auf der Grundlage der nun vorhandenen Informationen wird entschieden, welche Gutachter (Pflegefachkraft oder Arzt, spezielles Fachgebiet (Einstufung von Kindern!), speziell geschulte Gutachter) den Besuch durchführen;

- der Besuch ist rechtzeitig anzukündigen oder zu vereinbaren, dabei sind die voraussichtliche Dauer der Begutachtung, der Name und die berufliche Qualifikation der Gutachter sowie Grund und Art der Begutachtung mitzuteilen;
- mit dieser Ankündigung ist die Bitte zu verbinden, eventuell vorhandene Berichte von betreuenden Diensten, Pflegetagebücher und vergleichbare eigene Aufzeichnungen bereitzulegen;
- Durchführung des Besuchs im Wohnbereich des Antragstellers;
- ggf. Begutachtung des Antragstellers im Krankenhaus oder in einer stationären Rehabilitationseinrichtung, wenn Hinweise vorliegen, dass dies zur Sicherstellung der ambulanten oder stationären Weiterversorgung und Betreuung (zB Kurzzeitpflege, wohnumfeldverbessernde Maßnahmen) erforderlich ist oder die Inanspruchnahme von Pflegezeit nach dem Pflegezeitgesetz gegenüber dem Arbeitgeber der pflegenden Person angekündigt wurde oder mit dem Arbeitgeber der pflegenden Person eine Familienpflegezeit nach § 2 Abs. 1 FamPflegeZG vereinbart wurde;
- Erörterung, Dokumentierung und Unterbreitung von Vorschlägen bei fehlender oder unzureichender Sicherstellung der Pflege und Versorgung;
- Auswertung des Besuchs;
- Gutachtenabschluss.

8. Die Begutachtung von Kindern und Jugendlichen

177 Für die Begutachtung von Kindern und Jugendlichen gelten **Besonderheiten**, die insbesondere im Kapitel 5 der Begutachtungs-Richtlinien dargestellt werden. Die Einschätzung der Pflegebedürftigkeit bei **Kinder**n (gemeint sind damit auch Jugendliche bis zur Vollendung des 18. Lebensjahres) folgt nach § 15 Abs. 6 SGB XI grundsätzlich den Prinzipien der Erwachsenenbegutachtung, da die für die Erwachsenen relevanten Kriterien mit nur wenigen Anpassungen auch auf Kinder und Jugendliche zutreffen. Bei pflegebedürftigen Kindern wird der Pflegegrad allerdings durch einen Vergleich der Beeinträchtigungen ihrer Selbständigkeit und ihrer Fähigkeiten mit altersentsprechend entwickelten Kindern ermittelt. Kriterien, die entwicklungsbedingt bis zu einem bestimmten Alter auch bei gesunden Kindern als unselbständig zu beurteilen sind, werden im Formulargutachten entsprechend gekennzeichnet und müssen nicht beurteilt werden.[79] Um die Besonderheiten hinreichend abzubilden, enthalten die Begutachtungs-Richtlinien zwei unterschiedliche Formulargutachten, eines für die Begutachtung von Erwachsenen und eines für die Begutachtung von Kindern und Jugendlichen. Die Begutachtung der Pflegebedürftigkeit von Kindern ist nach § 18a Abs. 10 S. 2 SGB XI in der Regel durch **besonders geschulte Gutachterinnen** oder Gutachter mit einer Qualifikation in der Gesundheits- und Kinderkrankenpflege oder als Kinderärztin bzw. Kinderarzt vorzunehmen. Ziel dieser Regelung ist die Sicherung der Qualität der Begutachtung und die Erhöhung der Akzeptanz des Begutachtungsverfahrens bei den betroffenen Eltern.

178 In den Modulen 3 „Verhaltensweisen und psychische Problemlagen" und 5 „Bewältigung von und selbstständiger Umgang mit krankheits- oder therapiebedingten Anfor-

---

[79] Ausführlich: Büker/Meintrup, Anlage E „Literaturanalyse zur altersgemäßen kindlichen Entwicklung", im Anlagenband zu Wingenfeld/Büscher/Gansweid, Das neue Begutachtungsassessment zur Feststellung von Pflegebedürftigkeit, 2008.

derungen und Belastungen" gibt es **keine Festlegung von Altersgrenzen**, da hier krankheits- und therapiebedingte Beeinträchtigungen erfasst werden, die altersunabhängig bei jedem Kind zu bewerten sind. Um dem individuellen Entwicklungsverlauf und den besonderen Versorgungssituationen gerecht zu werden, bedarf es einer gründlichen Erhebung der **spezifischen Anamnese** bei Kindern und Jugendlichen. Im Modul 5 ist daher nicht nur die Begleitung zu Arzt- oder Therapeutenbesuchen, sondern auch die Begleitung zur Frühförderung in die Beurteilung der Pflegebedürftigkeit einzubeziehen; ebenso von den Eltern oder anderen Pflegepersonen durchgeführte behandlungspflegerische Maßnahmen wie Blutzuckermessen und Insulinspritzen, der Gebrauch von körpernahen Hilfsmitteln, die Durchführung von krankengymnastischen, logopädischen oder atemtherapeutischen Übungen.

Bei einem an **Mukoviszidose** erkrankten Kind kann die **Beaufsichtigung** und das Anhalten zur (hochkalorischen) Nahrungsaufnahme im Modul 4 und im Modul 5 berücksichtigt werden. Die Notwendigkeit eines Anhaltens zum Essen bringt Einschränkungen der Selbstständigkeit zum Ausdruck, soweit krankheitsbedingt das natürliche Hungergefühl den Pflegebedürftigen nicht hinreichend zur Nahrungsaufnahme motiviert und daher nicht als Maßstab für den Umfang der Nahrungsaufnahme herangezogen werden kann. Insoweit ist eine Kumulation (= Hilfebedarf beim Essen und beim Einhalten einer Diät) möglich.[80]

179

Da Kinder im Alter von **0 bis 18 Monaten** von Natur aus in allen Bereichen des Alltagslebens unselbständig sind und aufgrund der häufigen Entwicklungsveränderungen, wie sie sich bei altersentsprechend entwickelten Kindern in dieser Altersstufe vollziehen, in sehr kurzen Zeitabständen neu begutachtet werden müssten, erhalten sie einen „um eins höheren" Pflegegrad (§ 15 Abs. 7 SGB XI):

180

Pflegebedürftige Kinder im Alter bis zu 18 Monaten werden wie folgt eingestuft:

181

1. ab 12,5 bis unter 27 Gesamtpunkten in den Pflegegrad 2,
2. ab 27 bis unter 47,5 Gesamtpunkten in den Pflegegrad 3,
3. ab 47,5 bis unter 70 Gesamtpunkten in den Pflegegrad 4,
4. ab 70 bis 100 Gesamtpunkten in den Pflegegrad 5.

Nach dem 18. Lebensmonat erfolgt eine reguläre Einstufung aufgrund der vorliegenden Daten entsprechend § 15 Abs. 3 SGB XI, ohne dass es einer erneuten Begutachtung bedarf.

182

> **Praxishinweis:**
>
> Ab einem Alter von elf Jahren kann ein Kind in allen Modulen des Begutachtungsinstruments, die in die Berechnung des Pflegegrads eingehen, selbstständig sein, sofern es altersentsprechend entwickelt ist. Auch bei gesunden Kindern besteht in diesem Alter (insbesondere in der **Pubertät**) immer wieder ein Anleitungs- und Aufforderungsbedarf. Dies stellt keine gesundheitlich bedingte Beeinträchtigung dar und ist daher nicht berücksichtigungsfähig.

183

---

80 LSG Baden-Württemberg Urt. v. 15.5.2023 – L 4 P 132/22.

9. Die Begutachtung durch unabhängige Gutachter

184 Die Pflegekasse kann zur Feststellung der Pflegebedürftigkeit und des Pflegegrades sowohl den MD als auch **unabhängige Gutachter** beauftragen. Das Nähere zur Beauftragung von unabhängigen Gutachtern, insbesondere zu den Anforderungen an die Qualifikation, deren Unabhängigkeit, das Verfahren und die Qualitätssicherung, sind in den Richtlinien des GKV-Spitzenverbandes zur Zusammenarbeit der Pflegekassen mit anderen unabhängigen Gutachtern nach § 53b SGB XI[81] verbindlich für die Pflegekassen geregelt.

185 Ist innerhalb von 20 Arbeitstagen ab Antragstellung keine Begutachtung erfolgt, ist die Pflegekasse nach § 18 Abs. 3 S. 1 SGB XI **verpflichtet**, einen unabhängigen Gutachter zu beauftragen. Bei Beauftragung von unabhängigen Gutachtern hat die Pflegekasse dem Antragsteller mindestens drei Gutachter zur Auswahl zu benennen. Dabei ist die Qualifikation der benannten Gutachter mitzuteilen und auf deren Unabhängigkeit hinzuweisen. Hat sich der Antragsteller für einen der benannten Gutachter entschieden, so hat die Pflegekasse seinem Wunsch Rechnung zu tragen. Teilt der Antragsteller der Pflegekasse seine Entscheidung nicht innerhalb von einer Woche ab Kenntnis der Gutachternamen mit, so kann die Pflegekasse einen der benannten Gutachter beauftragen.

10. Das Gutachtenergebnis

186 Der MD oder der von der Pflegekasse beauftragte Gutachter teilt der Pflegekasse das Ergebnis seiner Prüfung in dem **verbindlichen Formulargutachten** unverzüglich in gesicherter elektronischer Form (§ 18b Abs. 4 SGB XI) mit. In dem Gutachten ist differenziert unter anderem zu folgenden Sachverhalten Stellung zu nehmen:

- Vorliegen der Voraussetzungen für Pflegebedürftigkeit und Beginn der Pflegebedürftigkeit,
- Pflegegrad,
- Umfang der Pflegetätigkeit der jeweiligen Pflegeperson(en) (§ 44 SGB XI (→ Rn. 563], § 166 Abs. 2 SGB VI).

187 Des Weiteren hat der MD oder der von der Pflegekasse beauftragte Gutachter **Feststellungen** zu machen, ob und in welchem Umfang Maßnahmen zur Vermeidung, Überwindung, Minderung oder Verhinderung einer Verschlimmerung der Pflegebedürftigkeit geeignet, notwendig und zumutbar sind; **Empfehlungen** sich nach § 18b Abs. 1 S. 1 Nr. 2 SGB XI insbesondere auszusprechen zu:

- Maßnahmen der Prävention,
- Maßnahmen der medizinischen Rehabilitation,
- Maßnahmen zur Hilfsmittel- und Pflegehilfsmittelversorgung (§ 33 SGB V, § 40 SGB XI),
- Maßnahmen zur Heilmittelversorgung,
- anderen therapeutischen Maßnahmen,
- Maßnahmen zur Verbesserung des individuellen oder gemeinsamen Wohnumfelds,

---

81 https://www.gkv-spitzenverband.de/media/dokumente/pflegeversicherung/richtlinien__vereinbarungen__formulare/richtlinien_zur_pflegeberatung_und_pflegebeduerftigkeit/2016_11_23_Pflege_Unabhaengige_Gutachter-RiLi.pdf.

- edukativen Maßnahmen und
- einer Beratung zu Leistungen zur verhaltensbezogenen Primärprävention nach § 20 Abs. 5 SGB V.

Spätestens mit der Mitteilung der Entscheidung über die Pflegebedürftigkeit leitet die Pflegekasse dem Antragsteller nach § 18c Abs. 4 SGB XI die gesonderte Präventions- und Rehabilitationsempfehlung zu und nimmt **umfassend** und **begründet** dazu Stellung, inwieweit auf der Grundlage der Empfehlung die Durchführung einer **Maßnahme zur Prävention** oder zur **medizinischen Rehabilitation** angezeigt ist. Die Stellungnahme des MD oder des von der Pflegekasse beauftragten Gutachters hat sich – wenn **Pflegegeld** (§ 37 SGB XI) beantragt wurde – auch darauf zu erstrecken, ob die häusliche Pflege ohne Einschaltung eines professionellen Pflege- oder Betreuungsdienstes in geeigneter Weise sichergestellt ist; § 18b Abs. 1 S. 2 SGB XI. 188

Im Umfang des festgestellten Bedarfs an Leistungen zur **medizinischen Rehabilitation** haben Versicherte nach § 18b Abs. 2 S. 2 SGB XI einen Anspruch gegen den zuständigen Rehabilitationsträger auf diese Leistungen. Die im Gutachten gegebenen konkreten Empfehlungen zur **Hilfsmittel- und Pflegehilfsmittelversorgung** gelten nach § 18b Abs. 3 SGB XI hinsichtlich der Hilfsmittel und Pflegehilfsmittel, die den Zielen von § 40 SGB XI dienen, jeweils als Antrag auf Leistungsgewährung, sofern der Versicherte zustimmt. Bezüglich der empfohlenen Hilfsmittel, die den Zielen nach § 40 SGB XI dienen, wird das Vorliegen der nach § 33 Abs. 1 SGB V notwendigen Erforderlichkeit vermutet; insofern bedarf es **keiner ärztlichen Verordnung** gemäß § 33 Abs. 5a SGB V. Bezüglich der empfohlenen Pflegehilfsmittel wird die **Notwendigkeit** der Versorgung nach § 40 Abs. 1 S. 2 SGB XI vermutet. 189

> **Praxishinweis:** 190
>
> Die Pflegekasse übermittelt dem Antragsteller nach § 18c Abs. 3 S. 1 SGB XI unverzüglich die Entscheidung über die in dem Gutachten empfohlenen Hilfsmittel und Pflegehilfsmittel und weist ihn zugleich auf die zur Auswahl stehenden Leistungserbringer hin.

Hilfsmittel und **Pflegehilfsmittel**, die den **Zielen** des § 40 SGB XI entsprechen, sind:[82] 191
- Adaptionshilfen,
- Bade- und Duschhilfen,
- Gehhilfen,
- Hilfsmittel gegen Dekubitus,
- Inkontinenzhilfen,
- Kranken- oder Behindertenfahrzeuge,
- Krankenpflegeartikel,
- Lagerungshilfen,
- Mobilitätshilfen,
- Stehhilfen,
- Stomaartikel,

---

82 Richtlinien des GKV-Spitzenverbandes zur Feststellung der Pflegebedürftigkeit – Begutachtungs-Richtlinien vom 15.4.2016, in der Fassung vom 22.3.2021, S. 94.

- Toilettenhilfen,
- Pflegehilfsmittel zur Erleichterung der Pflege,
- Pflegehilfsmittel zur Körperpflege/Hygiene und zur Linderung von Beschwerden,
- Pflegehilfsmittel zur selbstständigeren Lebensführung oder zur Mobilität,
- zum Verbrauch bestimmte Pflegehilfsmittel sowie
- sonstige unmittelbar alltagsrelevante Pflegehilfsmittel.

192 Für alle anderen Hilfsmittel, die **nicht** den Zielen des § 40 SGB XI dienen (beispielsweise Kommunikationshilfen, Sehhilfen, Hörhilfen, Orthesen), gilt die Regelung des § 18b Abs. 3 SGB XI nicht. Die Versorgungsempfehlung ist in diesen Fällen nicht als Leistungsantrag zu werten.

193 § 18c Abs. 2 S. 2 SGB XI gibt vor, dass dem Antragsteller zeitgleich mit dem Bescheid das Ergebnis des Gutachtens transparent darzustellen und verständlich zu erläutern ist. Diese Vorgaben werden bisher nicht immer eingehalten.[83] Die Anforderungen an eine **transparente Darstellungsweise** und **verständliche Erläuterung** des Gutachtens sind nach § 18c Abs. 2 S. 3 SGB XI in den Begutachtungs-Richtlinien zu regeln.[84] Eine standardisierte Information dergestalt, dass dem Antragsteller neben dem Gutachten allein eine Anlage mit einer Tabelle, die die Berechnungs- und Bewertungsregeln zur Ermittlung des Pflegegrades – lediglich ergänzt um die bewerteten Punkte im konkreten Fall – beigefügt wird, genügt diesen Anforderungen nicht. Erforderlich ist die Übermittlung einer standardisierten laienverständlichen Erläuterung durch die Pflegekasse, die zugleich auf den individuellen Einzelfall, insbesondere im Hinblick auf die weitere Vorgehensweise, angepasst ist. Dies beinhaltet zugleich, dass bei Bedarf das Ergebnis des Gutachtens barrierefrei darzustellen ist.[85]

194 Im Weiteren – § 18c Abs. 2 S. 4 SGB XI – hat der MD oder der von der Pflegekasse beauftragte Gutachter den Antragsteller in der Begutachtung auf die maßgebliche Bedeutung des Gutachtens insbesondere für eine umfassende Beratung, das Erstellen eines **individuellen Versorgungsplans** nach § 7a SGB XI (→ Rn. 67), das Versorgungsmanagement nach § 11 Abs. 4 SGB V und für die Pflegeplanung hinzuweisen. Aufgrund der besonderen Bedeutung ist das Gutachten daher dem Antragsteller grundsätzlich mit der Zusendung des Bescheids der Pflegekasse zu übersenden. Dies darf jedoch nicht gegen den Wunsch des Antragstellers erfolgen, so dass der Antragsteller in der Begutachtung vom MD oder dem von der Pflegekasse beauftragten Gutachter auf sein Widerspruchsrecht hinzuweisen ist. Dies umfasst auch den Hinweis auf eine Übersendung des Gutachtens zu einem späteren Zeitpunkt. In dem Formulargutachten ist zu erfassen, ob der Antragsteller der Übersendung widerspricht. Da der Hinweis in der Praxis nicht regelhaft bzw. hinreichend umfassend gegeben wird, hat die Pflegekasse mit ihrem Schreiben, in dem das Nicht- bzw. Vorliegen von Pflegebedürftigkeit und der Pflegegrad mitgeteilt wird, darüber ebenfalls zu informieren. Die dahin gehende Verpflichtung für die Gutachterinnen und Gutachter regelt bereits § 18a Abs. 8 S. 1

---

83 Vgl. dazu Wissenschaftliche Evaluation der Umstellung des Verfahrens zur Feststellung der Pflegebedürftigkeit – Los 2: Allgemeine Befragungen, S. 129.
84 Dazu: Richtlinien des GKV-Spitzenverbandes zur Feststellung der Pflegebedürftigkeit – Begutachtungs-Richtlinien vom 15.4.2016, in der Fassung vom 22.3.2021, S. 24.
85 BT-Drs. 20/6544, 62.

SGB XI. Insoweit bestehender Schulungsbedarf bei den Gutachtern sollte ermittelt und entsprechende Schulungen durchgeführt werden.[86]

Sofern der **Träger der Sozialhilfe** zur Prüfung der Leistungspflicht nach § 61 Abs. 1 SGB XII das Gutachten des MD oder des von der Pflegekasse beauftragten Gutachters benötigt, kann die Pflegekasse dieses zur Verfügung stellen, wenn der Versicherte von der Pflegekasse in allgemeiner Form schriftlich auf das Widerspruchsrecht hingewiesen wurde und nicht widersprochen hat (§ 76 Abs. 2 Nr. 1 SGB X). 195

Empfehlungen zur **Heilmittelversorgung** aus dem Gutachten des MD werden häufig nicht umgesetzt. Eine Behandlung mit Heilmitteln durch die Krankenkasse bedarf einer ärztlichen Verordnung. Auf Seiten der Pflegebedürftigen bestehen hinsichtlich abgegebener Heilmittelempfehlungen oftmals Verständnisschwierigkeiten beziehungsweise Unsicherheiten. Um das Ausstellen von medizinisch notwendigen Heilmittelverordnungen zu unterstützen, wird die Pflegekasse in § 18c Abs. 3 S. 2 SGB XI dazu verpflichtet, den Antragsteller über im Gutachten empfohlene Heilmittel und die Möglichkeit der ärztlichen Verordnung zu informieren. Da Pflegebedürftige zum Personenkreis gehören können, die von den Regelungen zum langfristigen Heilmittelbedarf gemäß § 32 Abs. 1a SGB V erreicht werden, wird die Pflegekasse zudem verpflichtet, den Antragsteller über die Besonderheiten des langfristigen Heilmittelbedarfs gemäß § 32 Abs. 1a SGB V iVm mit § 8 Heilmittel-Richtlinie des Gemeinsamen Bundesausschusses aufzuklären. Darüber hinaus wird die Pflegekasse verpflichtet, bei vorliegender Einwilligung des Versicherten der behandelnden Ärztin beziehungsweise dem behandelnden Arzt eine Mitteilung über die konkreten Heilmittelempfehlungen zuzuleiten mit dem Ziel, die Prüfung sowie Ausstellung einer Heilmittelverordnung durch die Ärztin beziehungsweise den Arzt zu befördern. 196

11. Die Dienstleistungsorientierung in der Begutachtung

Versicherte, die einen Antrag auf Leistungen der Pflegeversicherung gestellt haben, sollen durch das notwendige Begutachtungsverfahren nach §§ 18 ff. SGB XI, nachdem bereits eine hohe Belastung durch den Eintritt der Pflegebedürftigkeit besteht, so wenig wie möglich zusätzlich belastet werden. Die Richtlinien zur **Dienstleistungsorientierung** im Pflege-Begutachtungsverfahren nach § 17 Abs. 1c SGB XI [vor dem 1.7.2023: § 18b SGB XI][87] stellen verpflichtende, bundesweit einheitliche Verhaltensgrundsätze auf und erhöhen die Transparenz des Begutachtungsverfahrens für die Versicherten. Sie sind für alle Medizinischen Dienste normativ verbindlich und stellen für alle Gutachter vor allem einen **Verhaltenskodex** auf, der sie zu einem respektvollen Verhalten gegenüber den Versicherten und deren Angehörigen verpflichtet. Die Richtlinien regeln insbesondere 197

- allgemeine Verhaltensgrundsätze für alle unter der Verantwortung der Medizinischen Dienste am Begutachtungsverfahren Beteiligten,

---

86 BT-Drs. 20/6544, 62.
87 https://www.gkv-spitzenverband.de/media/dokumente/pflegeversicherung/richtlinien__vereinbarungen__formulare/richtlinien_zur_pflegeberatung_und_pflegebeduerftigkeit/2016_12_05_Pflege_Dienstleistungs-Richtlinie.pdf.

- die Pflicht der Medizinischen Dienste zur individuellen und umfassenden Information des Versicherten über das Begutachtungsverfahren, insbesondere über den Ablauf, die Rechtsgrundlagen und Beschwerdemöglichkeiten,
- die regelhafte Durchführung von Versichertenbefragungen und
- ein einheitliches Verfahren zum Umgang mit Beschwerden, die das Verhalten der Mitarbeiter der Medizinischen Dienste oder das Verfahren bei der Begutachtung betreffen.

12. Die Frist zur Bearbeitung des Antrags

198 Die Pflegekasse hat ihre Entscheidung über den Antrag auf Feststellung oder Versagung der Pflegebedürftigkeit innerhalb einer **Frist von 25 Arbeitstagen** zu erteilen; § 18c Abs. 1 S. 1 SGB XI. In den Fällen einer verkürzten Begutachtungsfrist nach § 18a Abs. 5 und 6 SGB XI (→ Rn. 137 f) hat die schriftliche Entscheidung der Pflegekasse dem Antragsteller nach § 18c Abs. 1 S. 2 SGB XI gegenüber **unverzüglich** nach Eingang der Empfehlung des Medizinischen Dienstes oder der beauftragten Gutachterinnen oder Gutachter bei der Pflegekasse zu erfolgen. Wird der schriftliche Bescheid über den Antrag nicht innerhalb von 25 Arbeitstagen nach Eingang des Antrags erteilt oder eine der in § 18a Abs. 5 und 6 SGB XI genannten verkürzten Begutachtungsfristen nicht eingehalten, so hat die Pflegekasse für jede begonnene Woche der **Fristüberschreitung** unverzüglich 70,00 EUR an den Antragsteller zu zahlen; § 18c Abs. 5 S. 1 SGB XI. Die Zahlungspflicht gilt nach § 18c Abs. 5 S. 2 SGB XI nicht, wenn der Antragsteller die Verzögerung zu vertreten hat oder wenn sich der Antragsteller in stationärer Pflege befindet und bereits als mindestens erheblich pflegebedürftig (mindestens Pflegegrad 2) anerkannt ist.

199 **Praxishinweis:**
Die Pflegekasse hat den Antragsteller nach Eingang seines Antrags nach § 33 Abs. 1 S. 1 SGB XI auf die **Frist** für ihre Entscheidung sowie die verkürzten Begutachtungsfristen und die Folgen der Nichteinhaltung der Fristen **hinzuweisen**; § 18c Abs. 5 S. 6 SGB XI.

200 Die **Fristberechnung** erfolgt auf der Grundlage des § 26 Abs. 1 SGB X iVm §§ 187 ff. BGB. Die Frist zur Entscheidung über die Bewilligung von Leistungen der Pflegekasse beginnt nach § 18c Abs. 5 S. 5 SGB XI mit dem Tag nach Eingang des Antrags. Die Pflegekasse ist verpflichtet, für jede begonnene Woche der Fristüberschreitung eine Verspätungszahlung zu leisten. Wenn das Ende der Wochen- oder Tagesfrist (der Zeitraum nach Ablauf der 1- oder 2-Wochen-Frist oder 25-Arbeitstage-Frist) auf einen Feiertag fällt, führt es nicht zu einer Fristverlängerung auf den nächsten Werktag. Die Zahlung wegen Fristüberschreitung ist keine „Pflegeleistung" im Sinne des SGB XI. Heilfürsorge- und Beihilfeberechtigte erhalten daher die Zahlung wegen Fristüberschreitung in voller Höhe. Weil es sich bei dieser Verzögerungsstrafzahlung nicht um eine Leistung der Pflegeversicherung nach § 28 SGB XI handelt, kann sie nicht Gegenstand der Sonderrechtsnachfolge nach § 56 SGB I oder der Vererbung nach § 58 SGB I werden.

201 Die Zahlungspflicht entfällt vor allem, wenn der Antragsteller die Verzögerung zu vertreten hat. Dies ist insbesondere der Fall, wenn die Pflegekasse die fehlende **Mitwir-**

kungspflicht des Versicherten nach § 60 SGB I festgestellt hat. Nach § 60 SGB I ist der Versicherte verpflichtet

1. alle Tatsachen anzugeben, die für die Leistung erheblich sind, und auf Verlangen der Pflegekasse der Erteilung der erforderlichen Auskünfte durch Dritte zuzustimmen,
2. Änderungen in den Verhältnissen, die für die Leistung erheblich sind oder über die im Zusammenhang mit der Leistung Erklärungen abgegeben worden sind, unverzüglich mitzuteilen,
3. Beweismittel zu bezeichnen und auf Verlangen der Pflegekasse Beweisurkunden vorzulegen oder ihrer Vorlage zuzustimmen.

Eine Vielzahl von weiteren **Verzögerungsgründen** ist denkbar. Häufigster Fall ist die Absage des angekündigten bzw. vereinbarten Termins wegen eines andauernden Aufenthalts des Antragstellers im Krankenhaus oder einer vollstationären Rehabilitations-Einrichtung, eines Behandlungstermins oder aus sonstigen Gründen. 202

> **Praxishinweis:** 203
>
> Insgesamt wurden im Jahr 2022 mehr als 2.305.100 Anträge zur Feststellung der Pflegebedürftigkeit gestellt. Die gesetzlich bestimmte Bearbeitungsfrist wurde bei ca. 74 % eingehalten; rund 592.500 Anträgen (25,7 % aller Anträge) war eine Fristüberschreitung zu verzeichnen. Davon waren ca. 496.000 Anträge (83,7 % der Fristüberschreitungen) nicht von den Pflegekassen zu vertreten. Insgesamt waren rund 96.600 (16,3 %) der Fristüberschreitungen von den Pflegekassen zu vertrete, also bei rund 4 % der gestellten Anträge.[88]

13. Berichtspflichten

Der Spitzenverband Bund der Pflegekassen hat nach § 18d SGB XI dem Bundesministerium für Gesundheit jährlich, erstmalig zum 30.6.2025, über Zahlen und Erkenntnisse, die im Zusammenhang mit den Anträgen auf Pflegeleistungen und der weiteren Bearbeitung durch die Pflegekasse stehen, zu berichten. Die Daten sind aufzubereiten und auf Plausibilität hin zu prüfen. 204

---

[88] https://www.gkv-spitzenverband.de/pflegeversicherung/qualitaet_in_der_pflege/einhaltung_der_begutachtungsfristen/begutachtungsfristen_1.jsp.

§ 3 Der Begriff der Pflegebedürftigkeit

205 Der zentrale Begriff des Pflegerechts ist die legal, also im Gesetz selbst definierte **Pflegebedürftigkeit**, die weiterhin in den §§ 14 und 15 SGB XI geregelt wird. Damit bleibt auch künftig die gewohnte Struktur erhalten. § 14 SGB XI definiert den Begriff der Pflegebedürftigkeit, während § 15 SGB XI die Schwere und damit den **Grad** der Pflegebedürftigkeit sowie das Begutachtungsverfahren regelt. Ergänzt werden beide Vorschriften durch zwei gesetzliche Anlagen zu § 15 SGB XI, die die Berechnung der Pflegegrade im Einzelnen regeln.

206 **Praxishinweis:**
Die soziale Pflegeversicherung gewährt Leistungen, wenn das Risiko der Pflegebedürftigkeit eingetreten ist. In den §§ 14 ff. SGB XI wird der **Leistungsfall** definiert. Die §§ 36 ff. SGB XI (→ Rn. 362 ff) beschreiben die **Voraussetzungen** und den **Umfang** der Ansprüche der Versicherten.

I. Die Definition der Pflegebedürftigkeit

207 Pflegebedürftige sind nach § 14 Abs. 1 S. 1 SGB XI Personen, die gesundheitlich bedingte Beeinträchtigungen der Selbstständigkeit oder Fähigkeitsstörungen nach näherer Bestimmung der in § 14 Abs. 2 SGB XI abschließend definierten Kriterien in sechs Modulen (→ Rn. 213) aufweisen und deshalb der Hilfe durch andere bedürfen. Der Hilfebedarf muss auf den Beeinträchtigungen der Selbstständigkeit oder den Fähigkeitsstörungen beruhen, andere Ursachen für einen Hilfebedarf bleiben außer Betracht. Die Beeinträchtigungen der Selbstständigkeit und Fähigkeitsstörungen werden personenbezogen und unabhängig vom jeweiligen (Wohn-) Umfeld ermittelt.[89]

208 **Praxishinweis:**
Für die Feststellung der Pflegebedürftigkeit sind nicht die **medizinischen Diagnosen** maßgeblich, sondern die Fähigkeit, Alltagsaktivitäten mehr oder weniger selbstständig durchzuführen.[90]

209 Es sind nur solche Personen pflegebedürftig, die körperliche oder psychische Schädigungen, Beeinträchtigungen körperlicher oder kognitiver oder psychischer Funktionen sowie gesundheitlich bedingte Belastungen oder Anforderungen **nicht selbstständig kompensieren** oder bewältigen können. Daher führt nicht jede körperliche, kognitive oder psychische Beeinträchtigung zur Pflegebedürftigkeit, wenn diese anderweitig kompensiert oder bewältigt werden kann. Die Beeinträchtigungen der Selbstständigkeit oder die Fähigkeitsstörungen und der Hilfebedarf durch andere müssen auf **Dauer** (→ Rn. 210), voraussichtlich für mindestens sechs Monate, und zumindest in der in § 15 SGB XI beschriebenen **Schwere** bestehen.

---

[89] BT-Drs. 18/5926, 109.
[90] LSG Niedersachsen-Bremen Urt. v. 17.11.2022 – L 12 P 3/22.

II. Die Prognose der Dauer

Mit der Neuregelung der §§ 14 und 15 SGB XI werden die in den letzten Jahren getrennten Feststellungen zur Pflegebedürftigkeit in Hinblick auf die gewöhnlichen und regelmäßig wiederkehrenden **Verrichtungen** im Ablauf des täglichen Lebens nach § 14 Abs. 4 SGB XI aF und die erheblich **eingeschränkte Alltagskompetenz** nach § 45a Abs. 2 SGB XI aF erstmalig zusammengefasst und damit einheitliche Anspruchsvoraussetzung für die im SGB XI geregelten Leistungen geschaffen. Pflegebedürftige sind danach Personen, die gesundheitlich bedingte Beeinträchtigungen der Selbstständigkeit oder der Fähigkeiten aufweisen und deshalb der Hilfe durch andere bedürfen. Weitere Voraussetzungen sind die Zuerkennung eines Pflegegrades mit dem neuen Begutachtungsinstrument, unabhängig davon, ob der Schwerpunkt ihrer Beeinträchtigungen im körperlichen, kognitiven oder psychischen Bereich liegt, und eine **Dauer** der Beeinträchtigung von **mindestens sechs Monaten**. Das Kriterium der Hilfebedürftigkeit auf Dauer ist der Pflegebedürftigkeit immanent,[91] musste allerdings in den vorangegangenen gesetzlichen Begriffsbeschreibungen der Pflegebedürftigkeit nicht immer sechs Monate umfassen.[92]

210

Das Tatbestandsmerkmal der Dauer bedeutet nicht, dass eine Entscheidung über das Bestehen des Leistungsanspruches erst nach Ablauf von sechs Monaten getroffen werden kann. Die Pflegekasse hat über die Voraussetzung der Dauerhaftigkeit der Pflegebedürftigkeit auf der Grundlage einer fachlichen **Prognose** zu entscheiden. Erweist sich die Prognose als unzutreffend, wird die bisherige Pflegebedürftigkeit nicht rückwirkend beseitigt. Die Pflegebedürftigkeit endet mit dem Zeitpunkt, an dem erkennbar ist, dass der Hilfebedarf insgesamt für weniger als sechs Monate besteht. Das Merkmal der Dauerhaftigkeit ist auch dann erfüllt, wenn der Pflegebedarf voraussichtlich nur deshalb nicht über sechs Monate hinausgeht, weil der Betroffene eine nur geringe Lebenserwartung hat, wenn der Hilfsbedarf bis zum Tode fortbestehen wird. Ein Anstieg des Hilfebedarfs für voraussichtlich weniger als sechs Monate rechtfertigt eine Höherstufung nicht, wenn danach eine Besserung zu erwarten ist.[93]

211

> **Praxishinweis:**
>
> Maßgeblich für die Darlegung im Widerspruchs- bzw. sozialgerichtlichen Verfahren ist stets die vorausschauende Sicht zum **Zeitpunkt der Antragstellung**, auch wenn der tatsächliche Geschehensablauf diese Prognose nicht bestätigt.[94] Daher sind medizinische und pflegerische Aussagen (etwa Entlassungsberichte, Pflegetagebücher) zur Dauer des Pflegebedarfs zum frühestmöglichen Zeitpunkt zu erheben und zu dokumentieren.

212

---

91 BT-Drs. 12/5262, 95.
92 LSG Baden-Württemberg Urt. v. 30.9.1963 – L 5b V 331/63; Bundesministerium für Gesundheit und soziale Sicherheit, Kommentar zum BVG, 2003, § 35 Rn.11.
93 BSG Urt. v. 19.2.1998 – B 3 P 7/97 R = NZS 1998, 479.
94 BSG Urt. v. 17.3.2005 – B 3 P 2/04 R = NZS 2006, 40.

III. Die Beeinträchtigung der Selbständigkeit und Fähigkeitsstörungen

213 Maßgeblich für das Vorliegen von Pflegebedürftigkeit sind die Beeinträchtigungen der Selbstständigkeit oder Fähigkeitsstörungen, die in sechs Module gegliedert sind. Die in § 14 Abs. 2 S. 1 SGB XI aufgezählten **sechs Module**, in denen der Grad der individuellen Beeinträchtigungen und Fähigkeitsstörungen ermittelt wird, umfassen jeweils eine Gruppe artverwandter Aktivitäten, Fähigkeiten oder einen Lebensbereich. Sie stellen einen abschließenden Katalog der zu berücksichtigenden Aktivitäten und Fähigkeiten, bei denen Beeinträchtigungen und Fähigkeitsstörungen für die Feststellung von Pflegebedürftigkeit maßgebend sein sollen, dar. Der abschließende Charakter ist erforderlich, weil die Zuordnung zu unterschiedlichen Leistungsgruppen aus einer Gesamtschau aller zu berücksichtigenden Bereiche abgeleitet wird.[95] Daher begründen etwa eine Blindheit oder eine Lähmung der unteren Extremitäten allein noch nicht die Pflegebedürftigkeit im Sinne des SGB XI. Auch individuelle Gegebenheiten des konkreten Wohnumfeldes, selbst wenn sie die Selbständigkeit und Fähigkeiten hemmen, erschweren oder auch fördern, werden bei der Erhebung der Selbständigkeit und Fähigkeiten in den Modulen 1–6 nicht berücksichtigt.[96]

214 Dabei findet zum Leidwesen der Praxis nicht einfach eine Ableitung aus den Feststellungen statt. Stattdessen werden die Kriterien zunächst in Einzelpunkte und dann in gewichtete Punkte umgerechnet. Wie noch zu zeigen sein wird, ist unter allen denkbaren Modellen das Komplizierteste gesetzlich geregelt worden.

215 Die in §§ 14 Abs. 2 S. 2, 15 Abs. 2 SGB XI aufgelisteten sechs Bereiche, in denen der Schweregrad der individuellen Beeinträchtigungen der Selbständigkeit oder der Fähigkeiten ermittelt wird, umfassen jeweils eine Gruppe artverwandter Kriterien oder einen Lebensbereich. Sie stellen einen **abschließenden Katalog** der zu berücksichtigenden Kriterien dar, anhand derer Beeinträchtigungen der Selbständigkeit oder der Fähigkeiten festgestellt werden sollen. Die **modulare Struktur** des Begutachtungsinstruments erlaubt über die Zusammenfassung von gleichartigen Kriterien oder der Kriterien eines Lebensbereichs eine zusammenfassende Betrachtung einzelner Lebensbereiche des Pflegebedürftigen. Zudem werden die Module im Verhältnis zueinander gewichtet. Zentrales **Ziel** ist, dass körperliche, kognitive und psychische Beeinträchtigungen anhand eines übergreifenden Maßstabs, der Schwere der Beeinträchtigungen der Selbständigkeit und der Fähigkeiten in ein Verhältnis gestellt werden, das die verschiedenen Arten von Beeinträchtigungen angemessen berücksichtigt und eine im Vergleich angemessene Einstufung sicherstellt. Damit sollen vorrangig körperlich beeinträchtigte Pflegebedürftige und vorrangig kognitiv oder psychisch beeinträchtigte Pflegebedürftige in der Pflegeversicherung vergleichbar berücksichtigt und Zugang zu Leistungen haben. Die Differenzierung nach der Schwere der Beeinträchtigungen der Selbständigkeit oder der Fähigkeiten ist ein durchgehendes Leitmotiv des Begutachtungsinstruments. So werden sowohl die Einzelpunkte, Summe der Punkte und gewichtete Punkte jeweils nach der Schwere differenziert und begrifflich einzelnen Kategorien zugeordnet. Die genauen Bezeichnungen der Kategorien sowie die Einzelpunkte, Summe der Einzel-

---

95 BT-Drs. 18/5926, 110.
96 Richtlinien des GKV-Spitzenverbandes zur Feststellung der Pflegebedürftigkeit – Begutachtungs-Richtlinien vom 15.4.2016, in der Fassung vom 22.3.2021, S. 34 f.

punkte und gewichtete Punkt in jedem Modul sind in den Anlagen 1 und 2 zu § 15 SGB XI festgelegt.[97]

IV. Der Grad der Selbständigkeit

Zur Einschätzung wird überwiegend eine **vierstufige Standardskala** verwendet (Merkmalsausprägungen in den Modulen 1, 4 und 6: *selbstständig – überwiegend selbstständig – überwiegend unselbstständig – unselbstständig*), deren Begrifflichkeit insbesondere in den Anlagen 1 und 2 zu § 15 SGB XI verwendet, aber nicht definiert wird. Der Gutachter hat also für jedes Kriterium den **Grad der Selbstständigkeit** der betreffenden Person anzugeben. Die Einschätzung richtet sich im Modul 1 – Mobilität ausschließlich auf die körperliche Fähigkeit, sich fortzubewegen. In dieser Hinsicht besteht ein Unterschied gegenüber mehreren anderen Modulen, bei denen es für die Einschätzung ohne Bedeutung ist, ob die Beeinträchtigung der Selbstständigkeit durch körperliche oder durch kognitive/psychische Faktoren ausgelöst wird. Dies gilt auch für die außerhäusliche Mobilität in Modul 7, in dem beispielsweise zu berücksichtigen ist, ob im außerhäuslichen Bereich eine Begleitung durch andere Personen aus Sicherheitsgründen erforderlich ist.[98] Äußere, von der Person des Antragstellers losgelöste Faktoren werden bei der Einschätzung nicht berücksichtigt. So ist beispielsweise die Selbständigkeit beim Treppensteigen auch dann zu beurteilen, wenn die Wohnung im Erdgeschoss liegt und in der Wohnung oder im Wohnbereich einer vollstationären Einrichtung keine Treppen vorhanden sind. Ebenso ist die Selbständigkeit beim Duschen und Baden zu beurteilen, auch wenn keine Dusche oder Badewanne in der Wohnung vorhanden ist. Für die Beurteilung der Selbständigkeit ist unerheblich, welche personelle Unterstützung die Person bei einer Handlung bzw. Aktivität tatsächlich erhält.[99]

Das Begutachtungsinstrument beinhaltet in der Konkretisierung durch die Anlage 1 zu § 15 SGB XI an mehreren Stellen abgewandelte Formen dieser **Skala**. Durchgängig gilt bei diesen Skalen, dass der **Grad der Beeinträchtigung** mit dem jeweiligen Punktwert steigt. „0" bedeutet also stets, dass keine Beeinträchtigungen bzw. sonstige Probleme bestehen.

> **Praxishinweis – „selbständig":**
>
> Die Person kann die Handlung beziehungsweise Aktivität *in der Regel* selbständig durchführen. Möglicherweise ist die Durchführung erschwert oder verlangsamt oder nur unter Nutzung von Hilfs-/Pflegehilfsmitteln möglich. Entscheidend ist jedoch, dass die Person **keine personelle Hilfe** benötigt. Vorübergehende oder nur vereinzelt auftretende Beeinträchtigungen sind nicht zu berücksichtigen.[100]

---

97 BT-Drs. 18/5926, 112.
98 Wingenfeld/Büscher/Gansweid, Das neue Begutachtungsinstrument zur Feststellung von Pflegebedürftigkeit 2011, 97.
99 Richtlinien des GKV-Spitzenverbandes zur Feststellung der Pflegebedürftigkeit – Begutachtungs-Richtlinien vom 15.4.2016, in der Fassung vom 22.3.2021, S. 36.
100 Richtlinien des GKV-Spitzenverbandes zur Feststellung der Pflegebedürftigkeit – Begutachtungs-Richtlinien vom 15.4.2016, in der Fassung vom 22.3.2021, S. 37.

219 **Praxishinweis – „überwiegend selbstständig":**
Die Person kann **den größten Teil der Aktivität** selbstständig durchführen. Dementsprechend entsteht nur ein geringer, mäßiger Aufwand für die Pflegeperson. Überwiegend selbstständig ist eine Person also dann, wenn eine oder mehrere der folgenden Hilfestellungen erforderlich sind:

220 „**Unmittelbares Zurechtlegen/Richten von Gegenständen**" meint die Vorbereitung einer Aktivität durch Bereitstellung sächlicher Hilfen, damit die Person die Aktivität dann selbstständig durchführen kann. Dabei wird vorausgesetzt, dass die Umgebung des Antragstellers so eingerichtet wird, dass die Person so weit wie möglich selbstständig an alle notwendigen Utensilien herankommt und diese nicht jedes Mal angereicht werden müssen. Wenn dies aber nicht ausreicht (zB die Seife nicht von der Ablage am Waschbecken genommen werden kann, sondern direkt in die Hand gegeben werden muss), führt diese Beeinträchtigung zur Bewertung überwiegend selbstständig.

221 „**Impulsgebung/Aufforderung**" bedeutet, dass die Pflegeperson (ggf. auch mehrfach) einen Anstoß geben muss, damit der Betroffene die jeweilige Tätigkeit allein durchführt. Auch wenn nur „**einzelne Handreichungen**" erforderlich sind, ist die Person als überwiegend selbstständig zu beurteilen (punktueller Hilfebedarf, der lediglich an einzelnen Stellen des Handlungsablaufs auftritt). „**Einzelne Hinweise**" zur Abfolge der Einzelschritte meint, dass zwischenzeitlich immer wieder ein Anstoß gegeben werden muss, dann aber Teilverrichtungen selbst ausgeführt werden können.

222 „**Unterstützung bei der Entscheidungsfindung**" bedeutet, dass zB verschiedene Optionen zur Auswahl angeboten werden, die Person danach aber selbstständig handelt.

223 „**Partielle Beaufsichtigung und Kontrolle**" meint die Überprüfung, ob die Abfolge einer Handlung eingehalten wird (ggf. unter Ein- oder Hinleitung zu weiteren Teilschritten oder Aufforderung zur Vervollständigung), sowie die Kontrolle der korrekten und sicheren Durchführung. Hierzu gehört auch die Überprüfung, ob Absprachen eingehalten werden. Auch wenn eine Person eine Aktivität ausführen kann, aber aus nachvollziehbaren Sicherheitsgründen die Anwesenheit einer anderen Person benötigt, trifft die Bewertung „überwiegend selbstständig" zu.

224 **Punktuelle Übernahme von Teilhandlungen** der Aktivität bedeutet, dass nur einzelne Handreichungen erforderlich sind, die Person den überwiegenden Teil der Aktivität aber selbstständig durchführt.

225 **Anwesenheit aus Sicherheitsgründen:** Wenn eine Person eine Aktivität selbstständig ausführen kann, aber aus nachvollziehbaren Sicherheitsgründen (beispielsweise Sturzgefahr, Krampfanfälle) die Anwesenheit einer anderen Person benötigt, trifft die Bewertung „überwiegend selbstständig" zu.

226 Kommen Beeinträchtigungen der Selbständigkeit bei einer Aktivität zwar regelmäßig mindestens einmal wöchentlich, aber nicht täglich vor oder treten sie in wechselnd starker Ausprägung auf, ist bei der Entscheidung zwischen „überwiegend selbstständig"

und „überwiegend unselbständig" auf die Gesamtheit dieser Aktivität im **Wochenverlauf** abzustellen.[101]

Praxishinweis – „überwiegend unselbständig": 227

Die Person kann die Aktivität nur zu einem **geringen Anteil** selbstständig durchführen. Es sind aber Ressourcen vorhanden, so dass sie sich beteiligen kann. Dies setzt umfassende Anleitung oder aufwendige Motivation auch während der Aktivität voraus oder ein erheblicher Teil der Handlung muss übernommen werden. Zurechtlegen und Richten von Gegenständen, wiederholte Aufforderungen oder punktuelle Unterstützungen reichen nicht aus. Alle der genannten Hilfen können auch hier von Bedeutung sein, reichen allerdings allein nicht aus. Weitergehende Unterstützung umfasst vor allem:

- **„Motivation"** im Sinne der motivierenden Begleitung einer Aktivität (notwendig vor allem bei psychischen Erkrankungen mit Antriebsminderung).
- **„Anleitung"** bedeutet, dass die Pflegeperson den Handlungsablauf nicht nur anstoßen, sondern die Handlung demonstrieren und/oder lenkend begleiten muss. Dies kann insbesondere dann erforderlich sein, wenn der Betroffene trotz vorhandener motorischer Fähigkeiten eine konkrete Aktivität nicht in einem sinnvollen Ablauf durchführen kann.
- **„Ständige Beaufsichtigung und Kontrolle"** unterscheidet sich von der „partiellen Beaufsichtigung und Kontrolle" nur durch das Ausmaß der erforderlichen Hilfe. Es ist ständige und unmittelbare Eingreifbereitschaft erforderlich.
- **„Übernahme von Teilhandlungen"** der Aktivität bedeutet, dass ein erheblicher Teil der Handlungsschritte durch die Pflegeperson übernommen wird.[102]

Praxishinweis: 228

Die vorstehenden Hinweise zu Art und Ausmaß erforderlicher Hilfen und der Zusammenhang mit dem **Grad der Selbstständigkeit** sind als **Orientierungshilfen** zu verstehen.

Praxishinweis – „unselbständig": 229

Die Person kann die Aktivität *in der Regel* nicht selbstständig durchführen beziehungsweise steuern, auch nicht in Teilen. Es sind **kaum oder keine Ressourcen** vorhanden. Aufwendige Motivation, umfassende Anleitung und ständige Beaufsichtigung reichen auf keinen Fall aus. Die **Pflegeperson muss alle oder nahezu alle Teilhandlungen** anstelle der betroffenen Person durchführen. Eine minimale Beteiligung ist nicht zu berücksichtigen (zum Beispiel, wenn sich die antragstellende Person im sehr geringen Umfang mit Teilhandlungen beteiligt).

Das Einschätzungsinstrument beinhaltet in den **Modulen 2, 3 und 5** abgewandelte Formen dieser Skala, die an den entsprechenden Stellen erläutert werden. Durchgängig gilt 230

---

101 Richtlinien des GKV-Spitzenverbandes zur Feststellung der Pflegebedürftigkeit – Begutachtungs-Richtlinien vom 15.4.2016, in der Fassung vom 22.3.2021, S. 37 f.
102 Richtlinien des GKV-Spitzenverbandes zur Feststellung der Pflegebedürftigkeit – Begutachtungs-Richtlinien vom 15.4.2016, in der Fassung vom 22.3.2021, S. 38.

bei diesen Skalen, dass der Grad der Beeinträchtigung mit dem jeweiligen Punktwert steigt.¹⁰³

231 Entscheidend für die Einordnung des Grades der Selbständigkeit ist die Frage, ob:
- die **gesamte** (oder nahezu gesamte) Aktivität,
- der **größte Teil** einer Aktivität,
- der **geringere Teil** einer Aktivität oder
- **kein nennenswerter** Anteil der Aktivität
- selbstständig ausgeführt werden kann.

Nur wenn die Beurteilung dieser Frage mit Unsicherheit verbunden ist, sollte die Einschätzung in einem zweiten Schritt anhand der erforderlichen Formen der Unterstützung erfolgen.

232 **Praxishinweis:**

Für einen **schnellen Überblick** zu den einzelnen Kriterien sind lediglich **zwei Fragen** zu stellen:
1. Benötigt der Versicherte überhaupt personelle Hilfe bei der Aktivität?
   Wird diese Frage mit „nein" beantwortet, dann ist der Versicherte „selbständig".
2. Kann sich der Versicherte nennenswert an der Aktivität beteiligen?
   Wird diese zweite Frage mit „nein" beantwortet, dann ist der Versicherte „unselbständig".

Erst dann, wenn diese beiden Fragen mit „ja" beantwortet werden, muss eine genaue Prüfung vorgenommen werden, ob eine „überwiegend selbstständig" oder „überwiegend unselbstständig" vorliegt; ansonsten ist das Ergebnis eindeutig.

233 Die vorhersehbaren positiven Effekte des neuen Begriffs der Pflegebedürftigkeit und die Konzentration der Beurteilung auf die Selbständigkeit und Fähigkeiten des Versicherten sind die Stärke des geltenden Pflegebedürftigkeitsbegriffs, gleichzeitig aber ein Schwachpunkt. Die **unbestimmten Rechtsbegriffe** des Grades der Selbständigkeit von „selbständig" bis „unselbständig" über die Grade „überwiegend selbständig" und „überwiegend unselbständig" bedürfen erst der Konkretisierung durch die Rechtsprechung der Sozialgerichte. Ähnlich wie in der Anfangszeit der sozialen Pflegeversicherung werden sonst gleich gelagerte Einzelfälle unterschiedlichen Graden der Selbständigkeit zugeordnet. Dabei wird dieses Problem in zweifacher Weise abgeschwächt: Zum einen erfolgt in den nächsten Jahren eine begriffliche Konkretisierung durch die Rechtsprechung, zum anderen sind viele Unschärfen bei der Abgrenzung insbesondere zwischen „überwiegend selbstständig" und „überwiegend unselbstständig" in Hinblick auf die Gewichtungsstufe (vgl. Anlage 2 zu § 15 SGB XI [→ Rn. 324]) nicht in jedem Einzelfall relevant und müssen regelmäßig – jedenfalls für die Zuerkennung eines Pflegegrads – nicht weiter aufgeklärt werden.

234 Die größte Ernüchterung in der praktischen Anwendung der Regelungen liegt letztlich darin, dass der politisch so sehr beschworene Paradigmen- und Perspektivwechsel weg von einer defizitorientierten Beschreibung hin zu einer Feststellung von vorhandenen

---

103 Richtlinien des GKV-Spitzenverbandes zur Feststellung der Pflegebedürftigkeit – Begutachtungs-Richtlinien vom 15.4.2016, in der Fassung vom 22.3.2021, S. 38.

Fähigkeiten und der Selbstständigkeit bei der Begutachtung kaum stattfindet. Zwar geht der neue Pflegebedürftigkeitsbegriff nicht mehr von den pflegebegründenden Krankheiten aus und beschreibt die Verrichtungen, die dem Pflegebedürftigen nicht möglich sind, doch wird der Blickwechsel von der Pflegeperson hin zum Pflegebedürftigen durch die Definition der Begriffe der „Selbstständigkeit" sofort wieder aufgehoben. Entscheidend ist letztlich allein, ob der Pflegebedürftige **Hilfe durch andere**, also die Pflegepersonen und Pflegekräfte erhält. Erschwerend kommt hinzu, dass die unbestimmten Rechtsbegriffe von der „Selbstständigkeit" bis zur „Unselbstständigkeit" in der Anlage 1 zu § 15 SGB XI (→ Rn. 215) lediglich erwähnt, im SGB XI jedoch **nicht gesetzlich definiert** werden. Die Definition nimmt zur Konkretisierung des § 14 Abs. 1 S. 1 SGB XI (→ Rn. 207) allein die Begutachtungs-Richtlinie vor. Die dort geregelten abstrakten Definitionen sind zwar sachgerecht und werden auch künftig – soweit ersichtlich – in der richterlichen Praxis keine grundlegenden Veränderungen erfahren, doch gilt dieser Befund ausdrücklich nicht für die konkreten Abgrenzungshinweise der einzelnen Kriterien. Nach § 14 Abs. 2 S. 1 SGB XI ist maßgeblich für die Bestimmung der **gesundheitlich** bedingten Beeinträchtigungen der Selbständigkeit und der Fähigkeiten die in sechs Modulen genannten pflegefachlichen begründeten 63 Kriterien.

Praxishinweis:

Zum leichteren Verständnis können die unbestimmten Rechtsbegriffe wie folgt „übersetzt" werden:

Selbstständig	= **keine** Hilfe durch andere Person notwendig
überwiegend selbstständig	= **etwas** Hilfe durch andere Person notwendig
überwiegend unselbstständig	= **überwiegende** Hilfe durch andere Person notwendig
Unselbstständig	= **komplette** Hilfe durch andere Person notwendig.

V. Die Unverbindlichkeit der Begutachtungs-Richtlinien

Der nähere Ablauf des Verfahrens zur Feststellung der Pflegebedürftigkeit ist für die Pflegekassen und die Gutachter des MD verbindlich in der **Begutachtungs-Richtlinie**[104] beschrieben. Die auf den §§ 17 und 53a SGB XI beruhenden Richtlinien der Spitzenverbände entfalten **keine bindende Wirkung** für außerhalb der Verwaltung stehende Personen oder Gerichte. Diese gesetzlich vorgesehenen Richtlinien haben – anders als die Richtlinien des Gemeinsamen Bundesausschusses nach §§ 91 ff. SGB V – keinen Rechtsnormcharakter, weil das Gesetz eine Verbindlichkeit im Außenverhältnis zu den Versicherten nicht anordnet. Soweit sich die Richtlinien jedoch innerhalb des durch Gesetz und Verfassung vorgegebenen Rahmens halten, sind sie als Konkretisierung des Gesetzes zur Vermeidung von Ungleichbehandlungen zu beachten,[105] in diesem Sinne

---

104 Richtlinien des GKV-Spitzenverbandes zur Feststellung der Pflegebedürftigkeit – Begutachtungs-Richtlinien vom 15.4.2016, in der Fassung vom 22.3.2021.
105 BSG Urt. v. 29.9.1993 – 9 RV 12/93 = BSGE 73, 142.

hält die Rechtsprechung die Richtlinien für gesetzeskonform und sachgerecht.[106] Bei der Auslegung und Abgrenzung gesetzlicher Tatbestandsmerkmale, insbesondere des Begriffes der Pflegebedürftigkeit, sind die Gerichte der Sozialgerichtsbarkeit allerdings nicht an den Inhalt der Begutachtungs-Richtlinien gebunden.[107]

237 Das Begutachtungsassessment ist über die Begutachtungs-Richtlinie vollständig erschlossen und steht daher der Praxis zur Anwendung zur Verfügung. Unabdingbar ist daher die Kenntnis der Regelungen und Beschreibungen in der Begutachtungs-Richtlinie. Die Ausführungen sind für die Gutachterinnen und Gutachter des MD **unmittelbar verbindlich** und daher die Anwendung notfalls einzufordern. Dies bedeutet aber nicht, dass die Regelungen der Begutachtungs-Richtlinie allgemein verbindlich sind. Im Gegenteil: Für Versicherte, die Verantwortlichen in den Pflegeeinrichtungen und die Gerichte ist die Begutachtungs-Richtlinie **nicht** unmittelbar verbindlich.

238 Ihnen kommt lediglich eine gewisse Bindungswirkung auch im Außenverhältnis zu den Versicherten zu, indem sie als Konkretisierung des Gesetzes zur Vermeidung von Ungleichbehandlungen zu beachten sind; den Richtlinien kommt insoweit über den allgemeinen Gleichheitssatz des Art. 3 Abs. 1 GG eine mittelbare Bindungswirkung zu, zumal sich die Verwaltungspraxis an ihnen orientiert.[108]

VI. Das Modul 1 – Mobilität

239 Das in § 14 Abs. 2 Nr. 1 SGB XI beschriebene Modul 1 – **Mobilität** deckt weitgehend die vom bisherigen Begutachtungsinstrument erfassten Verrichtungen der Mobilität (§ 14 Abs. 4 Nr. 3 SGB XI aF) ab. Allerdings ist der Wortlaut der einzelnen bisherigen Verrichtungen und nun der Kriterien nicht mehr der Umgangssprache entnommen, sondern bemüht sich in allen Kriterien der sechs Module des § 14 Abs. 2 SGB XI um eine Begrifflichkeit aus pflegefachlicher Sicht, nämlich die Fähigkeit zur Fortbewegung sowie zur Lageveränderung des Körpers. Damit wird eine Funktion und eine personale Ressource von zentraler Bedeutung für die Pflegegradrelevanz: Beeinträchtigungen der Fähigkeit, sich fortzubewegen, wirken sich in nahezu allen Lebensbereichen aus und sind in vielen Fällen ausschlaggebend für den Verlust von Selbstständigkeit bei der Durchführung anderer Aktivitäten oder als Ressource zur Kompensation und Bewältigung anderer gesundheitlicher Beeinträchtigungen. Dies ist einer der Gründe, weshalb die Mobilität in einem eigenständigen Modul bewertet werden soll und nicht zusammen mit den anderen Aktivitäten der bisherigen Grundpflege nach § 14 Abs. 4 SGB XI aF (Körperpflege, Ernährung, Mobilität [→ Rn. 10]) im „Modul 4 – Selbstversorgung" aufgeführt wird.

240 **Praxishinweis:**

Im Modul 1 geht es ausschließlich um die Frage, ob die Person in der Lage ist ohne personelle Unterstützung eine Körperhaltung einzunehmen/ zu wechseln und sich fortzubewegen. Zu beurteilen sind also lediglich Aspekte wie Körperkraft, Balance, Bewegungskoordination und nicht die zielgerichtete Fortbewegung.

---

106 BSG Urt. v. 19.2.1998 – B 3 P 7/97 R = NZS 1998, 479.
107 BSG Urt. v. 9.2.1994 – 3/1 RK 45/92 = NZS 1994, 367.
108 Vgl. BSG Urt. v. 28.9.2017 – B 3 P 3/16 R = NZS 2018, 114.

Im Modul 1 – Mobilität werden nach § 14 Abs. 2 Nr. 1 SGB XI folgende Beeinträchtigungen der Selbstständigkeit oder Fähigkeitsstörungen gezählt:

Anlage 1 zu § 15 SGB XI
Modul 1: Einzelpunkte im Bereich der Mobilität

Ziffer	Kriterien	Selbständig	Überwiegend selbständig	Überwiegend unselbständig	unselbständig
1.1	Positionswechsel im Bett	0	1	2	3
1.2	Halten einer stabilen Sitzposition	0	1	2	3
1.3	Umsetzen	0	1	2	3
1.4	Fortbewegen innerhalb des Wohnbereichs	0	1	2	3
1.5	Treppensteigen	0	1	2	3

Wie bei allen weiteren Modulen die in § 14 Abs. 2 SGB XI beschrieben werden wird auch im Modul 1 – Mobilität darauf verzichtet, sämtliche Handlungen zu berücksichtigen, die man als Teilaspekte der pflegerischen Mobilität bezeichnen könnte. Vielmehr sind diejenigen Handlungen ausgewählt worden, denen für die Selbstständigkeit im Bereich der häuslichen Mobilität exemplarisch eine entscheidende Bedeutung zukommt.

Auch die verschiedenen Formen des **Transfers** werden nicht gesondert bewertet. Zwar besteht in jeder individuellen Pflegeplanung der Bedarf differenzierte Informationen beispielsweise zum Transfer Bett – Stuhl, Stuhl – Rollstuhl oder Rollstuhl – Toilettensitz zu erfassen, weil sie darüber Auskunft geben bzw. abschätzbar machen, in welchen Situationen welche Hilfestellung für den Bewohner oder Kunden erforderlich ist. Für eine allgemeine Beurteilung der Mobilität zum Zweck der Bemessung von Leistungsansprüchen wurde diese Differenzierung jedoch nicht als erforderlich angesehen.

> **Praxishinweis:**
>
> Der bisher häufigste Fehler bei der Begutachtung des Modul 1 und leicht damit zu erklären, dass es bis zum 31.12.2016 genau andersherum war, ist die Beurteilung des **Treppensteigens** (Kriterium 5 des Moduls 1).
>
> Die Selbstständigkeit beim Treppensteigen ist nicht fallindividuell, sondern auch dann zu beurteilen, wenn die Wohnung im Erdgeschoss liegt und in der Wohnung gar keine Treppen vorhanden sind. Dies gilt auch im Pflegeheim, da die Bewertung **unabhängig** von der individuellen Wohnsituation zu bewerten ist.

Gleichwohl wird bei der **Pflegeplanung** der Mobilität eine besondere Aufmerksamkeit zuteil, nicht zuletzt auch im Hinblick auf aktivierende und mobilitätsfördernde Maßnahmen im Rahmen der täglichen Pflege. Eine fachgerechte Pflege ist auf Informationen und Einschätzungen angewiesen, die weit umfangreicher und differenzierter sind als die vom Modul 1 – Mobilität gelieferten Ergebnisse. Die Begutachtungsergebnisse geben somit nur einen ersten Anhaltspunkt für den Grad der Mobilitätsbeeinträchtigungen, aus dem sich für die Pflegeeinrichtung ableiten lässt, ob und inwieweit ein weitergehendes Assessment erforderlich ist. Unter Berücksichtigung der Qualität des pflegerischen Assessments und des Informationsprofils der Pflegedokumentation, wie sie in der heutigen Praxis der vollstationären und ambulanten Pflege üblich ist, fällt die Beurteilung der inhaltlichen Reichweite des Moduls 1 – Mobilität allerdings anders aus. Insbesondere in Einrichtungen, deren Pflegeplanung und Pflege-Assessment auf einer AEDL-Systematik[109] beruhen, finden sich nicht selten deutlich allgemeinere Formen der Beurteilung als im neuen Begutachtungsinstrument. Für solche Einrichtungen wird das Modul 1 – Mobilität trotz der Begrenzung auf zentrale Merkmale eine Erweiterung bei der Erstellung der Pflegeplanung sein.

247 **AEDLModule, § 14 Abs. 2 SGB XI**

1. Kommunizieren	→ Modul 2 (Modul 6)
2. sich bewegen	→ Modul 1
3. Vitale Funktionen des Lebens aufrechterhalten	→ Modul 5
4. sich pflegen	→ Modul 4
5. Essen und Trinken	
6. Ausscheiden	
7. sich kleiden	
8. Ruhen und Schlafen	→ Modul 6 (6.2)
9. sich beschäftigen	→ Modul 6 (6.3)
10. sich als Mann/Frau fühlen	→ (gesondert zu erfassen)
11. für eine sichere Umgebung sorgen	→ (**individuelle Risikoermittlung**)
12. soziale Bereiche des Lebens sichern	→ Module 2 (2.1, 2.11), 6 (6.5, 6.6)
13. mit existentiellen Erfahrungen des Lebens umgehen	→ (**individuelle Erfassung, teilweise** → Modul 3)

248 Das Grundproblem der Anwendung der Begutachtungs-Richtlinie ist die unterschiedliche Weite der abstrakten Beschreibungen der Skalen der Selbständigkeit im Verhältnis zu den Ausführungen bei den einzelnen Kriterien. Je nachdem, welche Beschreibung (die Begutachtungs-Richtlinie spricht für die Gutachter von „Definitionen", obwohl der Begutachtungs-Richtlinie keine Rechtsnormqualität zukommt [→ Rn. 236]) herangezogen wird, werden unterschiedliche Ergebnisse erzielt. „Schuld" an diesem Ergebnis ist die Beschreibung der Hilfebedarfsgrade „überwiegend unselbstständig" und „unselbstständig" zum Kriterium 4 des Modul 1:

249 **Zur Illustration folgendes Beispiel:**
Eine Bewohnerin im Pflegeheim ist weitgehend immobil. Daher wäre die Fortbewegung im Wohnbereich am schnellsten erledigt, wenn die Bewohnerin im Rollstuhl geschoben wird. Dies hat allerdings nichts mit der Forderung nach einer aktivierenden Pflege zu tun. So ordnet die

---

[109] Aktivitäten und existentielle Erfahrungen des Lebens – AEDL; Pflegekonzept nach Krohwinkel, 1984 und 1993: Mobilität = „sich bewegen (können)".

leitende Pflegefachkraft (PDL) an, dass der Weg vom Zimmer der Bewohnerin in den Speisesaal gestützt im Haltegriff der Pflegekraft absolviert wird. Die Pflegekraft hält dabei die Bewohnerin fest, gibt die Schrittfrequenz und Taktfolge vor, gleicht Bewegungsschwankungen aus.
Ein solcher Einsatz wird ca. fünfmal so lange dauern, wie das Schieben im Rollstuhl, ist aber aus Sicht der aktivierenden Pflege und der Mobilisierung unschätzbar. Das Begutachtungsergebnis für die Einrichtung und die Bewohnerin: Wird so aufwendig verfahren, gibt es zwei Einzelpunkte („überwiegend unselbstständig"); wird die schnelle „Schiebe"-Variante gewählt, gibt es drei Einzelpunkte („unselbstständig").
Ein völlig unsinniges – und ungewolltes – Ergebnis!

250 „Unselbständig" ist eine Person, die getragen oder vollständig im Rollstuhl geschoben werden muss; „überwiegend unselbstständig" ist eine Person, die nur wenige Schritte gehen oder sich mit dem Rollstuhl nur wenige Meter fortbewegen oder kann nur mit Stützung oder Festhalten einer Pflegeperson gehen kann.[110]

251 Wird die Bewohnerin also mobilisiert und von der Pflegekraft aufwendig in der zuvor beschriebenen Art aktiv gepflegt, dann wird sie aber weder „im Rollstuhl geschoben" noch „getragen" (wobei in solchen Fällen der MD-Gutachter stets um eine Demonstration des pflegefachlich richtigen „Tragens" gebeten werden sollte), so dass das Ergebnis auf „überwiegend unselbstständig" lautet. Wird aber die abstrakte Beschreibung des Begriffs „unselbstständig" herangezogen, verändert sich das Ergebnis: „Die Person kann die Aktivität in der Regel nicht selbstständig durchführen bzw. steuern, auch nicht in Teilen. Es sind kaum oder keine Ressourcen vorhanden. Motivation, Anleitung und ständige Beaufsichtigung reichen auf keinen Fall aus. Die Pflegeperson muss alle oder nahezu alle Teilhandlungen anstelle der betroffenen Person durchführen."[111]

252 **Lösung des Beispiels – Prüfung der abstrakten Beschreibung „unselbstständig":**
Wendet man nicht die konkrete Beschreibung der Begutachtungs-Richtlinie zum 4. Kriterium des Modul 1 an, sondern die allgemeine, abstrakte Beschreibung, so decken sich pflegefachlicher Ansatz und Begutachtungsergebnis.

Prüfung: Die Bewohnerin kann die Fortbewegung, auch einzelne Schritte weder selbstständig durchführen noch steuern. Und zwar auch nicht in Teilbereichen, also Einzelschritten. Bei ihr sind kaum oder keine Ressourcen vorhanden; Motivation, Anleitung und ständige Beaufsichtigung reichen in keinem Fall aus. Die Pflegeperson muss alle oder nahezu alle Teilhandlungen anstelle der betroffenen Bewohnerin durchführen.

Schlussfolgerung: Dies ist die abstrakte Definition der „Unselbstständigkeit" und genau die Beschreibung des Zustands der Bewohnerin bei der pflegerischen Tätigkeit. Der Fehler der Verfasser der Begutachtungs-Richtlinie ist leicht auszumachen: Diese setzen bei der Fortbewegung „Unselbstständigkeit" mit „völliger Immobilität" gleich („im Rollstuhl geschoben oder getragen"), obwohl die abstrakte Definition der „Unselbstständigkeit" viel früher ansetzt, nämlich dann, wenn „Motivation, Anleitung und ständige Beaufsichtigung" nicht reichen oder „nahezu alle Teilhandlungen" übernommen werden müssen. Das richtige Ergebnis in der Begutachtung ist also „unselbstständig".

---

110 Richtlinien des GKV-Spitzenverbandes zur Feststellung der Pflegebedürftigkeit – Begutachtungs-Richtlinien vom 15.4.2016, in der Fassung vom 22.3.2021, S. 41.
111 Richtlinien des GKV-Spitzenverbandes zur Feststellung der Pflegebedürftigkeit – Begutachtungs-Richtlinien vom 15.4.2016, in der Fassung vom 22.3.2021, S. 38.

253 **Praxishinweis zur Prüfung des MD-Gutachtens:**
Ist die Feststellung des Gutachters plausibel?

2. Mobilität (nur körperliche Fähigkeiten bewerten!)	0 = selbständig 1 = überwiegend selbständig 2 = überwiegend unselbständig 3 = unselbständig			
2.1 Positionswechsel im Bett	☐ 0	☐ 1	☒ 2	☐ 3
2.2 Halten einer stabilen Sitzposition	☐ 0	☐ 1	☒ 2	☐ 3
2.3 Sich Umsetzen	☐ 0	☒ 1	☐ 2	☐ 3
2.4 Fortbewegen innerhalb des Wohnbereichs	☐ 0	☐ 1	☒ 2	☐ 3
2.5 Treppensteigen	☐ 0	☒ 1	☐ 2	☐ 3

Es fällt auf, dass die Feststellung „Fortbewegung – überwiegend unselbständig" mit dem Ergebnis „Treppensteigen – überwiegend selbstständig" kollidiert, also nicht plausibel ist.

VII. Das Modul 2 – Kognitive und kommunikative Fähigkeiten

254 Die Bereiche Modul 2 – **Kognitive und kommunikative Fähigkeiten** und Modul 3 – **Verhaltensweisen und psychische Problemlagen** erfassen grundsätzlich diejenigen Aktivitäten und Fähigkeiten, die bisher (größtenteils) im Rahmen der Feststellung einer erheblich eingeschränkten Alltagskompetenz im Fragenkatalog des § 45a Abs. 2 SGB XI aF erfasst wurden, allerdings in pflegefachlich geänderter und umfassenderer Art und Weise. Es handelt sich bei den Feststellungen nicht um eine „Aktivität" oder einen „Lebensbereich", sondern um basale geistige Funktionen, deren Beeinträchtigung in aller Regel weitreichende Selbstständigkeitseinbußen zur Folge haben. Betroffen sind dann nicht nur einzelne Aktivitäten des selbstständigen Lebens. Kognitive Einbußen können einen umfangreichen Unterstützungsbedarf nach sich ziehen, der die Begleitung in der gesamten Lebensführung umfasst. Im Rahmen des Begutachtungs-Assessments sind die Feststellungen insbesondere für die Berücksichtigung des Bedarfs an psychosozialer Unterstützung von Bedeutung („Allgemeine Beaufsichtigung und Betreuung"). Darüber hinaus finden die Feststellungen der Kriterien aus dem Modul 2 – Kognitive und kommunikative Fähigkeiten im Zusammenhang mit der Einschätzung von Risiken (Prävention) und Rehabilitationsfähigkeit Verwendung. Im Bereich der kognitiven und kommunikativen Fähigkeiten werden nach § 14 Abs. 2 Nr. 2 SGB XI folgende Beeinträchtigungen der Selbstständigkeit oder Fähigkeitsstörungen gezählt:

Anlage 1 zu § 15 SGB XI

Modul 2: Einzelpunkte im Bereich der kognitiven und kommunikativen Fähigkeiten

Ziffer	Kriterien	Fähigkeit vorhanden/ unbeein- trächtigt	Fähigkeit größtenteils vorhanden	Fähigkeit in geringem Maße vorhanden	Fähigkeit nicht vorhanden
2.1	Erkennen von Personen aus dem näheren Umfeld	0	1	2	3
2.2	Örtliche Orientierung	0	1	2	3
2.3	Zeitliche Orientierung	0	1	2	3
2.4	Erinnern an wesentliche Ereignisse oder Beobachtungen	0	1	2	3
2.5	Steuern von mehrschrittigen Alltagshandlungen	0	1	2	3
2.6	Treffen von Entscheidungen im Alltag	0	1	2	3
2.7	Verstehen von Sachverhalten und Informationen	0	1	2	3
2.8	Erkennen von Risiken und Gefahren	0	1	2	3
2.9	Mitteilen von elementaren Bedürfnissen	0	1	2	3
2.10	Verstehen von Aufforderungen	0	1	2	3
2.11	Beteiligen an einem Gespräch	0	1	2	3

Das Modul 2 – Kognitive und kommunikative Fähigkeiten ist damit erkennbar in zwei Teile untergliedert. Die Beschreibung der einzelnen Kriterien des Moduls und deren nähere inhaltliche Ausgestaltung sind der Begutachtungs-Richtlinie zu entnehmen.

> **Praxishinweis:**
>
> Im Modul 2 werden ausschließlich kognitive und kommunikative Fähigkeiten und Aktivitäten betrachtet. Maßgeblich sind Aspekte des Erkennens, Entscheidens oder des Steuerns von Aktivitäten und nicht deren motorische Umsetzung. Es ist unerheblich, ob die Fähigkeit verloren oder diese nie ausgebildet wurde.

In der bisherigen Versorgungspraxis werden die vorgenannten Kriterien nur von wenigen Einrichtungen in der Pflegeplanung mit diesem Differenzierungsgrad erfasst. Für die Erstellung einer individuellen Pflegeplanung dürften über die Kriterien des Moduls 2 – Kognitive und kommunikative Fähigkeiten nur noch wenige ergänzende Einschätzungen erforderlich sein. Von Bedeutung ist allerdings, dass mit dem neuen Begutachtungsverfahren keine individuellen biografischen Informationen erfasst werden. Solche Informationen sind unverzichtbar, wenn dem professionellen Grundsatz einer Biografie orientierten Pflege kognitiv beeinträchtigter Personen gefolgt und eine nachhaltige Verankerung psychosozialer pflegerischer Interventionen im Versorgungsalltag erreicht werden sollen. Aktivierung und Förderung der verbliebenen kognitiven Ressourcen kommen ohne solche Informationen nicht aus.

259 **Praxishinweis:**

Ein häufiger Fehler bei den Feststellungen des Pflegebedarfs im Modul 2 betrifft das Kriterium 1, Personen aus dem näheren Umfeld wiederzuerkennen.

Häufig übersehen wird, dass zu den Menschen, zu denen im Alltag regelmäßig ein direkter Kontakt besteht, auch die Pflegekräfte eines ambulanten Dienstes oder einer stationären Pflegeeinrichtung gehören.

260 Auch hinsichtlich des Kriteriums 11 des Moduls 2 (**Beteiligen an einem Gespräch**) besteht regelmäßig ein auffälliges Missverständnis in den Feststellungen der MD-Gutachter. Die Fähigkeit zur Beteiligung an einem Gespräch beurteilt sich nicht anhand der kurzen Begrüßung zu Beginn der Prüfung und dem Wechsel von zwei oder drei höflichen Sätzen. Das Kriterium ist viel komplexer angelegt. Es geht darum festzustellen, ob der Versicherte in einem Gespräch Gesprächsinhalte aufnehmen kann, sinngerecht antwortet und zur Weiterführung des Gesprächs Inhalte eingebracht werden. Dabei muss die Fähigkeit beurteilt werden, ob der Versicherte sowohl in Einzel- als auch in Gesprächen kleiner Gruppen zurechtkommt. Wird den mündlichen oder schriftlichen Angaben der Angehörigen oder der Pflegeeinrichtung nicht gefolgt, muss sich die Gutachterin ein eigenes Bild machen und die Gesprächsführung des Versicherten beobachten und beurteilen.

VIII. Das Modul 3 – Verhaltensweisen und psychische Problemlagen

261 Problematische Verhaltensweisen oder herausforderndes Verhalten[112] spielen in fast allen Bereichen der Altenpflege, insbesondere in der stationären Pflege, eine zunehmend wichtige Rolle. Hintergrund ist in erster Linie die wachsende Zahl demenziell Erkrankter. Auch im Blick auf die Bemessung von Leistungsansprüchen verdienen Verhaltensweisen, aus ähnlichen Gründen wie kognitive Fähigkeiten, besondere Beachtung. Bedingt durch kognitive Einbußen oder psychische Probleme kann eine Person ihr Verhalten nicht mehr bzw. nur noch begrenzt autonom steuern und an Umgebungsbedingungen oder Umweltanforderungen „anpassen".[113] Im Bereich der Verhaltensweisen und psychischen Problemlagen werden nach § 14 Abs. 2 Nr. 3 SGB XI folgende Beeinträchtigungen der Selbstständigkeit oder Fähigkeitsstörungen gezählt:

---

112 Zum Begriff und adäquatem Pflegeverständnis: Bartholomeyczik ua, Rahmenempfehlungen zum Umgang mit herausforderndem Verhalten bei Menschen mit Demenz in der stationären Altenpflege, 2006.
113 Eine „verstehende Diagnostik" findet sich etwa im bedürfnisorientierten NDB-Verhaltensmodell; vgl. Algase ua, Need-driven dementia-compromised behavior (NDB), American Journal of Alzheimer's Disease 12/1996, 10. Die beobachteten Verhaltensauffälligkeiten sind demnach Ausdruck unerfüllter Bedürfnisse bzw. psychischer oder körperlicher Problemlagen, die vom Pflegebedürftigen als belastend empfunden werden, die aber aufgrund fehlender individueller Ressourcen nicht selbstständig bewältigt werden können. Das Modell plädiert für einen Perspektivenwechsel, wonach Verhaltensauffälligkeiten primär nicht als irrationales, destruktives oder störendes Krankheitssymptom aufgefasst werden sollten, sondern als bedeutungsvoller Ausdruck unbewältigter Problemlagen, gewissermaßen als verschlüsselte Botschaft kognitiv beeinträchtigter Personen und damit Anlass und Auslöser für einen Unterstützungsbedarf.

VIII. Das Modul 3 – Verhaltensweisen und psychische Problemlagen

Anlage 1 zu § 15 SGB XI

Modul 3: Einzelpunkte im Bereich der Verhaltensweisen und psychischen Problemlagen

Ziffer	Kriterien	Fähigkeit vorhanden/ unbeeinträchtigt	Fähigkeit größtenteils vorhanden	Fähigkeit in geringem Maße vorhanden	Fähigkeit nicht vorhanden
3.1	Motorisch geprägte Verhaltensauffälligkeiten	0	1	3	5
3.2	Nächtliche Unruhe	0	1	3	5
3.3	Selbstschädigendes und autoaggressives Verhalten	0	1	3	5
3.4	Beschädigen von Gegenständen	0	1	3	5
3.5	Physisch aggressives Verhalten gegenüber anderen Personen	0	1	3	5
3.6	Verbale Aggressionen	0	1	3	5
3.7	Andere pflegerelevante vokale Auffälligkeiten	0	1	3	5
3.8	Abwehr pflegerischer und anderer unterstützender Maßnahmen	0	1	3	5
3.9	Wahnvorstellungen	0	1	3	5
3.10	Ängste	0	1	3	5
3.11	Antriebslosigkeit bei depressiver Stimmungslage	0	1	3	5
3.12	Sozial inadäquate Verhaltensweisen	0	1	3	5
3.13	Sonstige pflegerelevante inadäquate Handlungen	0	1	3	5

Auch die einzelnen Kriterien des Moduls 3 – Verhaltensweisen und psychische Problemlagen – werden in der Begutachtung-Richtlinie weiter konkretisiert. Eine systematische Einschätzung der Ausprägung von Verhaltensweisen und psychischen Problemlagen in den genannten Dimensionen wurde durch ambulante und stationäre Pflegeeinrichtungen bisher in der Breite, von speziellen Wohn- und Lebensbereichen abgesehen, nur äußerst selten vorgenommen. Der Verzicht auf eine Dokumentation hatte vor allem im ambulanten Bereich vorwiegend datenschutzrechtliche Gründe, um psychische Problemlagen nicht für andere, familiäre oder nachbarschaftliche Pflegepersonen ohne Zustimmung des pflegebedürftigen Kunden zu offenbaren. Problematisch dürfte sein, dass bislang auch kaum für den Versorgungsalltag geeignete Assessment-Instrumente zur Verfügung stehen. Das Modul 3 – Verhaltensweisen und psychische Problemlagen wird zukünftig insofern eine wichtige Erweiterung des Assessments im Rahmen des Prozesses zur Erstellung einer individuellen Pflegeplanung darstellen. Ähnlich wie im Fall des Moduls 2 – Kognitive und kommunikative Fähigkeiten gilt allerdings auch hier, dass bedarfs- und bedürfnisgerechte pflegerische Maßnahmen ergänzende Informationen und Einschätzungen voraussetzen. Biografische Informationen sind hier ebenso von Bedeutung wie die Einschätzung von Umgebungsfaktoren.

Praxishinweis:

Im Modul 3 werden Verhaltensweisen und psychische Problemlagen als Folge von Gesundheitsproblemen betrachtet, die immer wieder auftreten und personelle Unterstützung erforderlich machen. Im Mittelpunkt steht die Frage, inwieweit der Antragsteller sein Verhalten ohne personelle Unterstützung steuern kann.

265 Die Besonderheit bei der Anwendung des Moduls 3 ist, dass die Begutachtungs-Richtlinie lediglich **Beispiele** nennt, so dass die Beschreibung besonders offen ist. Eine Chance, die konkreten Fälle der Bewohnerinnen und Bewohner entsprechend den einzelnen Kriterien zuzuordnen. Im Mittelpunkt dieses Moduls steht die Frage, inwieweit die Person ihr Verhalten ohne personelle Unterstützung steuern kann. Von fehlender Selbststeuerung ist auch dann auszugehen, wenn ein Verhalten zwar nach Aufforderung abgestellt wird, aber danach immer wieder aufs Neue auftritt, weil das Verbot nicht verstanden wird oder die Person sich nicht erinnern kann. Abzugrenzen sind hier gezielte herausfordernde Verhaltensweisen beispielsweise im Rahmen von Beziehungsproblemen, die nicht zu berücksichtigen sind. Antriebslosigkeit bei depressiver Stimmungslage zeigt sich vor allem daran, dass der Bewohner kaum Interesse an der Umgebung hat, kaum Eigeninitiative aufbringt und Motivierung durch andere benötigt, um etwas zu tun. Der Bewohner wirkt traurig oder apathisch, möchte am liebsten das Bett nicht verlassen. Hier ist nicht gemeint, dass Menschen mit rein kognitiven Beeinträchtigungen (bei Demenz) Impulse benötigen, um eine Handlung zu beginnen oder fortzuführen.

266 **Praxishinweis zur Bearbeitung:**
- Von Modul 2 und Modul 3 wird nur der jeweils **höhere gewichtete Punktwert** gezählt – daher die Bearbeitung immer mit Modul 3 beginnen!
- Die Gewichtung des Moduls 3 hat Beschleunigungscharakter. Sind hier **sieben Einzelpunkte** erreicht, so kann der Rest des Moduls 3 für die Frage der Bewertung des Pflegegrades unbearbeitet bleiben und auch das Modul 2 muss nicht mehr bearbeitet werden, da nicht mehr als 15 gewichtete Punkte erreicht werden können.
- Außerdem ist die Spreizung der Einzelpunkte (0–1–3–5, statt: 0–1–2–3) größer.

Module	Gewichtung	0 Keine	1 Geringe	2 Erhebliche	3 Schwere	4 Schwerste	
3 Verhaltensweisen und psychische Problemlagen		0	1 - 2	3 - 4	5 - 6	7 - 65	im Modul 2 Summe der Einzelpunkte im Modul 3
Höchster Wert aus Modul 2 oder Modul 3		0	3,75	7,5	11,25	15	Gewichtete Punkte für die Module 2 und 3

IX. Das Modul 4 – Selbstversorgung

267 Der Bereich „Selbstversorgung" deckt weitgehend die vom bisherigen Begutachtungsinstrument erfassten Verrichtungen der Körperpflege und Ernährung (§ 14 Abs. 4 Nr. 1

und Nr. 2 SGB XI aF) ab. Der Begriff „Selbstversorgung" wurde aus dem englischen *self care* abgeleitet. Der Begriff wird in internationalen Klassifikationssystemen wie dem ICF[114] für körperbezogene Funktionen („bodyfunctions") außerhalb der Mobilität verwendet. Zur Selbstversorgung gehören dementsprechend die Bereiche Körperpflege, An- und Auskleiden, Ernährung sowie Ausscheiden. In den meisten Fällen sind diese Inhalte deckungsgleich mit Handlungen, die mit „Aktivitäten des täglichen Lebens" Formulierungen angesprochen werden. Der Begriff hat daher den Vorteil, in heutigen Pflegeplanungen häufig vorgenommen fehlerhaften Gleichsetzungen der Alltagsverrichtungen und der AEDL von vornherein auszuschließen. Im Bereich der Selbstversorgung werden nach § 14 Abs. 2 Nr. 4 SGB XI folgende Beeinträchtigungen der Selbstständigkeit oder Fähigkeitsstörungen gezählt:

Anlage 1 zu § 15 SGB XI

Modul 4: Einzelpunkte im Bereich der Selbstversorgung

Ziffer	Kriterien	Selbständig	Überwiegend selbständig	Überwiegend unselbständig	unselbständig
4.1	Waschen des vorderen Oberkörpers	0	1	2	3
4.2	Körperpflege im Bereich des Kopfes (Kämmen, Zahnpflege/Prothesen- reinigung, Rasieren)	0	1	2	3
4.3	Waschen des Intimbereichs	0	1	2	3
4.4	Duschen und Baden einschließlich Waschen der Haare	0	1	2	3
4.5	An- und Auskleiden des Oberkörpers	0	1	2	3
4.6	An- und Auskleiden des Unterkörpers	0	1	2	3
4.7	Mundgerechtes Zubereiten der Nahrung und Eingießen von Getränken	0	1	2	3
4.8	Essen	0	3	6	9
4.9	Trinken	0	2	4	6
4.10	Benutzen einer Toilette oder eines Toilettenstuhls	0	2	4	6
4.11	Bewältigen der Folgen einer Harninkontinenz und Umgang mit Dauerkatheter und Urostoma	0	1	2	3
4.12	Bewältigen der Folgen einer Stuhlinkontinenz und Umgang mit Stoma	0	1	2	3

---

114 Beispielsweise in der International Classification of Functioning, Disability and Health (ICF), WHO 2002.

§ 3 Der Begriff der Pflegebedürftigkeit

Ziffer	Kriterium	Entfällt	Teilweise	vollständig
4.13	Ernährung parental oder über Sonde	0	6	3

Das Kriterium ist mit „entfällt" (0 Punkte) zu bewerten, wenn eine regelmäßige und tägliche parenterale Ernährung oder Sondenernährung auf Dauer, voraussichtlich für mindestens sechs Monate nicht erforderlich ist. Kann die parenterale Ernährung oder Sondenernährung ohne Hilfe durch andere selbständig durchgeführt werden, werden ebenfalls keine Punkte vergeben.

Das Kriterium ist mit „teilweise" (6 Punkte) zu bewerten, wenn eine parenterale Ernährung oder Sondenernährung zur Vermeidung von Mangelernährung mit Hilfe täglich und zusätzlich zur oralen Aufnahme von Nahrung oder Flüssigkeit erfolgt. Das Kriterium ist mit „vollständig" (3 Punkte) zu bewerten, wenn die Aufnahme von Nahrung oder Flüssigkeit ausschließlich oder nahezu ausschließlich parenteral oder über eine Sonde erfolgt.

Bei einer vollständigen parenteralen Ernährung oder Sondenernährung werden weniger Punkte vergeben als bei einer teilweisen parenteralen Ernährung oder Sondenernährung, da der oft hohe Aufwand zur Unterstützung bei der oralen Nahrungsaufnahme im Fall ausschließlich parenteraler oder Sondenernährung weitgehend entfällt.

269 Das Modul 4 (Selbstversorgung) ist mit einer 40 % Gewichtung das **zentrale Modul**. Anders als unter Geltung des bis zum 31.12.2016 geregelten Pflegebedürftigkeitsbegriffs, ist es in der Prüfung des neuen Begutachtungsinstruments unerheblich, welche Hilfeleistungen zugunsten des Versicherten tatsächlich erbracht werden. Die Beurteilung der Selbständigkeit erfolgt auch dann, wenn der Versicherte die betreffende Handlung bzw. Aktivität in seinem Lebensalltag nicht (mehr) durchführt. Es müssen daher für die Feststellung des Pflegegrades in der Prüfung alle Kriterien und deren Fähigkeiten zur eigenständigen Durchführung beurteilt werden. Die Einzelpunkte sind also vollständig zu erfassen.

270 Während das „Waschen des vorderen Oberkörpers" wohl auch im fortgeschrittenen Stadium der körperlichen Einschränkungen praktisch möglich sein dürfte, werden die regelmäßig auch am Beginn des Pflegebedarfs feststellbaren Kriterien „Waschen der Füße" oder „Waschen des hinteren Oberkörpers (Rücken)" ausdrücklich nicht abgefragt. So wird (subtil) verhindert, dass Bewertungspunkte im Bereich der Selbstversorgung in einem frühen Stadium des Hilfebedarfs erzielt werden können.

271 Die mit Modul 4 – Selbstversorgung berücksichtigten Aktivitäten stellen in der Praxis derzeit den umfangreichsten Teil einer individuellen Pflegeplanung dar. Benötigt werden wohl weitergehende Einschätzungen des Hautzustands (Körperpflege), des Mund-/Zahn- und Ernährungsstatus, der Besonderheiten bei kombinierter Nahrungsaufnahme (oral und Sonde), eventueller Störungen im Bereich von Ausscheidungen und einige weitere Punkte mehr. Zwar erfolgen hierzu auch im Rahmen der Befunderhebung gutachterliche Feststellungen, doch sind diese größtenteils kein Ersatz für das pflegerische Assessment im Rahmen der Erstellung oder Evaluation der Pflegeplanung. Auch biografische Informationen sind in diesem Zusammenhang zur Sicherstellung einer bedürfnisgerechten Pflege wichtig; sie können mit dem Begutachtungsinstrument nicht erfasst werden. Allerdings liefern die Einschätzungsergebnisse einige (grobe) Hinweise auf Ansatzpunkte für die ressourcenfördernde „aktivierende" Pflege. Weitere wichtige Hinweise können sich aus den Feststellungen des MD-Gutachters zur Abklärung des

Rehabilitationsbedarfs ergeben. Hier wären Ansatzpunkte für die Ressourcenförderung anhand der Begutachtungsergebnisse direkt ablesbar, wenn sie denn fachgerecht erhoben wurden, wie § 18a SGB XI es bereits fordert.

Praxishinweis: 272

Häufig wird in der Prüfung übersehen, dass bereits die notwendigen Hinweise und Aufforderungen der Pflegekräfte als Einschränkung der Selbstständigkeit (dann „überwiegend selbstständig") zu zählen sind.

Komplexer als der Wortlaut vermuten lässt ist beispielsweise das Kriterium 4 des Moduls 4 (**Duschen und Baden** einschließlich Waschen der Haare). Dabei sind neben der Fähigkeit, den Körper waschen zu können, auch Sicherheitsaspekte zu berücksichtigen. Zu prüfen ist bei welchen Handreichungen Hilfestellungen geleistet werden müssen, also dem Stützen beim Ein- oder Aussteigen, Bedienung eines Badewannenlifters, Hilfe beim Haare waschen oder Föhnen, beim Abtrocknen oder wenn während des (Dusch-)Bades aus nachvollziehbaren Sicherheitsgründen Anwesenheit der Pflegekraft erforderlich ist. 273

Als besonders problematisch hat sich in der Praxis das Kriterium 10 des Moduls 4 (Benutzen einer Toilette oder eines Toilettenstuhls) herausgestellt. Nicht in der Frage der Feststellung der Fähigkeiten, sondern in der gleichmäßigen Berücksichtig der festgestellten Fähigkeitsdefizite und der Arbeitsbelastung der Pflegeeinrichtung. Das Kriterium umfasst das Gehen zur Toilette, Hinsetzen und Aufstehen, Sitzen während der Blasen- oder Darmentleerung, die Intimhygiene und das Richten der Kleidung. Die Beurteilung durch den MD ist auch dann vorzunehmen, wenn anstelle der Toilettenbenutzung eine Versorgung mit Hilfsmitteln erfolgt, zB Inkontinenzmaterial, Katheter, Urostoma, Ileo- oder Colostoma. Die personelle Hilfe kann sich auf folgende einzelne Handlungsschritte (keine abschließende Aufzählung) beziehen: 274

- Bereitstellen und Leeren des Toilettenstuhls (alternativ Urinflasche oder anderer Behälter),
- Aufforderung oder Orientierungshinweise zum Auffinden der Toilette oder Begleitung auf dem Weg zur Toilette,
- Anreichen von Toilettenpapier oder Waschlappen,
- Intimhygiene nach Stuhlgang,
- Unterstützung beim Hinsetzen, Aufstehen von der Toilette,
- Vorlagenwechsel,
- Hilfe beim Richten der Bekleidung.

Praxishinweis: 275

Als unzureichenden Ausgleich für die fehlende Häufigkeit hat der Gesetzgeber zur Differenzierung bei einigen Kriterien im Modul 4 die Einzelpunkte um den Faktor 2 oder 3 erhöht.

Nicht in der Prüfung wird allerdings die tägliche **Häufigkeit** dieser zentralen körperlichen Fähigkeit festgestellt. Ein Vergleich zwischen einem Versicherten A, der zweimal am Tag eine Toilette nutzt und sich lediglich selbstständig hinsetzen und von der Toilette aufstehen kann, also vier Einzelpunkte erhält, und einem Versicherten B, der 276 zwölfmal am Tag Harndrang verspürt und lediglich Hilfe beim Vorlagenwechsel und Richten der Kleidung benötig, also der „überwiegend selbstständig" 2 Einzelpunkte zuerkannt erhält, zeigt das Dilemma. Die Pflegeperson oder Pflegeeinrichtung wird in dem Fall des Versicherten beispielsweise zwei Verrichtungen à 3 Minuten = 6 Minuten täglich einplanen müssen und beim Versicherten B 12 Verrichtungen à 2 Minuten = 24 Minuten, also den vierfachen Zeitbedarf benötigen.

277 Dabei wäre die Nichtberücksichtigung der Häufigkeit der Verrichtung als **systemimmanent** hinzunehmen, wenn die Häufigkeit im Begutachtungsinstrument überhaupt keine Rolle spielen würde. Dies ist aber gerade nicht der Fall. Modul 3 und Modul 5 erkennen die Einzelpunkte, die dann nach Anlage 2 zu § 15 SGB XI gewichtet und ausschlaggebend für den Pflegegrad und mithin die von der Pflegekassen zu gewährenden Leistungen sind, sehr wohl nach der Häufigkeit zu. So fragt das Modul 3 explizit danach, wie häufig das beschriebene herausfordernde Verhalten auftritt, da dies die Pflege erschwert. Das Modul 5 stellt minutiös fest, wie häufig pro Tag, pro Woche und pro Monat die dort beschriebenen behandlungspflegerischen Kriterien benötigt werden. Wenn aber an anderer Stelle des Systems die Häufigkeit gezählt wird, so liegt kein systemimmanentes Ausklammern eines für die Durchführung der Pflege wichtigen Faktors vor.

278 Die Rechtsprechung wird daher zu klären haben, ob bei der Zuerkennung der Einzelpunkte im Modul 4 ohne Rücksicht auf die Häufigkeit die Leistungsgerechtigkeit berührt wird. Ein systematischer Unterschied zwischen den Kriterien in Modul 3 und 5 (hier wird die Häufigkeit als Faktor berücksichtigt) und dem Modul 4 ist jedenfalls vordergründig nicht zu erkennen. Hier wird die Rechtsprechung tätig werden müssen, da die gesetzliche Definition des Pflegebedürftigkeitsbegriffs in § 14 Abs. 1 SGB XI noch immer darauf abstellt, ob Hilfe „durch Dritte" (also durch Pflegepersonen oder Pflegekräfte) notwendig ist.

X. Das Modul 5 – Bewältigung von und selbstständiger Umgang mit krankheits- oder therapiebedingten Anforderungen und Belastungen

279 Der Bereich „Umgang mit krankheits-/therapiebedingten Anforderungen und Belastungen" erfasst im Rahmen der Begutachtung durch den bisherigen Pflegebedürftigkeitsbegriff nicht berücksichtigte Aktivitäten und Fähigkeiten. Sie sind dem Themenkreis der **selbstständigen Krankheitsbewältigung** zuzuordnen, und zwar insbesondere der „krankheitsbezogene Arbeit", die direkt auf die Kontrolle von Erkrankungen und Symptomen sowie auf die Durchführung therapeutischer Interventionen bezogen ist.

280 Hierbei geht es ausdrücklich nicht darum, den Bedarf an Maßnahmen der häuslichen Krankenpflege bzw. **Behandlungspflege** nach dem § 37 SGB V einzuschätzen.[115] Insoweit gilt § 13 Abs. 2 SGB XI (→ Rn. 84) uneingeschränkt fort. Die Leistungen der häuslichen Krankenpflege nach § 37 SGB V bleiben weiterhin von den Regelungen im SGB XI unberührt. Dabei wird die Trennungsanordnung des Gesetzgebers hinsichtlich der Leistungen des SGB V und des SGB XI sogar erweitert. Obwohl der Verrichtungsbezug der Feststellung des Pflegebedarfs und mithin § 15 Abs. 3 S. 2 SGB XI aF wegfällt, wurde

---

115 BT-Drs. 18/5926, 110.

die Regelung zum Schutz der Ansprüche der Versicherten auf häusliche Krankenpflege nach § 37 SGB V in den § 13 Abs. 2 S. 2 SGB XI (→ Rn. 85) übernommen: Daher bleiben auch **krankheitsspezifische Pflegemaßnahmen**, soweit diese im Rahmen der häuslichen Krankenpflege nach § 37 SGB V zu leisten sind, durch die Regelungen im SGB XI uneingeschränkt erhalten. § 15 Abs. 5 S. 1 SGB XI regelt den Sachverhalt aus Sicht der sozialen Pflegeversicherung. Auch dann, wenn Leistungen nach § 37 SGB V gewährt werden, ist ein Pflegebedarf bei der Zuerkennung eines Pflegegrades zu berücksichtigen. Die Leistungen nach § 37 SGB V werden auch weiterhin in der häuslichen Versorgung von der gesetzlichen Krankenversicherung erbracht; in der vollstationären Versorgung – sollte nicht ein Fall des § 37 Abs. 2 S. 3 SGB V, also ein besonders hoher Bedarf an medizinischer Behandlungspflege die auf Dauer, voraussichtlich für mindestens sechs Monate, vorliegen – sind Leistungen der Behandlungspflege bereits im Rahmen des § 43 SGB XI berücksichtigt, werden also von den Budgets der Pflegeversicherung finanziert.

> **Praxishinweis:** 281
>
> Die Feststellung der Kriterien innerhalb des Modul 5 (beispielsweise die Medikamentengabe) schließt eine ärztliche Verordnung gem. § 37 Abs. 2 SGB V und damit Leistungen der Behandlungspflege nicht aus, wie § 13 Abs. 2 SGB XI ausdrücklich anordnet. Zur Klarstellung: Für die Medikamentengabe innerhalb des Moduls 5 ist *keine* ärztliche Verordnung notwendig.

Um jedem Missverständnis vorzubeugen: Wenngleich die in Modul 5 aufgeführten 282 Aktivitäten auf den ersten Blick wie eine Aufzählung von Maßnahmen der Behandlungspflege erscheinen, geht es ausdrücklich nicht um die Einschätzung des Bedarfs an ärztlich verordneten Pflegeleistungen nach dem SGB V. Ein Großteil der hier aufgeführten Maßnahmen und Handlungen kann von erkrankten Personen eigenständig durchgeführt werden, sofern sie über die dazu nötigen Ressourcen verfügen, dh über körperliche und kognitive Fähigkeiten, spezifische Fertigkeiten, Motivation, Kenntnisse. Dies gilt auch für Maßnahmen, die nur selten von den Erkrankten selbst durchgeführt werden, wie beispielsweise das Absaugen von Sekret oder die regelmäßige Einmalkatheterisierung. Mit dem Bereich ist daher häufig ein Hilfebedarf bei der Anleitung und Motivation oder Schulung verknüpft.[116] Im Bereich des Umgangs mit krankheits-/therapiebedingten Anforderungen und Belastungen werden nach § 14 Abs. 2 Nr. 5 SGB XI folgende Beeinträchtigungen der Selbstständigkeit oder Fähigkeitsstörungen gezählt:

---

116 Vgl. BT-Drs. 18/5926, 110.

283 **Anlage 1 zu § 15 SGB XI**

Modul 5: Einzelpunkte im Bereich der Bewältigung von und des selbstständigen Umgangs mit krankheits- und therapiebedingten Anforderungen und Belastungen [1. Bereich: Kriterien 5.1 – 5.7]

Die durchschnittliche Häufigkeit der Maßnahmen pro Tag bei den Kriterien der Ziffern 5.1 bis 5.7 wird in den folgenden Kategorien mit den nachstehenden Einzelpunkten gewertet:

Ziffer	Kriterien in Bezug auf	entfällt oder selbstständig	Anzahl der Maßnahmen		
			pro Tag	pro Woche	pro Monat
5.1	Medikation	0			
5.2	Injektionen (subcutan oder intramuskulär)	0			
5.3	Versorgung intravenöser Zugänge (Port)	0			
5.4	Absaugen und Sauerstoffgabe	0			
5.5	Einreibungen oder Kälte- und Wärmeanwendungen	0			
5.6	Messung und Deutung von Körperzuständen	0			
5.7	Körpernahe Hilfsmittel	0			
Summe der Maßnahmen aus 5.1 – 5.7		0			
Umrechnung in Maßnahmen pro Tag		0			

Einzelpunkte für die Kriterien der Ziffern 5.1 bis 5.7				
Maßnahmen pro Tag	Keine oder seltener als einmal täglich	Mindestens einmal bis maximal dreimal täglich	Mehr als dreimal bis maximal achtmal täglich	Mehr als achtmal täglich
Einzelpunkte	0	1	2	3

284 Das Modul 5 beinhaltet verschiedenste krankheitsbezogene Aktivitäten und Maßnahmen. Im Gegensatz zu den anderen Modulen können hier allerdings immer nur einige (meist wenige) und niemals alle Kriterien zutreffen. Aus diesem Grund musste eine Methode der Einschätzung konstruiert werden, die sich von den bislang vorgestellten Modulen **deutlich abhebt**. Daher werden innerhalb des Moduls vier Bereiche unterschieden.

285 **Praxishinweis:**

Um zwei Einzelpunkte (= 10 gewichtete Punkte) im Modul 5 zu erhalten, müssen in den ersten sieben Kriterien des Moduls 5 mehr als drei Maßnahmen pro Tag festgestellt werden.

286 Die Bündelung der Kriterien bzw. die Unterteilung dieser Bereiche orientiert sich größtenteils am **zeitlichen Aufwand**, den sie mit sich bringen. Die ersten sieben Kriterien umfassen Handlungen, die für gewöhnlich innerhalb einiger weniger Minuten vollführt werden können und in der Regel mehrmals täglich durchgeführt werden müssen. Für jedes der Kriterien 5.1 bis 5.7 wird zunächst die Anzahl der durchschnittlich durchgeführten Maßnahmen, die täglich und auf Dauer, voraussichtlich für mindestens

sechs Monate, vorkommen, in der Spalte pro Tag, die Maßnahmen, die wöchentlich und auf Dauer, voraussichtlich für mindestens sechs Monate, vorkommen, in der Spalte pro Woche und die Maßnahmen, die monatlich und auf Dauer, voraussichtlich für mindestens sechs Monate, vorkommen, in der Spalte pro Monat erfasst. Berücksichtigt werden nur Maßnahmen, die vom Versicherten nicht selbstständig durchgeführt werden können. Die Zahl der durchschnittlich durchgeführten täglichen, wöchentlichen und monatlichen Maßnahmen wird für die Kriterien 5.1 bis 5.7 summiert.

Beispiel: 287

Täglich dreimal Medikamentengabe (Kriterium 5.1) und einmal Blutzuckermessen (Kriterium 5.6), entspricht vier Maßnahmen pro Tag. Diese Häufigkeit wird umgerechnet in einen Durchschnittswert pro Tag.

Für die Umrechnung der Maßnahmen pro Monat in Maßnahmen pro Tag wird die Summe der Maßnahmen pro **Monat durch 30** geteilt. Für die Umrechnung der Maßnahmen pro Woche in Maßnahmen pro Tag wird die Summe der Maßnahmen pro **Woche durch 7** geteilt.

Praxishinweis zur Bearbeitung: 288

Ein häufiger Flüchtigkeitsfehler entsteht bei der Auswertung des Medikamentenplans nach § 31a SGB V: Es ist stets darauf zu achten, dass neben den Medikamenten (Kriterium 1) die Injektionen (Kriterium 2) getrennt erfasst und ggf. für die Anzahl der Maßnahmen pro Tag gezählt werden.

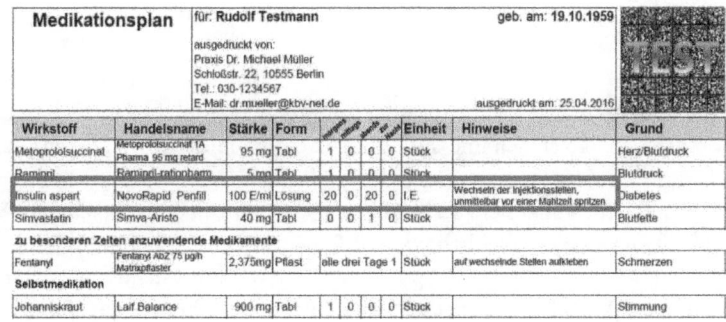

Die Kriterien des zweiten Bereichs beinhalten ebenfalls Maßnahmen, die in dieser Hinsicht Gemeinsamkeiten aufweisen, aber doch einen höheren Zeitaufwand mit sich bringen. Sie können zwar auch täglich vorkommen, in der Regel jedoch nicht mit der Häufigkeit der Aktivitäten des ersten Bereichs. 289

Anlage 1 zu § 15 SGB XI

Modul 5: Einzelpunkte im Bereich der Bewältigung von und des selbstständigen Umgangs mit krankheits- und therapiebedingten Anforderungen und Belastungen [2. Bereich: Kriterien 5.8 – 5.11]

Die durchschnittliche Häufigkeit der Maßnahmen pro Tag bei den Kriterien der Ziffern 5.8 bis 5.11 wird in den folgenden Kategorien mit den nachstehenden Einzelpunkten gewertet:

Ziffer	Kriterien in Bezug auf	entfällt oder selbstständig	Anzahl der Maßnahmen		
			pro Tag	pro Woche	pro Monat
5.8	Verbandswechsel und Wundversorgung	0			
5.9	Versorgung mit Stoma	0			
5.10	Regelmäßige Einmalkatheterisierung und Nutzung von Abführmethoden	0			
5.11	Therapiemaßnahmen in häuslicher Umgebung	0			
Summe der Maßnahmen aus 5.8 – 5.11		0			
Umrechnung in Maßnahmen pro Tag		0			

Einzelpunkte für die Kriterien der Ziffern 5.8 bis 5.11				
Maßnahmen pro Tag	Keine oder seltener als einmal wöchentlich	Ein- bis mehrmals wöchentlich	Ein- bis unter dreimal täglich	Mindestens dreimal täglich
Einzelpunkte	0	1	2	3

Für jedes der Kriterien 5.8 bis 5.11 wird zunächst die Anzahl der durchschnittlich durchgeführten Maßnahmen, die täglich und auf Dauer, voraussichtlich für mindestens sechs Monate, vorkommen, in der Spalte pro Tag, die Maßnahmen, die wöchentlich und auf Dauer, voraussichtlich für mindestens sechs Monate, vorkommen, in der Spalte pro Woche und die Maßnahmen, die monatlich und auf Dauer, voraussichtlich für mindestens sechs Monate, vorkommen, in der Spalte pro Monat erfasst. Berücksichtigt werden nur Maßnahmen, die vom Versicherten nicht selbstständig durchgeführt werden können.

Praxishinweis:

Zur Abgrenzung des Kriteriums 5.7 *„Körpernahe Hilfsmittel"* vom Kriterium 5.11 *„Therapiemaßnahmen in häuslicher Umgebung"* ist zu beachten, dass nach der Anlage 1 zu § 15 SGB XI beide Kriterien unterschiedlich gewichtet werden. Für eine 1–3mal täglich notwendige Maßnahme sind im Bereich Nr. 5a) (für die Ziffern 5.7) 1 Einzelpunkt, im Bereich Nr. 5b) (für die Ziffer 5.11) 2 Einzelpunkte vorgesehen. Daher sind die Begriffe „Hilfsmittel" und „Therapie" gegenüberzustellen, wenn sich Hilfsmittel auch zu Therapiezwecken einsetzen lassen, wie beispielsweise ein **TENS-Gerät** (Transkutane Elektrische Nerven-Stimulation). Ein TENS-Gerät ist zwar ein im Hilfsmittelverzeichnis gelistetes *Hilfsmittel*, dass jedoch ein Mittel im Einsatz für die Schmerz*therapie* ist. Unter Berücksichtigung des Zusatzes *„körpernahes* Hilfsmittel" (Ziffer 5.7) sind daher nur solche Hilfsmittel zu verstehen, die nicht zu Therapiezwecken eingesetzt werden, sondern die direkt am Körper und ohne einen therapeutischen Zweck zu verfolgen ihre Wirkung zeigen.[117] Wird das Hilfsmittel zu Therapiezwecken eingesetzt, ist vom Kriterium 5.11 auszugehen.

Die Kriterien des dritten Bereichs (und das zusätzliche das Kriterium für die Begutachtung von Kindern) erstrecken sich auf vergleichsweise aufwendige Handlungen, meist verbunden mit der Notwendigkeit, die Wohnung zu verlassen. Teilweise ergeben sich erhebliche Belastungen durch häufige und/oder ausgedehnte Arzt- und Therapiebesuche. Diese Belastung entsteht in besonderer Weise auch für die Angehörigen durch eine notwendige Begleitung bei diesen Besuchen. Eine Differenzierung der Besuche von medizinischen Einrichtungen ist angezeigt, weil sich beispielsweise Besuche bei Physiotherapeuten in ihrem zeitlichen Aufwand deutlich unterscheiden vom Besuch spezialisierter Einrichtungen (Dialyse oder bestimmte onkologische Behandlungen), für die teilweise noch zusätzlich erhebliche Wegstrecken zurückgelegt werden müssen.

Für das Kriterium der Ziffer 5.12 wird zunächst die Anzahl der regelmäßig und mit durchschnittlicher Häufigkeit durchgeführten Maßnahmen, die wöchentlich vorkommen, und die Anzahl der regelmäßig und mit durchschnittlicher Häufigkeit durchgeführten Maßnahmen, die monatlich vorkommen, erfasst. Kommen Maßnahmen regelmäßig täglich vor, werden 60 Punkte vergeben. Jede regelmäßige wöchentliche Maßnahme wird mit 8,6 Punkten gewertet. Jede regelmäßige monatliche Maßnahme wird mit zwei Punkten gewertet.

Anlage 1 zu § 15 SGB XI

Modul 5: Einzelpunkte im Bereich der Bewältigung von und des selbstständigen Umgangs mit krankheits- und therapiebedingten Anforderungen und Belastungen [3. Bereich (a): Kriterium 5.12]

Die durchschnittliche wöchentliche oder monatliche Häufigkeit von zeit- und technikintensiven Maßnahmen in häuslicher Umgebung, die auf Dauer, voraussichtlich für mindestens sechs Monate, vorkommen, wird in den folgenden Kategorien mit den nachstehenden Einzelpunkten gewertet:

Ziffer	Kriterium in Bezug auf	Entfällt oder selbstständig	täglich	Wöchentliche Häufigkeit multipliziert mit	Monatliche Häufigkeit multipliziert mit
5.12	Zeit- und technikintensive Maßnahmen in häuslicher Umgebung	0	60	8,6	2

Für jedes der Kriterien der Ziffern 5.13 bis 5.K wird zunächst die Anzahl der regelmäßig und mit durchschnittlicher Häufigkeit durchgeführten Besuche, die wöchentlich und auf Dauer, voraussichtlich für mindestens sechs Monate, vorkommen, und die Anzahl der regelmäßig und mit durchschnittlicher Häufigkeit durchgeführten Besuche, die monatlich und auf Dauer, voraussichtlich für mindestens sechs Monate, vorkommen, erfasst. Jeder regelmäßige monatliche Besuch wird mit einem Punkt gewertet. Jeder regelmäßige wöchentliche Besuch wird mit 4,3 Punkten gewertet. Handelt es sich um zeitlich ausgedehnte Arztbesuche oder Besuche von anderen medizinischen oder therapeutischen Einrichtungen, werden sie doppelt gewertet.

---

117 LSG Hamburg Urt. v. 25.1.2023 – L 1 P 11/21.

297 *Anlage 1 zu § 15 SGB XI*

Modul 5: Einzelpunkte im Bereich der Bewältigung von und des selbstständigen Umgangs mit krankheits- und therapiebedingten Anforderungen und Belastungen [3. Bereich (b): Kriterium 5.13 – 5.K]

Die durchschnittliche wöchentliche oder monatliche Häufigkeit der Kriterien der Ziffern 5.13 bis 5.K wird wie folgt erhoben und mit den nachstehenden Punkten gewertet:

Ziffer	Kriterium	Entfällt	Teilweise	vollständig
5.13	Arztbesuche	0	4,3	1
5.14	Besuch anderer medizinischer oder therapeutischer Einrichtungen (bis zu drei Stunden)	0	4,3	1
5.15	Zeitlich ausgedehnte Besuche anderer medizinischer oder therapeutischer Einrichtungen (länger als drei Stunden)	0	4,3	2
5.K	Besuche von Einrichtungen zur Frühförderung bei Kindern	0	4,3	1

298 Die Punkte der Kriterien 5.12 bis 5.15 – bei Kindern bis 5.K – werden **addiert**. Die Kriterien der Ziffern 5.12 bis 5.K werden anhand der Summe der so erreichten Punkte mit den nachstehenden Einzelpunkten gewertet:

299 *Anlage 1 zu § 15 SGB XI*

Modul 5: Einzelpunkte im Bereich der Bewältigung von und des selbstständigen Umgangs mit krankheits- und therapiebedingten Anforderungen und Belastungen [3. Bereich (c): Umrechnung in Einzelpunkte]

Summe			Einzelpunkte
0	bis unter	4,3	0
4,3	bis unter	8,6	1
8,6	bis unter	12,9	2
12,9	bis unter	60	3
60 und	mehr		6

300 Schließlich wird noch der 4. Bereich bewertet:

Die im Rahmen von Modul 5 erfassten Informationen bieten bereits eine gute Grundlage für die Erstellung einer Pflegeplanung, da hier sowohl die entsprechende Aktivität als auch ihre Häufigkeit erfasst ist. Bei dem Hilfebedarf, der hier entsteht, handelt es sich vielfach um **edukative** und **beratende Interventionen**, die die genannten Anpassungsprozesse einer Person an das Leben mit der Krankheit und ihren Konsequenzen befördern und unterstützen sollen. Sie sind vor allem auf die Stärkung der Selbstmanagementkompetenzen einer Person ausgerichtet. Der Charakter dieser Interventionen unterscheidet sich von den häufig kompensatorischen Interventionen, die in der heutigen Pflegepraxis durchgeführt werden. Dementsprechend erlangt das Kriterium der Dauerhaftigkeit einer Beeinträchtigung bzw. Intervention hier besonderes

Gewicht. Die dargelegten Beeinträchtigungen benötigen vielfach Interventionen, die per definitionem einen vorübergehenden Charakter haben. Für die Erstellung einer Pflegeplanung ist es daher wichtig, in diesem Modul nicht nur für die kompensatorische Unterstützung zur Durchführung einer Aktivität Sorge zu tragen, sondern auch die Notwendigkeit beratender und edukativer Interventionen einzuschätzen.

Anlage 1 zu § 15 SGB XI 301

Modul 5: Einzelpunkte im Bereich der Bewältigung von und des selbstständigen Umgangs mit krankheits- und therapiebedingten Anforderungen und Belastungen [4. Bereich: Kriterium 5.16]

Die Ausprägungen des Kriteriums der Ziffer 5.16 werden in den folgenden Kategorien mit den nachstehenden Einzelpunkten gewertet:

Ziffer	Kriterien	Selbständig	Überwiegend selbständig	Überwiegend unselbständig	unselbständig
5.16	Einhaltung einer Diät und anderer krankheits- oder therapiebedingter Verhaltensvorschriften	0	1	2	3

XI. Das Modul 6 – Gestaltung des Alltagslebens und sozialer Kontakte

Das Modul 6 – **Gestaltung des Alltagslebens und sozialer Kontakte** bildet Bereiche 302 des Alltagslebens ab, die von der Pflegeversicherung bisher weitgehend ausgeklammert waren. Die weiteren Aktivitäten und Fähigkeiten fielen bisher unter eine über die konkrete Anleitung und Beaufsichtigung bei Verrichtungen hinausgehende Betreuung und allgemeine Beaufsichtigung, die ausdrücklich nicht zu den maßgeblichen Hilfeleistungen des bisherigen Pflegebedürftigkeitsbegriffs gehörte.[118]

Praxishinweis: 303

Maßgeblich im Modul 6 ist, ob der Antragsteller die Aktivität in den genannten Kriterien praktisch durchführen kann. Es ist unerheblich, ob die Beeinträchtigungen der Selbständigkeit aufgrund von Schädigungen somatischer oder mentaler Funktionen bestehen.

Zur Gestaltung des Alltagslebens gehören die psychisch-kognitiven Fähigkeiten, nach 304 individuellen Gewohnheiten den Tagesablauf bewusst zu gestalten oder einen Tag-Nacht-Rhythmus einzuhalten, die tägliche Routine und andere Aktivitäten zur Beschäftigung zu planen, aber auch über den Tag hinaus in die Zukunft zu planen. Ergänzend dazu wird in diesem Modul die Gestaltung sozialer Kontakte berücksichtigt. Sie umfasst den direkten Kontakt im Gespräch mit Angehörigen, Pflegepersonen oder Besuchern und die Kontaktpflege außerhalb des direkten Umfelds. Dies beinhaltet die Organisation von Besuchen oder Telefon-, Brief- oder Mail-Kontakte mit Freunden und Bekannten. Im Bereich der Gestaltung des Alltagslebens und sozialer Kontakte werden nach § 14 Abs. 2 Nr. 6 SGB XI folgende Beeinträchtigungen der Selbstständigkeit oder Fähigkeitsstörungen gezählt:

---

118 BT-Drs. 18/5926, 110.

Anlage 1 zu § 15 SGB XI

Modul 6: Einzelpunkte im Bereich der Gestaltung des Alltagslebens und sozialer Kontakte

Ziffer	Kriterien	Selbständig	Überwiegend selbständig	Überwiegend unselbständig	unselbständig
6.1	Gestaltung des Tagesablaufs und Anpassung an Veränderungen	0	1	2	3
6.2	Ruhen und Schlafen	0	1	2	3
6.3	Sichbeschäftigen	0	1	2	3
6.4	Vornehmen von in die Zukunft gerichteten Planungen	0	1	2	3
6.5	Interaktion mit Personen im direkten Kontakt	0	1	2	3
6.6	Kontaktpflege zu Personen außerhalb des direkten Umfelds				

Bisher werden von diesen Kriterien – wenn überhaupt – der Bedarf an allgemeiner Beaufsichtigung und Betreuung in der Pflegedokumentation geplant. Insbesondere in den Bereichen Tagesgestaltung, Beschäftigung und Kontaktpflege sind künftig erheblich mehr und differenziertere Informationen über die individuellen Bedürfnisse und Gewohnheiten erforderlich, um eine bedarfs- und bedürfnisgerechte Pflege planen zu können.

Praxishinweis zur Bearbeitung:

Die Feststellungen zu Modul 6 eignen sich für eine **Plausibilitätsprüfung** der Gesamt-Feststellungen im Gutachten zur Zuerkennung eines Pflegegrades. Während bisher der verrichtungsbezogene Grundpflegebegriff dafür gesorgt hat, dass notwendige Verrichtungen nur einmal gezählt wurden, so ist dies bei der jetzigen Betrachtung von Lebensbereichen in den sechs Modulen nicht mehr der Fall.

Benötigt ein Versicherter etwa Hilfen beim Aufstehen und Zubettgehen, so werden die benötigten Hilfen zunächst im Modul 1 (Mobilität), etwa beim „Umsetzen" gezählt. Damit ist aber diese Tätigkeit nicht *„verbraucht"*. Beim Kriterium 2 des Moduls 6 (Ruhen und Schlafen) werden personelle Hilfen beim Aufstehen und Zubettgehen berücksichtigt, so dass bereits aus dieser Tatsache mindestens ein Einzelpunkt („überwiegend selbstständig") zu zählen ist. Ein Einzelpunkt im Modul 6 ergibt aber bereits 3,75 gewichtete Punkte.

XII. Die Formen der Hilfeleistungen

Die bisherigen Formen der **Hilfeleistung** (Unterstützung, unmittelbare Erledigung für den Pflegebedürftigen im Sinne einer Kompensation oder Anleitung und Beaufsichtigung, § 14 Abs. 3 SGB XI aF) bleiben erhalten, sind aber kein Bestandteil des Pflegebedürftigkeitsbegriffs mehr, sondern werden durch das Leistungsrecht der Pflegeversicherung definiert. Dabei entfällt mit dem bisherigen Pflegebedürftigkeitsbegriff auch die Beschränkung auf Kompensation von oder Anleitung und Beaufsichtigung bei den

Verrichtungen des täglichen Lebens.[119] Insgesamt werden mit den einbezogenen bzw. erweiterten Aspekten von Pflegebedürftigkeit gerade in den Modulen 2 – „Kognitive und kommunikative Fähigkeiten", 3 – „Verhaltensweisen und psychische Problemlagen", 5 – „Bewältigung von und selbstständiger Umgang mit krankheits- oder therapiebedingten Anforderungen und Belastungen" und 6 – „Gestaltung des Alltagslebens und sozialer Kontakte" die Aktivitäten und Fähigkeiten zukünftig stärker betont, die auch eine stärkere Akzentuierung der Hilfe und **Ressourcenstärkung** durch Anleitung, Motivation und Schulung nach sich ziehen. Eine Anleitung im Sinne der aktivierenden Pflege bleibt Bestandteil der Leistungserbringung.

Die bisher in § 14 Abs. 4 Nr. 4 SGB XI aF geregelte **hauswirtschaftliche Versorgung** spielt künftig für die Feststellung der Pflegebedürftigkeit und die Eingruppierung in einen Pflegegrad keine Rolle mehr. Dies bedeutet aber nicht, dass die Führung des Haushaltes keine Aufgabe der sozialen Pflegeversicherung ist. Beeinträchtigungen der Selbstständigkeit oder der Fähigkeiten, die dazu führen, dass die **Haushaltsführung** nicht mehr ohne Hilfe bewältigt werden kann, werden nach § 14 Abs. 3 SGB XI bei den Kriterien der sechs Module nach § 14 Abs. 2 SGB XI berücksichtigt. In der pflegefachlichen Entwicklung des neuen Begriffs der Pflegebedürftigkeit wurden neben den in § 14 Abs. 2 SGB XI aufgezählten sechs Modulen, in denen der Grad der individuellen Beeinträchtigungen und Fähigkeitsstörungen ermittelt wird, und die damit den abschließenden Katalog der zu berücksichtigenden Aktivitäten und Fähigkeiten darstellen, zwei weitere Bereiche als Module sieben und acht entwickelt, die Aspekte der Hilfebedürftigkeit pflegebedürftiger Menschen beinhalten: „Außerhäusliche Aktivitäten" und „Haushaltsführung".

309

Mit § 14 Abs. 3 SGB XI wird daneben klargestellt, dass die **Beeinträchtigungen der Selbstständigkeit** und die **Fähigkeitsstörungen**, die dazu führen, dass die Haushaltsführung nicht mehr ohne Hilfe bewältigt werden kann, bereits im Rahmen der Bereiche nach § 14 Abs. 2 SGB XI und entsprechend bei den Erhebungen der Module 1 bis 6 im jeweils betroffenen Bereich erfasst werden. Damit bleiben die entsprechenden Beeinträchtigungen der Selbstständigkeit und Fähigkeitsstörungen für die Beurteilung des Grades der Pflegebedürftigkeit relevant, werden aber über andere Kriterien als bisher erhoben.

310

> **Praxishinweis:**
>
> Kognitive Beeinträchtigungen, die im Modul 2 „kognitive und kommunikative Fähigkeiten" erfasst werden, führen zwangsläufig dazu, dass zugleich auch die Fähigkeit zur eigenständigen Haushaltsführung beeinträchtigt ist.

311

Damit die gleichen Beeinträchtigungen und Fähigkeitsstörungen **nicht doppelt erfasst** und gewertet werden, werden die Beeinträchtigungen bei der Haushaltsführung gesondert – außerhalb des Pflegebedürftigkeitsbegriffs – erhoben (§ 18a Abs. 3 SGB XI) und bei der rechnerischen Ermittlung des Pflegegrades nicht gesondert berücksichtigt. Die in diesen beiden Bereichen ermittelten Hilfebedarfe sind – so führt § 18a Abs. 3 S. 3 SGB XI aus – gleichwohl von großer Bedeutung für die Bewältigung der Pflegesituation,

312

---

119 BT-Drs. 18/5926, 110.

die Verbesserung der häuslichen Versorgung und damit die Stärkung der Selbstständigkeit der Pflegebedürftigen. Sie dienen einerseits als Grundlage für eine differenzierte Hilfe- und **individuelle Pflegeplanung** (§ 7a SGB XI [→ Rn. 51]), andererseits bieten sie Anhaltspunkte für den Leistungsumfang der Hilfen bei der Haushaltsführung. Hilfen bei der Haushaltsführung werden daher auch weiterhin als Leistung der sozialen Pflegeversicherung gewährt.

313 So wird letztlich zwischen der „**Hilfebedürftigkeit**" und der „**Pflegebedürftigkeit**" unterschieden. Pflegebedürftig sind diejenigen Versicherten, die in den Modulen 1 bis 6 Beeinträchtigungen oder Defizite der Selbstständigkeit aufweisen und zumindest einen Pflegegrad 1 erreichen. Stets zu fragen ist nach der Neufassung des § 14 Abs. 1 SGB XI nach der „Hilfebedürftigkeit". Bezugspunkt der Erfassung eines Pflegebedarfs sind nicht mehr die Verrichtungen des § 14 Abs. 4 SGB XI aF („Körperpflege, Ernährung, Mobilität"), sondern stets ein **personeller Hilfebedarf** in Bezug auf die Selbstständigkeit und die Fähigkeiten. Daher zieht nicht jede Verhaltensweise, die auffällig oder pathologisch ist, eine Bewertung in Hinblick auf den Pflegebedarf nach sich. Entscheidend ist stets, ob daraus ein (personeller) Fremdhilfebedarf resultiert.[120] Besteht kein personeller Hilfsbedarf, dann gilt der Versicherte aufgrund des Vermögens zur Kompensation und Eigenbewältigung als selbstständig. Dieser Hilfebedarf muss auch im Bereich der Haushaltsführung (Modul 8) und bei den außerhäuslichen Aktivitäten (Modul 7) vorliegen, obwohl die Module 7 und 8 bei der Ermittlung der Pflegebedürftigkeit und der Eingruppierung in einen der Pflegegrad außer Betracht bleiben.

314 **Praxishinweis:**

Eine mit dem **Merkzeichen „H"** bestätigte „Hilflosigkeit" bedeutet nicht, dass automatisch ein Pflegegrad zuerkannt wird. Eine Person ist nach § 33b Abs. 6 S. 3 EStG hilflos, wenn sie für eine Reihe von häufig und regelmäßig wiederkehrenden Verrichtungen zur Sicherung ihrer persönlichen Existenz im Ablauf eines jeden Tages fremder Hilfe dauernd bedarf.[121]

315 Im Rahmen der Begutachtung haben also der MD oder die von der Pflegekasse beauftragten Gutachter neben den in § 14 Abs. 2 SGB XI geregelten Bereichen des **Pflegebedürftigkeitsbegriffes** auch die Beeinträchtigung der Selbstständigkeit und Fähigkeitsstörungen in den Bereichen **außerhäusliche Aktivitäten** und **Haushaltsführung** festzustellen, um mit diesen Informationen eine umfassende Beratung und das Erstellen eines individuellen **Versorgungsplanes** nach § 7a SGB XI (→ Rn. 51) oder für das **Versorgungsmanagement** nach § 11 Abs. 4 SGB V zu ermöglichen. Daher sind Informationen über Beeinträchtigungen der Selbstständigkeit und Fähigkeitsstörungen in den Bereichen außerhäusliche Aktivitäten und Haushaltsführung regelhaft im Rahmen der Begutachtung zu erheben.[122] Diese sollen in der konkreten individuellen **Pflegeplanung**, aber auch in der Beratung und Versorgungsplanung wie beim Versorgungsmanagement herangezogen werden können.

---

120 LSG Nordrhein-Westfalen Beschl. v. 31.5.2021 – L 5 P 31/21.
121 Das BMF-Schreiben vom 19.8.2016, IV C 8-S 2286/07/10004, stellt lediglich klar, dass der erhöhte Behinderten-Pauschbetrag von jährlich 7.400,00 EUR sowohl für zuerkannte Merkzeichen „H" als auch für Pflegebedürftige mit Pflegegrad 4 oder 5 gilt.
122 BT-Drs. 18/5926, 117.

XIII. Das Modul 7 – Außerhäusliche Aktivitäten

Modul 7 – **Außerhäusliche Aktivitäten** umfasst zwei wichtige Bereiche. Der erste beinhaltet mehrere Aspekte der außerhäuslichen Mobilität, der zweite einen Ausschnitt der Aktivitäten, die in der **ICF**[123] in den Kapiteln „bedeutende Lebensbereiche" und „Gemeinschafts-, soziales und staatsbürgerliches Leben" enthalten sind. Sämtliche der berücksichtigten Aktivitäten haben eine soziale Komponente bzw. einen Bezug zu sozialen Aktivitäten (anders als etwa ein bloßer Spaziergang). Dabei geht es hier um die Möglichkeit der tatsächlichen **Teilnahme** bzw. Durchführung der Aktivität. Dabei ist nach § 18a Abs. 3 S. 3 Nr. 1 SGB XI im Einzelnen auf die folgenden Aktivitäten und Fähigkeiten abzustellen:

316

- Verlassen des Bereiches der Wohnung oder der Einrichtung,
- Fortbewegen außerhalb der Wohnung oder der Einrichtung,
- Nutzung öffentlicher Verkehrsmittel im Nahverkehr,
- Mitfahren in einem Kraftfahrzeug,
- Teilnahme an kulturellen, religiösen oder sportlichen Veranstaltungen,
- Besuch von Schule, Kindergarten, Arbeitsplatz, einer Werkstatt für behinderte Menschen oder Besuch einer Einrichtung der Tages- oder Nachtpflege oder eines Tagesbetreuungsangebots,
- Teilnahme an sonstigen Aktivitäten mit anderen Menschen.

Die Einschätzung der außerhäuslichen Aktivitäten ergibt ein relativ deutliches Bild der vorhandenen Möglichkeiten und der individuellen Situation eines Menschen in diesem Bereich. Für die **Pflegeplanung** ist es darüber hinaus wichtig, etwas über das Wissen um entsprechende Möglichkeiten, die Motivation zur Beteiligung an außerhäuslichen Aktivitäten, das Vertrauen in die eigenen Fähigkeiten und die Nutzung entsprechender Hilfsmittel zu erfahren. Wissen bezieht sich dabei darauf, ob der hilfebedürftige Mensch weiß, dass sich entsprechende Möglichkeiten bieten. Die Motivation ist von diesem Wissen in hohem Maße abhängig, darüber hinaus aber auch von anderen Faktoren beeinflusst. Hinsichtlich des Vertrauens in die eigenen Fähigkeiten sowie die Nutzung von Hilfsmitteln ist zu fragen, ob und in welcher Weise hier bereits Unterstützung erfolgt ist und sich daraus ggf. ein weiterer Unterstützungsbedarf ergibt. Hinsichtlich der möglichen Hilfen in diesem Bereich dürfte es sich in vielen Fällen um Hilfen handeln, die der **persönlichen Assistenz** zuzuordnen sind.

317

XIV. Das Modul 8 – Haushaltsführung

Das Modul 8 – **Haushaltsführung** umfasst zum einen die **typischen Hausarbeiten**, die bisher in § 14 Abs. 4 Nr. 4 SGB XI aF berücksichtigt werden, zum anderen aber auch die Regelung der für die alltägliche Lebensführung notwendigen geschäftlichen Belange. Es ist in diesem Zusammenhang erneut unerheblich, ob Einbußen der Selbstständigkeit aufgrund von körperlichen oder von kognitiven Beeinträchtigungen bestehen. Einschränkungen in der Haushaltsführung sind häufig die ersten Zeichen einer sich abzeichnenden Abhängigkeit von personeller Hilfe. Im Unterschied zu den anderen Modulen sind zur Kompensation (Übernahme der Aktivitäten) keine pflegerischen

318

---

123   International Classification of Functioning, Disability and Health (ICF), WHO 2002.

Hilfen oder Betreuungsleistungen erforderlich, sondern hauswirtschaftliche Tätigkeiten und ggf. soziale Unterstützung. Nach § 18a Abs. 3 S. 3 Nr. 2 SGB XI ist im Einzelnen auf die folgenden Aktivitäten und Fähigkeiten abzustellen:

- Einkaufen für den täglichen Bedarf,
- Zubereitung einfacher Mahlzeiten,
- einfache Aufräum- und Reinigungsarbeiten,
- aufwändige Aufräum- und Reinigungsarbeiten einschließlich Wäschepflege,
- Nutzung von Dienstleistungen,
- Umgang mit finanziellen Angelegenheiten,
- Umgang mit Behördenangelegenheiten.

319 Es wurden diejenigen Aktivitäten erfasst, die besonders wichtig sind, um im eigenen Haushalt verbleiben zu können. Das Kochen von kompletten **Mahlzeiten** wird bewusst nicht gewertet, da die diesbezüglichen Fähigkeiten und Gewohnheiten in der Bevölkerung sehr unterschiedlich verteilt sind. Mit dem Erwärmen von vorgekochten Mahlzeiten oder Fertiggerichten ist jedoch eine weitgehend selbstständige (wenn vielleicht auch nicht sehr befriedigende) Ernährung möglich. Für die alltägliche Lebensführung ist es aber ebenso erforderlich, finanzielle und geschäftliche Belange regeln zu können. So kann eine **selbstbestimmte Haushaltsführung** lange erhalten bleiben, wenn die Fähigkeit besteht, pflegerische oder haushaltsnahe Dienstleistungen wie Pflegedienst, Haushaltshilfen, Essen auf Rädern, Wäscherei, Handwerker, Friseur, Fußpflege zu organisieren und zu steuern. Zur Regelung des Alltagslebens gehört auch die Fähigkeit, übliche Bankgeschäfte zu erledigen (Girokonto, Miete zahlen) oder zu entscheiden, ob zB genügend Bargeld im Hause ist, eine Rechnung bezahlt werden muss, und ggf. die dazu notwendigen Schritte einzuleiten oder durchzuführen. Im Umgang mit staatlichen und kommunalen Behörden sowie Sozialversicherungsträgern ist zu entscheiden, ob ein Antrag gestellt oder ein Behördenbrief beantwortet werden muss und ggf. die notwendigen Schritte einzuleiten oder durchzuführen sind.

320 **Praxishinweis:**

Einbußen im Bereich der Haushaltsführung treten in der Regel sehr früh auf und können als **Alarmzeichen** für sich abzeichnende Pflegebedürftigkeit genutzt werden, um frühzeitig präventive Maßnahmen einzuleiten.

§ 4 Die Pflegegrade

Die Leistungsansprüche der §§ 36 ff. SGB XI (→ Rn. 362 ff.) der sozialen Pflegeversicherung bestimmen sich danach, ob ein prognostisch mindestens 6 Monate bestehender Hilfebedarf mindestens des Pflegegrades 1 und sodann in der Höhe welcher Pflegegrad dem Pflegebedürftigen zuerkannt wurde. Dabei werden viele Ansprüche erst ab der Feststellung des Pflegegrad 2 gewährt. Die Einstufung in einen Pflegegrad ist abhängig von der Schwere der Beeinträchtigung der Selbständigkeit oder der Fähigkeiten. 321

I. Die Gewichtung der Einzelpunktfeststellung in den Modulen

Die Berechnung des für die Zuordnung zu einem Pflegegrad relevanten Gesamtpunktwerts erfolgt mithilfe einer mehrschrittigen Berechnungsfolge auf Basis der in Anlage 2 zu § 15 SGB XI geregelten Bewertungssystematik. Wesentlich ist dabei die **Umrechnung** der Einzelpunktwerte der Kriterien der sechs relevanten Module nach § 14 Abs. 2 SGB XI in gewichtete Punktwerte. Die Beeinträchtigungen der Selbstständigkeit und Fähigkeitsstörungen werden in den Modulen für jede Aktivität und Fähigkeit der Kriterien erhoben und nach dem Grad ihrer Ausprägung festgestellt. Wie dies geschehen soll, regelt § 15 Abs. 2 SGB XI, ausgehend von den 6 Modulen nach § 14 Abs. 2 SGB XI und den in Anlage 1 zu § 15 SGB XI geregelten Einzelpunkten nach den jeweiligen Schweregraden der Beeinträchtigungen. Schließlich werden die Einzelpunktwerte für jedes Modul gesondert nach Anlage 2 zu § 15 SGB XI (→ Rn. 324) gewichtet. 322

> **Praxishinweis:** 323
>
> Es gelten die gleichen Voraussetzungen zur Ermittlung des Pflegegrades **unabhängig** von einer ambulanten, teil- oder (voll) stationären Versorgungsform, einer Pflege durch ehrenamtliche oder professionelle Pflegekräfte.

Die **Punktbereiche** messen in den Modulen 1, 4 und 6 den **Grad der Selbstständigkeit** einer Person (bei einer Aktivität/im Lebensbereich); im Modul 2 wird die **Intensität einer funktionalen Beeinträchtigung** (kognitive/kommunikative Fähigkeiten) und im Modul 3 die Häufigkeit des Auftretens (**Verhaltensweisen**) gemessen. Im Modul 5 wird aus pflegefachlichen Gründen ausnahmsweise eine Kombination der Kategorien Vorkommen, **Häufigkeit des Auftretens** und Selbstständigkeit bei der Durchführung der Aktivitäten verwendet. 324

§ 4 Die Pflegegrade

Module	Gewichtung	0 Keine	1 Geringe	2 Erhebliche	3 Schwere	4 Schwerste	
1 Mobilität	10 %	0 – 1	2 – 3	4 – 5	6 – 9	10 – 15	Summe der Einzelpunkte im Modul 1
		0	2,5	5	7,5	10	Gewichtete Punkte im Modul 1
2 Kognitive und kommunikative Fähigkeiten	15 %	0 – 1	2 – 5	6 – 10	11 – 16	17 – 33	Summe der Einzelpunkte im Modul 2
3 Verhaltensweisen und psychische Problemlagen		0	1 – 2	3 – 4	5 – 6	7 – 65	Summe der Einzelpunkte im Modul 3
Höchster Wert aus Modul 2 oder 3		0	3,75	7,5	11,25	15	Gewichtete Punkte für Module 2 und 3
4 Selbstversorgung	40 %	0 – 2	3 – 7	8 – 18	19 – 36	37 – 54	Summe der Einzelpunkte im Modul 4
		0	10	20	30	40	Gewichtete Punkte im Modul 4
5 Bewältigung von und selbständiger Umgang mit Krankheits- oder therapiebedingten Anforderungen und Belastungen	20 %	0	1	2 – 3	4 – 5	6 – 15	Summe der Einzelpunkte im Modul 5
		0	5	10	15	20	Gewichtete Punkte im Modul 5
6 Gestaltung des Alltagslebens und sozialer Kontakte	15 %	0	1 – 3	4 – 6	7 – 11	12 – 18	Summe der Einzelpunkte im Modul 6
		0	3,75	7,5	11,25	15	Gewichtete Punkte im Modul 6
7 Außerhäusliche Aktivitäten		Die Berechnung einer Modulbewertung ist entbehrlich, da die Darstellung der qualitativen Ausprägungen bei den einzelnen Kriterien ausreichend ist, um Anhaltspunkte für eine Versorgungs- und Pflegeplanung ableiten zu können.					
8 Haushaltsführung							

I. Die Gewichtung der Einzelpunktfeststellung in den Modulen

Maßgeblich für die Zuordnung der Pflegegrade ist die Prüfung auf Basis der **Begutachtungs-Richtlinien**, § 17 Abs. 1 SGB XI (→ Rn. 133). Die Einschätzung erfolgt personenbezogen und unabhängig vom individuellen (Wohn-)Umfeld. Für jedes Kriterium in einem Modul ist im **Begutachtungsinstrument** ein Einzelpunkt vorgesehen. Die Einzelpunkte eines Moduls werden nach dem Schweregrad der Beeinträchtigung der Selbstständigkeit oder Fähigkeitsstörung einem von fünf Punktbereichen zugeordnet; jedem Punktbereich wiederum ein gewichteter Punktwert (Bewertungssystematik). Aus den gewichteten Punktwerten wird der **Gesamtpunktwert** auf einer Skala von 0 bis 100 Punkten errechnet.[124]

325

Diese Berechnungsfolge und die **Bewertungssystematik** einschließlich der **Gewichtung** der Module bewirkt, dass der Gesamtpunktwert und damit Grad der Pflegebedürftigkeit (Pflegegrad) sich nicht unmittelbar durch Summierung aller Einzelpunktwerte ergibt. Anders als im Begutachtungsinstrument bis zum 31.12.2016 ist eben nicht mehr „eine Minute = eine Minute", sondern jetzt muss das Ergebnis der Addition der Einzelpunkte in einem 2. Schritt gewichtet werden. Die Gewichtung der Module soll auf der Basis von empirischen Erkenntnissen und sozialpolitischen Überlegungen der Vorstudien der Expertenkommission zum Pflegebedürftigkeitsbegriff erfolgen. Die Gewichtung bewirkt, dass der Pflege- und Betreuungsaufwand von Personen mit körperlichen Defiziten einerseits und kognitiven oder psychischen Defiziten andererseits sachgerecht und angemessen bei der Bildung des Gesamtpunktwerts berücksichtigt wird. So wird auch der Tatsache Rechnung getragen, dass die Module 4 – Selbstversorgung und 1 – Mobilität in etwa die bisher relevanten Verrichtungen der **Grundpflege** des § 14 Abs. 4 Nr. 1–3 SGB XI aF abdecken. Sie haben nach pflegefachlicher und pflegepraktischer Einschätzung für die Ausprägung von Pflegebedürftigkeit und die Leistungserbringung weiterhin zentrale Bedeutung und erhalten daher insgesamt eine **Gewichtung von 50 %** (Selbstversorgung 40 % und Mobilität 10 %). Den Modulen 2 und 3 – Kognition und Verhalten einerseits und 6 – Gestaltung des Alltagslebens und soziale Kontakte andererseits erhalten zusammen einen Anteil von 30 %. Die Gewichtung des Moduls 5 – Selbstständigkeit im Umgang mit krankheits- und therapiebedingten Anforderungen wird aus pflegefachlichen Gründen mit 20 % angesetzt.

326

Die Module des Begutachtungsinstruments werden nach § 15 Abs. 2 S. 8 SGB XI wie folgt gewichtet:

327

1. Mobilität mit 10 Prozent,
2. kognitive und kommunikative Fähigkeiten sowie Verhaltensweisen und psychische Problemlagen zusammen mit 15 Prozent,
3. Selbstversorgung mit 40 Prozent,
4. Bewältigung von und selbstständiger Umgang mit krankheits- oder therapiebedingten Anforderungen und Belastungen mit 20 Prozent,
5. Gestaltung des Alltagslebens und sozialer Kontakte mit 15 Prozent.

---

124 BT-Drs. 18/5926, 112 f.

§ 4 Die Pflegegrade

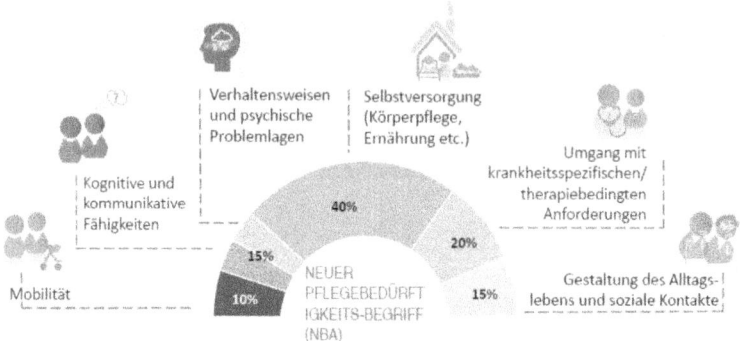

328 Eine Besonderheit besteht bei der **Teilsummenbildung** für die Module 2 – Kognitive und kommunikative Fähigkeiten und 3 – Verhaltensweisen und psychische Problemlagen: Hier gehen nicht die Teilsummenwerte für die einzelnen Module, sondern nur der jeweils **höchste Wert** in die Bewertung ein. Ein Grund hierfür ist, dass beide Module einen psychosozialen Unterstützungsbedarf nach sich ziehen, der sich nicht einzelnen Handlungen zuordnen lässt. Ist zum Beispiel eine Pflegeperson in der Wohnung des Pflegebedürftigen tagsüber anwesend und liegen Beeinträchtigungen und Fähigkeitsstörungen aus den Modulen 2 und 3 vor, resultiert die grundsätzliche Notwendigkeit zur Anwesenheit der Pflegeperson nicht entweder aus Modul 2 oder 3, sondern kann auch aus beiden resultieren, ohne dass ein Modul vorrangig den Anlass hierfür gibt. Zudem sollen kognitive und psychische Problemlagen **nicht mehrfach gewertet** werden. Daher kommt hier nur der jeweils höchste Wert aus einem der beiden Module 2 oder 3 zum Tragen. Da es aber vorkommen kann, dass nur Probleme in Modul 2 oder nur in Modul 3 vorliegen, und die Trennung pflegefachlichen Differenzierungen entspricht, werden die Bereiche auf zwei Module verteilt.[125]

329 Der Pflegegrad hängt von der Schwere der Pflegebedürftigkeit und daher nach dem neuen Verständnis von Pflegebedürftigkeit von der Schwere der **Beeinträchtigungen der Selbstständigkeit** ab.

II. Die Grade der Pflegebedürftigkeit

330 Zur Ermittlung des Pflegegrads sind nach § 15 Abs. 3 SGB XI die bei der Begutachtung festgestellten Einzelpunkte jedes Kriteriums in jedem Modul zu addieren und dem in der Anlage 2 zu § 15 SGB XI festgelegten Punktbereich sowie den sich daraus ergebenden gewichteten Punkten zuzuordnen. Den Modulen 2 und 3 ist ein gemeinsamer gewichteter Punkt zuzuordnen, der aus den höchsten gewichteten Punkten entweder des Moduls 2 oder des Moduls 3 besteht. Aus den **gewichteten Punkten** aller Module sind durch Addition die **Gesamtpunkte** zu bilden. Aus der Zusammenführung aller gewichteten modulspezifischen Punkte ergibt sich der Gesamtpunktwert, der das Ausmaß der Pflegebedürftigkeit bestimmt und auf dessen Grundlage sich der Pflegegrad

---

125 BT-Drs. 18/5926, 113.

ableitet. Eine Besonderheit besteht darin, dass nicht beide Werte der Module 2 und 3, sondern nur der höchste der beiden Werte in die Berechnung eingeht.

Auf der Basis des ermittelten Gesamtpunkts ist der Antragsteller in einen der Pflegegrade einzuordnen. Pflegebedürftigkeit liegt vor, wenn der **Gesamtpunktwert mindestens 12,5 gewichtete Punkte** beträgt. Auf der Basis der erreichten Gesamtpunkte sind nach § 15 Abs. 3 S. 4 SGB XI pflegebedürftige Personen in einen der nachfolgenden Pflegegrade einzuordnen:

1. ab 12,5 bis unter 27 Gesamtpunkten in den **Pflegegrad 1: geringe** Beeinträchtigungen der Selbständigkeit oder der Fähigkeiten,
2. ab 27 bis unter 47,5 Gesamtpunkten in den **Pflegegrad 2: erhebliche** Beeinträchtigungen der Selbständigkeit oder der Fähigkeiten,
3. ab 47,5 bis unter 70 Gesamtpunkten in den **Pflegegrad 3: schwere** Beeinträchtigungen der Selbständigkeit oder der Fähigkeiten,
4. ab 70 bis unter 90 Gesamtpunkten in den **Pflegegrad 4: schwerste** Beeinträchtigungen der Selbständigkeit oder der Fähigkeiten,
5. ab 90 bis 100 Gesamtpunkten in den **Pflegegrad 5: schwerste** Beeinträchtigungen der Selbständigkeit oder der Fähigkeiten mit **besonderen Anforderungen** an die pflegerische Versorgung.

Das „Pflege-Lineal" – die Pflegegrade

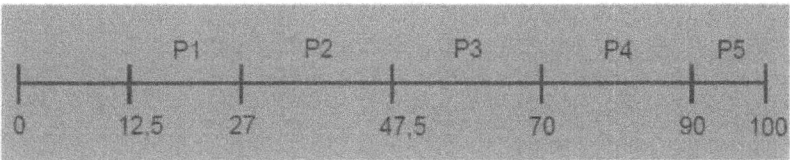

III. Die Härtefallregelung – besondere Bedarfskonstellation

Ergänzend zum System der Pflegegrade wurde der Spitzenverband Bund der Pflegekassen in § 15 Abs. 4 SGB XI ermächtigt, in den Begutachtungs- Richtlinien nach § 17 Abs. 1 SGB XI **besondere Bedarfskonstellationen** für Pflegebedürftige mit schwersten Beeinträchtigungen und einem außergewöhnlich hohem bzw. intensivem Hilfebedarf mit besonderen Anforderungen an die pflegerische Versorgung auszuweisen. In den Begutachtungs-Richtlinien werden dazu begründete Kriterien festgelegt, nach denen diese Pflegebedürftigen auch unabhängig vom Erreichen des **Schwellenwerts** von 90 Punkten in den Pflegegrad 5 eingestuft werden.

Bei einigen Pflegebedürftigen ist es möglich, dass der Pflegegrad 5 nicht automatisch erreicht wird, obwohl er nach der Schwere der Beeinträchtigung angemessen wäre. Dies liegt daran, dass die jeweiligen gesundheitlichen Probleme sich einer **pflegefachlichen Systematisierung** im neuen Begutachtungsinstrument entziehen; eine regelhafte Einbeziehung wäre nur auf Kosten größerer Verschiebungen in der Bewertung anderer, deutlich häufigerer Fallkonstellationen möglich. Daher wird für wenige, besonders gelagerte Fallkonstellationen die Einstufung in Pflegegrad 5 auch ohne Erreichen des regulären Schwellenwerts ermöglicht. Es handelt sich hierbei nicht um eine Einzelfallregelung oder die Ermächtigung zu einer Einzelfallentscheidung, auch wenn nur sehr wenige Pflegebedürftige von der Regelung betroffen sind, sondern um eine **regelhafte Ergänzung** der Einstufung anhand von Schwellenwerten für seltene Fallkonstellationen.

335 Erforderlich ist, dass sich das Kriterium im Rahmen der Befunderhebung bei der Begutachtung sicher identifizieren lässt. Die Aufnahme weiterer besonderer Bedarfskonstellationen ist möglich, so dass der auf sehr seltene Konstellationen zu beschränkende § 15 Abs. 4 SGB XI durch die weitere Ergänzung der Begutachtungs-Richtlinie nach § 17 Abs. 1 SGB XI (→ Rn. 133) noch weiter ausgefüllt werden kann, sofern ein dahin gehender Bedarf im weiteren Verlauf durch die medizinische Beurteilung erkannt wird.[126]

336 **Praxishinweis:**

Das Kriterium der **Gebrauchsunfähigkeit beider Arme und beider Beine** umfasst nach der Begutachtungsrichtlinie F.4.1.6 nicht nur zwingend die Bewegungsunfähigkeit der Arme und Beine, die durch Lähmungen aller Extremitäten hervorgerufen werden kann. In Erweiterung des Beispiels in der Gesetzesbegründung ist ein vollständiger **Verlust der Greif-, Steh- und Gehfunktion** unabhängig von der Ursache zu bewerten. Dies kann zB auch bei Menschen im **Wachkoma** vorkommen oder durch hochgradige Kontrakturen, Versteifungen, hochgradigen Tremor und Rigor oder Athetose bedingt sein. Eine Gebrauchsunfähigkeit beider Arme und beider Beine liegt auch vor, wenn eine **minimale Restbeweglichkeit** der Arme noch vorhanden ist, zB die Person mit dem Ellenbogen noch den Joystick eines Rollstuhls bedienen kann, oder nur noch unkontrollierbare Greifreflexe bestehen.

IV. Die Besonderheiten der Einstufung von Kindern

337 Für die Feststellung der Pflegebedürftigkeit bei Kindern gelten grundsätzlich die Prinzipien der Erwachsenenbegutachtung. Jedoch sind pflegebedürftige Kinder zur Feststellung des Hilfebedarfs nach § 15 Abs. 6 SGB XI mit einem gesunden Kind gleichen Alters zu vergleichen. Maßgebend für die Beurteilung eines Hilfebedarfs ist nicht die altersbedingte Beeinträchtigung der Selbständigkeit oder der Fähigkeiten, sondern solche, die darüber hinausgehen. Im Übrigen gelten für die Feststellung und Ermittlung des Pflegerades bei Kindern grundsätzlich die Prinzipien des Begutachtungsinstruments. Jedoch findet für Kinder bis zur Vollendung des 11. Lebensjahres eine andere Punktesystematik Anwendung. Diese ist den Begutachtungs-Richtlinien zu entnehmen. Ab dem 12. Lebensjahr gilt die Punktsystematik für Erwachsene.

338 Bei Kindern bis zum vollendeten 18. Lebensmonat werden aufgrund ihrer noch natürlichen Unselbständigkeit nur die altersunabhängigen Module 3 „Verhaltensweisen und psychische Problemlagen" und Modul 5 „Bewältigung von und selbstständiger Umgang mit krankheits- oder therapiebedingten Anforderungen und Belastungen" zur Beurteilung herangezogen. Anstelle von Modul 4 „Selbstversorgung" ist die Frage zu beantworten, ob gravierende Probleme bei der Nahrungsaufnahme, die einen außergewöhnlichen pflegeintensiven Hilfebedarf im Bereich der Ernährung auslösen, bestehen.

---

126 SG Karlsruhe, Gerichtsbescheid v. 10.9.2019, S 11 P 1068/18.

Anlage 1 zu § 15 SGB XI
Modul 4: Einzelpunkte im Bereich der Selbstversorgung [Kriterium 4.K]

Bei Kindern im Alter bis 18 Monate werden die Kriterien der Ziffern 4.1 bis 4.13 durch das Kriterium 4.K ersetzt und wie folgt gewertet:

Ziffer	Kriterium	Einzelpunkte
4.K	Bestehen gravierender Probleme bei der Nahrungsaufnahme bei Kinder bis zu 18 Monaten, die einen außergewöhnlich pflegeintensiven Hilfebedarf auslösen	20

Kinder dieser Altersgruppe werden außerdem pauschal einen Pflegegrad höher eingestuft als Kinder nach dem 18. **Lebensmonat** und als Erwachsene:

1. ab 12,5 bis unter 27 Gesamtpunkten in den **Pflegegrad 2**,
2. ab 27 bis unter 47,5 Gesamtpunkten in den **Pflegegrad 3**,
3. ab 47,5 bis unter 70 Gesamtpunkten in den **Pflegegrad 4**,
4. ab 70 bis 100 Gesamtpunkten in den **Pflegegrad 5**.

Kinder dieser Altersgruppe können in diesem Pflegegrad ohne weitere Begutachtung bis zum vollendeten 18. Lebensmonat verbleiben, soweit zwischenzeitlich kein Höherstufungsantrag gestellt wird oder eine Wiederholungsbegutachtung aus fachlicher Sicht notwendig ist.

Nach dem 18. Lebensmonat erfolgt eine reguläre Einstufung entsprechend § 15 Abs. 3 SGB XI, ohne dass es einer erneuten Begutachtung bedarf. Eine erneute Begutachtung erfolgt daher nur, wenn relevante Änderungen zu erwarten sind (zB durch eine erfolgreiche Operation einer Lippen-Kiefer-Gaumenspalte oder eines angeborenen Herzfehlers).

V. Die Überprüfung der Entscheidung der Pflegekasse

Im gerichtlichen Verfahren sind diese Fragen an den Sachverständigen zu richten. Auf § 109 SGG wird hingewiesen. Zu beachten ist, dass der **Grundsatz der freien Beweiswürdigung** (vgl. § 128 Abs. 1 S. 1 SGG) auch beim Beweis durch Sachverständige Anwendung findet. Liegen Gutachten vor, die zu unterschiedlichen Ergebnissen gelangen, so unterliegt es der freien Überzeugung des Gerichts, welchem Gutachten es folgt.[127] Allerdings muss sich im Urteil eine Auseinandersetzung mit dem oder den Gutachten erfolgen, dem oder denen das Gericht nicht folgt.[128] Ein sogenanntes Obergutachten kennen die Prozessordnungen hingegen nicht.[129]

> **Praxishinweis zur Prüfung des MD-Gutachtens:**
> ▪ Zunächst sind die verfügbaren Daten zu vergleichen: Pflegetagebuch oder -dokumentation auf der einen Seite, gutachterliche Erhebung auf der anderen, getrennt nach den Modulen. Sind die Angaben schlüssig?

---

127 BSG Beschl. v. 23.5.2006 – B 13 RJ 272/05 B.
128 BSG Beschl. v. 28.6.1988 – 2 BU 194/87; BSG Beschl. v. 6.12.1989 – 2 BU 146/89.
129 BSG Beschl. v. 17.11.2003 – B 3 P 23/03 B.

- Daran schließt sich die Plausibilitätsprüfung an: Wurden alle Kriterien erfasst? Wurde richtig gerechnet?
- Wurde die Selbstständigkeit richtig beurteilt?
- Ist die erbrachte Hilfeleistung medizinisch und pflegerisch notwendig?
- Ist die erbrachte Hilfeleistung ausreichend?
- Wurden die Besonderheiten des Einzelfalls berücksichtigt?
- Wurde auf die angemessenen Wünsche des Versicherten zur Versorgung eingegangen (vgl. § 33 SGB I)?

Praxishinweis für die Beantragung eines weiteren Gutachtens:

In der Prozesssituation ist auf ein weiteres Gutachten zu drängen, wenn erkennbar wird, dass das Gericht dem „falschen" Gutachten zuneigt:

- Mängel in der Erhebung der Daten oder der Gedankenführung hervorheben.
- Widersprüche zwischen den Gutachten benennen.
- Zweifeln an der Sachkunde der Gutachter nachgehen.
- Die Sachlichkeit der Gutachter hinterfragen.
- Der entsprechende Beweisantrag muss spätestens in der letzten mündlichen Verhandlung gestellt werden; früher gestellte Anträge müssen an dieser Stelle wiederholt und protokolliert werden.
- Es reicht nicht aus, wenn nur die „Einholung eines weiteren Gutachtens" oder eine „neuerliche Begutachtung" beantragt wird. Vielmehr sind die ungeklärten Tatsachen, für deren Ermittlung es weiterer Sachkunde bedarf, konkret anzugeben.

§ 5 Die Leistungen

Das SGB XI ist – wie der weitaus größte Teil des gesamten deutschen Sozialrechts – von gebundenem Verwaltungshandeln geprägt. Nach § 38 SGB I besteht auf Sozialleistungen (§ 11 SGB I) ein **Anspruch**, soweit die Leistungsträger nicht ermächtigt sind, nach Ermessen über die Leistung zu entscheiden. Die Pflegekassen haben aber **kein Ermessen** hinsichtlich der Leistungsgewährung, so dass die im SGB XI in Betracht kommenden Sachleistungsansprüche gemäß § 40 Abs. 1 SGB I kraft Gesetzes entstehen. Mit anderen Worten: Sobald die im Gesetz genannten Voraussetzungen erfüllt sind, kann der Versicherte die Leistung beanspruchen, weil der Anspruch mit seinem Entstehen fällig ist (§ 41 SGB I) und nicht erst mit weiteren Verfahrensschritten.

346

Der oder die Sozialleistungsberechtigte hat bei Erfüllung der jeweiligen gesetzlichen Tatbestandsvoraussetzungen ein **subjektiv-öffentliches Leistungsrecht**, auch wenn nach der jeweiligen gesetzlichen Konzeption – jenseits des menschenwürdigen Existenzminimums[130] – nicht immer der vollständige Bedarf abgedeckt wird. Gerade die soziale Pflegeversicherung war von Beginn an nicht als sog. „Vollkaskoversicherung"[131] konzipiert, sondern als Ergänzung zur ehrenamtlichen Pflege, insbesondere durch An- und Zugehörige (§ 4 Abs. 2 SGB XI [→ Rn. 37]). Innerhalb der gesetzlich geregelten Budgets der einzelnen Leistungen besteht aber das subjektive Recht, vom Sozialleistungsträger (zivilrechtlich gesprochen) im Sinne des § 194 Abs. 1 BGB ein Tun zu verlangen.[132] Der Sicherstellungsauftrag (→ Rn. 49) für die Verfügbarkeit der Leistungen liegt bei den Pflegekassen. Kommt die Pflegekasse diesem Auftrag – etwa wegen des personellen Pflegenotstands[133] – nicht nach, eröffnet § 13 Abs. 3 SGB V in entsprechender Anwendung eine Art **sekundären Anspruch**, um die Leistungen beziehen zu können. Nach § 13 Abs. 3 S. 1 SGB V, der einen allgemeinen Rechtsgrundsatz enthält[134] und deshalb auch im Bereich der Pflegeversicherung zur Anwendung kommt, sind Kosten im Rahmen eines „verschuldensunabhängigen Schadensersatzanspruch"[135] zu übernehmen und schließt als *lex specialis* den sozialrechtlichen Herstellungsanspruch aus.[136]

347

| Praxishinweis:

348

| Die **Genehmigungsfiktion** des § 13 Abs. 3a SGB V findet dagegen keine entsprechende Anwendung; insoweit gelten die eigenständigen Regelungen, wie §§ 18c Abs. 5, 40 Abs. 7 S. 4 SGB XI.

Die Kosten, die dem Versicherten für die Selbstbeschaffung einer von den Pflegekassen nicht angebotenen gesetzlichen Leistung entstanden sind, sind von der Pflegekasse zu erstatten – etwa, weil die Pflegekasse mit dem Erbringer der Leistung keinen Versor-

349

---

130 Zu den verfassungsrechtlichen Vorgaben insoweit Felix in: Kahl/Ludwigs, Handbuch des Verwaltungsrechts, Band IV, 2022, § 107 Rn. 17 ff.
131 BSG Urt. v. 19.2.1998 – B 3 P 3/97 R = BSGE 82, 27 (Rn. 19).
132 Dazu bereits und immer noch erhellend: BVerwG Urt. v. 24.6.1954 – V C 78.54 = BVerwGE 1, 159: „Der Bürger ist nicht Objekt staatlicher Fürsorge, sondern subjektiv-rechtlicher Anspruchsinhaber."
133 Ausführlich zur Haftungsproblematik: Felix NZS 2023, 281.
134 So BSG Urt. v. 30.10.2001 – B 3 KR 2/01 R = NZS 2002, 484 zu einer Kostenfreistellung im SGB XI.
135 BSG Urt. v. 16.12.1993 – 4 RK 5/92 = BSGE 73, 271.
136 BSG Urt. v. 4.4.2006 – B 1 KR 5/05 R = BSGE 96, 161 (Rn. 19 ff.). Zu den Grenzen des Kostenerstattungsanspruchs bei selbst beschafften Leistungen BSG Urt. v. 24.9.1996 – 1 RK 33/95 = BSGE 79, 125 (Rn. 14).

gungsvertrag abgeschlossen hatte. Auf die **Höhe der Aufwendungen**, die der Pflegekasse auf dem üblichen Beschaffungsweg entstanden wären, kommt es bei der Erstattung nicht an, so dass der Versicherte sich Pflegeleistungen gleichsam auf dem freien Markt und zu höheren, aber angemessenen Preisen einkaufen kann.[137]

350 **Praxishinweis:**

Erstattet werden die Kosten in derartigen Fällen im Rahmen des höher dotierten Sachleistungsbudgets (§ 36 SGB XI) und nicht als Geldleistung (§ 37 SGB XI).

351 Besteht ein Pflegegrad 2 nicht bereits bei der Einweisung in das Krankenhaus, so ist bei einem bei Entlassung aus dem Krankenhaus bestehenden Bedarf an Pflegeleistungen die Frage zu klären, ob ein dauerhafter (mindestens sechs Monate bestehender) Pflegebedarf in Höhe des Pflegegrades 2 besteht. Dabei ist in der Praxis nicht problematisch, ob letztlich ein Pflegegrad 2 zuerkannt wird oder nicht. Besteht mindestens Pflegegrad 2, so können die ambulanten Leistungen, insbesondere die Pflegesachleistung nach § 36 SGB XI, oder die stationäre Kurzzeitpflege nach § 42 SGB XI erbracht werden, so dass eine pflegerische Versorgung im Rahmen der gesetzlichen Budgets erfolgen kann. Besteht hingegen lediglich ein Pflegebedarf des Pflegegrades 1, ist dieser noch geringer oder nicht dauerhaft, also voraussichtlich nicht für mindestens sechs Monate prognostiziert, so besteht ein Anspruch auf Grundpflege und hauswirtschaftlicher Versorgung in der eigenen Häuslichkeit oder anderen geeigneten Orten – wenn die weiteren Voraussetzungen vorliegen – gegenüber der Krankenkasse des Versicherten aus § 37 Abs. 1a SGB V. Reichen die ambulanten Leistungen nach § 37 Abs. 1a SGB V nicht aus, erbringt die Krankenkasse für eine **Übergangszeit** nach § 39c S. 1 SGB V die stationäre Kurzzeitpflege.

352 Ein praktisches Problem besteht lediglich dann, wenn die Begutachtung zur Zuerkennung eines Pflegegrades noch aussteht, da dann nicht klar ist, welche Leistung – SGB XI oder SGB V – abgerechnet werden. Die Leistungen der Kranken- oder der Pflegekassen haben **unterschiedliche Voraussetzungen** und – insbesondere für die Leistungserbringer – regelmäßig höchst unterschiedliche Dokumentations- und Abrechnungsmodalitäten.

I. Leistungsarten der sozialen Pflegeversicherung

353 Einen Überblick über die **20 verschiedenen Leistungen** der sozialen Pflegeversicherung gewähren § 28 Abs. 1 Nr. 1–14, Abs. 1a SGB XI (um auf 20 Leistungsarten zu kommen, die fünf Ziffern mit „a" hinzuzählen) in der Fassung vom 1.1.2024 [in Klammern die Fassung ab dem **1.7.2025**].

1. Pflegesachleistung (§ 36 SGB XI),
2. Pflegegeld für selbst beschaffte Pflegehilfen (§ 37 SGB XI),
3. Kombination von Geldleistung und Sachleistung (§ 38 SGB XI),
3a. zusätzliche Leistungen für Pflegebedürftige in ambulant betreuten Wohngruppen (§ 38a SGB XI),

---

[137] Die selbstbeschaffte Versorgung darf weder übersteuert noch luxuriös sein, vgl. LSG Sachsen Urt. v. 4.10.2011 – L 5 R 132/11 zur Hörgeräteanpassung.

4. häusliche Pflege bei Verhinderung der Pflegeperson (§ 39 SGB XI) [ab 1.7.2025: Verhinderungspflege (§ 39 SGB XI in Verbindung mit § 42a SGB XI)],
5. Pflegehilfsmittel und wohnumfeldverbessernde Maßnahmen (§ 40 SGB XI),
5a. ergänzende Unterstützung bei Nutzung von digitalen Pflegeanwendungen (§ 39a SGB XI in Verbindung mit § 40b SGB XI) und digitale Pflegeanwendungen (§ 40a SGB XI in Verbindung mit § 40b SGB XI),
6. Tagespflege und Nachtpflege (§ 41 SGB XI),
7. Kurzzeitpflege
 (§ 42 SGB XI [ab 1.7.2025: § 42 SGB XI in Verbindung mit § 42a SGB XI]),
7a. Versorgung Pflegebedürftiger bei Inanspruchnahme von Vorsorge- oder Rehabilitationsleistungen durch die Pflegeperson
 (§ 42a SGB XI [ab 1.7.2025: § 42b SGB XI]),
8. vollstationäre Pflege (§ 43 SGB XI),
9. Pauschalleistung für die Pflege von Menschen mit Behinderungen (§ 43a SGB XI),
9a. Zusätzliche Betreuung und Aktivierung in stationären Pflegeeinrichtungen (§ 43b SGB XI),
10. Leistungen zur sozialen Sicherung der Pflegepersonen (§ 44 SGB XI),
11. zusätzliche Leistungen bei Pflegezeit und kurzzeitiger Arbeitsverhinderung (§ 44a SGB XI),
12. Pflegekurse für Angehörige und ehrenamtliche Pflegepersonen (§ 45 SGB XI),
12a. Umwandlung des ambulanten Sachleistungsbetrags (§ 45a SGB XI),
13. Entlastungsbetrag (§ 45b SGB XI),
14. Leistungen des Persönlichen Budgets nach § 35a SGB XI.

Zusätzlich gewährt § 28 Abs. 1a SGB XI einen Anspruch auf Pflegeberatung (§ 7a und 7b SGB XI). 354

Die Leistungen werden in den §§ 36–45f SGB XI geregelt und sind in drei Gruppen einzuteilen: 355

- Sachleistungen (§§ 36, 38, 38a, 40–43 SGB XI),
- Geldleistungen (§§ 37, 39, 43a, 45a–45f SGB XI),
- Dienstleistungen (§ 45 SGB XI).

Als eine Geldleistung eigener Art sind die Leistungen zur sozialen Sicherung der Pflegeperson (§ 44 SGB XI), also die Gewährung eines Unfallversicherungsschutzes, sowie – wenn bestimmte Voraussetzungen erfüllt sind – Zahlungen auf das Rentenkonto der Pflegeperson bei der Deutschen Rentenversicherung Bund anzusehen. Nicht in dieses System der Gewährung von Sozialleistungen passen die zusätzlichen Leistungen der Pflegezeit (§ 44a SGB XI iVm PflegeZG), da der Anspruch auf Freistellung von der Beschäftigung zur Pflege der Angehörigen gegenüber dem Arbeitgeber besteht. 356

Pflegebedürftig sind nach der Begriffsbestimmung des § 7 Abs. 4 PflegeZG im Sinne des PflegeZG auch diejenigen, die „voraussichtlich" die Voraussetzungen nach den §§ 14, 15 SGB XI erfüllen. Insoweit soll es eben nicht auf die Entscheidung der Pflegekasse über den Pflegebedarf ankommen, wenn die Erfüllung der Voraussetzungen dargelegt wird. Dies dient der Beschleunigung, damit die Leistung in Anspruch genommen werden kann. Damit vermag aber die Organisation oder Sicherstellung krankheitsspezifischer 357

Pflegemaßnahme der sogenannten Behandlungspflege nach § 37 Abs. 2 S. 1 SGB V, den Anspruch aus § 44a Abs. 3 SGB XI iVm § 2 Abs. 3 PflegeZG nicht zu begründen. Gleiches gilt für die Berücksichtigung eines Hilfebedarfs in Form der Anwesenheit und Aufsicht einer Pflegeperson zur Vermeidung einer möglichen Selbst- oder Fremdgefährdung des Pflegebedürftigen.[138]

358 Die aufgeführten Ansprüche stehen entweder
- dem Pflegebedürftigen (§§ 36–43a, 45a, 45b SGB XI),
- der Pflegeperson (§§ 44, 44a, 45 SGB XI) oder
- dem Leistungserbringer (§§ 45c-45f SGB XI) zu.

359 Die Leistungen stehen unter einem strengen Wirksamkeits- und Wirtschaftlichkeitsgebot. Leistungen, die diese Voraussetzungen nicht erfüllen, bedürfen gemäß § 29 S. 2 SGB XI (→ Rn. 43) nicht begehrt und bewilligt werden. Nur das unbedingt Nötige, das gerade eben Ausreichende soll geleistet werden. Zu differenzieren ist zwischen häuslicher oder ambulanter Pflege einerseits und teilstationärer bzw. vollstationärer Pflege sowie Pflege in Einrichtungen der Eingliederungshilfe für Menschen mit Behinderungen bzw. der zusätzlichen Betreuung und Aktivierung in stationären Einrichtungen andererseits. Im Einzelfall richten sich Art und Umfang des konkreten Leistungsanspruchs danach, ob häusliche, teilstationäre oder vollstationäre Pflege in Anspruch genommen wird (§ 4 Abs. 1 S. 2 SGB XI).

II. Leistungen bei Pflegegrad 1

360 Der Anspruch auf Leistungen der Pflegeversicherung besteht für Pflegebedürftige der **Pflegegrade 2 bis 5**. Zum Zweck der Erhaltung und Wiederherstellung der Selbständigkeit haben Pflegebedürftige bei einer geringen Beeinträchtigung der Selbständigkeit oder der Fähigkeiten (Pflegegrad 1) mit mindestens 12,5 gewichteten Punkten (→ Rn. 331) einen erheblich kleineren Anspruchsumfang auf Leistungen der Pflegeversicherung. Da die Beeinträchtigungen von Pflegebedürftigen des Pflegegrades 1 gering sind und vorrangig im somatischen Bereich liegen, handelt es sich neben den beratenden und edukativen Unterstützungsangeboten auch um Leistungen bei der Selbstversorgung und bei der Haushaltsführung. Damit stehen für Pflegebedürftige des Pflegegrades 1 Leistungen im Vordergrund, die den Verbleib in der häuslichen Umgebung sicherstellen.

361 § 28a SGB XI enthält eine Übersicht über die Leistungen der Pflegeversicherung für Pflegebedürftige des Pflegegrades 1, ohne selbst eine anspruchsbegründende Bestimmung zu sein. Die konkreten Leistungsvoraussetzungen ergeben sich aus den §§ 14 bis 18 SGB XI sowie §§ 7a und b, 37 Abs. 3, 38a, 40, 43 Abs. 3, 43b, 44a und 45 sowie 45b SGB XI. Folgende Leistungen werden in der Fassung ab **1.1.2024** gewährt [in Klammern eine Änderung, die zum 1.7.2025 in Kraft tritt]:

1. Pflegeberatung gemäß den §§ 7a und 7b SGB XI,
2. Beratung in der eigenen Häuslichkeit gemäß § 37 Abs. 3 SGB XI,
3. zusätzliche Leistungen für Pflegebedürftige in ambulant betreuten Wohngruppen gemäß § 38a SGB XI, ohne dass § 38a Abs. 1 S. 1 Nr. 2 SGB XI erfüllt sein muss,

---

138 LSG Hessen Urt. v. 13.6.2019 – L 8 P 52/18.

4. Versorgung mit Pflegehilfsmitteln gemäß § 40 SGB XI,
5. finanzielle Zuschüsse für Maßnahmen zur Verbesserung des individuellen oder gemeinsamen Wohnumfelds gemäß § 40 SGB XI,
6. Leistungen zur ergänzenden Unterstützung bei der Nutzung von digitalen Pflegeanwendungen sowie zur Versorgung mit digitalen Pflegeanwendungen gemäß den §§ 39a, 40a und 40b SGB XI,
7. Versorgung Pflegebedürftiger bei Inanspruchnahme von Vorsorge- oder Rehabilitationsleistungen durch die Pflegeperson gemäß § 42a SGB XI [ab 1.7.2025: § 42b SGB XI],
8. einen monatlichen Zuschuss bei vollstationärer Pflege gemäß § 43 Abs. 3 SGB XI,
9. zusätzliche Betreuung und Aktivierung in stationären Pflegeeinrichtungen gemäß § 43b SGB XI,
10. zusätzliche Leistungen bei Pflegezeit und kurzzeitiger Arbeitsverhinderung gemäß § 44a SGB XI,
11. Pflegekurse für Angehörige und ehrenamtliche Pflegepersonen gemäß § 45 SGB XI,
12. den Entlastungsbetrag gemäß § 45b SGB XI,
13. die Anschubfinanzierung zur Gründung von ambulant betreuten Wohngruppen gemäß § 45e SGB XI nach Maßgabe von § 28 Abs. 1b SGB XI.

III. Leistungen bei ambulanter (häuslicher) Pflege – Sachleistung (§ 36 SGB XI)

Innerhalb der Leistungen bei **häuslicher Pflege** (§§ 36–40 SGB XI) gilt Folgendes: 362

- Die Leistungen für ambulante Pflege – mit Ausnahme der Leistungen nach §§ 38a, 40 SGB XI – erhalten Pflegebedürftige nur, wenn sie in die Pflegegrade 2 bis 5 eingestuft wurden.
- Die Sachleistungen nach § 36 SGB XI und die Geldleistung nach § 37 SGB XI können als Kombinationsleistungen nach § 38 SGB XI miteinander kombiniert werden.
- Die Verhinderungspflege nach § 39 SGB XI kann zusätzlich zu den Leistung nach den §§ 36 und 37 SGB XI gewählt werden, wenn eine ehrenamtliche Pflegeperson verhindert ist. Zusätzlich kommen der Wohngruppenzuschlag nach § 38a SGB XI sowie der Entlastungsbetrag nach § 45b SGB XI als weitere Leistung In Betracht.
- Pflegehilfsmittel und wohnumfeldverbessernde Maßnahmen nach § 40 SGB XI können ebenfalls grundsätzlich neben den ambulanten Leistungen abgerufen werden.

Pflegebedürftige des Pflegegrades 2 bis 5 haben nach § 36 Abs. 1 S. 1 SGB XI bei häuslicher Pflege Anspruch auf körperbezogene Pflegemaßnahmen und pflegerische Betreuungsmaßnahmen sowie auf Hilfen bei der Haushaltsführung als Sachleistung (**häusliche Pflegehilfe**). Häusliche Pflegehilfe ist auch zulässig, wenn Pflegebedürftige nicht in ihrem eigenen Haushalt – sondern etwa im Haushalt anderer Familienangehöriger – gepflegt werden (§ 36 Abs. 4 S. 1 SGB XI). 363

1. Leistungsort

Eine Haushaltsführung besteht auch, wenn der Pflegebedürftige in einer Altenwohnung, einem Servicewohnung, in einem Altenwohnheim oder einer Wohngemeinschaft lebt. Hierbei ist es unerheblich, ob der Pflegebedürftige die Haushaltsführung eigenverantwortlich regeln kann oder nicht und so auf die Unterstützung Dritter angewiesen ist. 364

365 Der Anspruch auf häusliche Pflege ist jedoch **ausgeschlossen**, wenn es sich bei der Einrichtung, in der sich der Pflegebedürftige aufhält, um ein Pflegeheim nach § 71 Abs. 2 iVm § 72 SGB XI handelt. In diesem Fall besteht für Pflegebedürftige ein Anspruch auf Leistungen nach § 43 SGB XI. Darüber hinaus besteht in den nach § 71 Abs. 4 SGB XI genannten Einrichtungen und Räumlichkeiten kein Anspruch auf häusliche Pflege, wenn Pflegebedürftige dort gepflegt werden. Dazu gehören insbesondere Krankenhäuser, Vorsorge- und Rehabilitationseinrichtungen, Kindergärten, Schulen und Internate, Werkstätten und Wohnheime für behinderte Menschen. In diesen Einrichtungen und Räumlichkeiten werden zwar im Einzelfall auch Unterstützungsleistungen in den in § 14 Abs. 2 SGB XI genannten Bereichen zur Verfügung gestellt; sie dienen jedoch von ihrer Grundausrichtung her einem anderen Zweck als der Pflege.

2. Pflegekräfte

366 Die Pflegebedürftigen erhalten – so führt § 36 Abs. 4 S. 2 SGB XI aus – die Leistungen der häuslichen Pflegehilfe als Sachleistung durch geeignete Pflegekräfte. Diese Pflegekräfte müssen mittelbar oder unmittelbar in einem Vertragsverhältnis zur Pflegekasse stehen,

- die also bei der Pflegekasse angestellt sind (§ 77 Abs. 2 SGB XI),
- die bei einer durch Versorgungsvertrag nach den §§ 71 Abs. 1, 72 SGB XI ambulanten Pflegeeinrichtung angestellt sind, oder
- mit denen die Pflegekasse einen Vertrag nach § 77 Abs. 1 SGB XI abgeschlossen hat.

367 **Praxishinweis:**

Anders als in der stationären Versorgung können in der ambulanten Pflege keine **Leiharbeitskräfte** eingesetzt und deren Einsätze abgerechnet werden.

368 Für die pflegerischen Betreuungsmaßnahmen und Hilfen bei der Haushaltsführung können im Rahmen der Sachleistungen auch **Betreuungsdienste** nach § 71 Abs. 1a SGB XI tätig werden.

3. „Poolen" der Leistungen

369 Mehrere Pflegebedürftige, die entweder in einer Wohngemeinschaft leben oder in sonstiger räumlicher Nähe (Nachbarn in einem Gebäude oder einer Straße), können Leistungen der häuslichen Pflegehilfe gemeinsam abrufen (§ 36 Abs. 4 S. 4 SGB XI) und dadurch entstehende Vorteile (Zeit- oder Kosteneinsparungen, vgl. § 89 Abs. 3 S. 2 SGB XI) für sich nutzen. Sinnvoll erscheint dies vor allem bei den pflegerischen Betreuungsmaßnahmen und Hilfen bei der Haushaltsführung, so zB bei der gemeinsamen Zubereitung von Mahlzeiten, beim Einkaufen für mehrere Pflegebedürftige oder bei der Durchführung eines gemeinsamen Tagesausfluges.[139] Dabei ist der einzelne Pflegebedürftige frei in seiner Entscheidung, ob er sich an einem solchen „Pool" beteiligt.

370 Der Anspruch auf pflegerische Betreuungsmaßnahmen als Sachleistung ist nachrangig gegenüber entsprechenden Betreuungsleistungen anderer Leistungsträger, unabhängig davon, ob es sich insoweit um Rechtsanspruchs- oder Ermessensleistungen handelt.

---

[139] GKV-Spitzenverband, Gemeinsames Rundschreiben zu den leistungsrechtlichen Vorschriften des SGB XI vom 20.12.2022, S. 127 f.

infrage kommen insbesondere Leistungen der Eingliederungshilfe für behinderte Menschen (§§ 90 ff. SGB IX).

4. Leistungsinhalt

Bei den Leistungen der häuslichen Pflegehilfe handelt es sich nach § 36 Abs. 2 S. 1 SGB XI um Hilfeleistungen zur Beseitigung oder Minderung der Beeinträchtigungen der Selbständigkeit oder der Fähigkeiten des Pflegebedürftigen bei den in § 14 Abs. 2 SGB XI aufgeführten Bereichen oder zur Vermeidung der Verschlechterung der Pflegebedürftigkeit. Bestandteil der häuslichen Pflege ist – so § 36 Abs. 2 S. 2 SGB XI – auch die pflegefachliche Anleitung einschließlich vorhergehender Problem- und Bedarfseinschätzung von Pflegebedürftigen und Pflegepersonen. Pflegerische Betreuungsmaßnahmen umfassen nach § 36 Abs. 2 S. 3 SGB XI schließlich Unterstützungsleistungen zur Bewältigung und Gestaltung des alltäglichen Lebens im häuslichen Umfeld, insbesondere

1. bei der Bewältigung psychosozialer Problemlagen oder von Gefährdungen (Selbst- oder Fremdgefährdung),
2. bei der Orientierung, der Tagesstrukturierung, der Kommunikation, der Aufrechterhaltung sozialer Kontakte und der bedürfnisgerechten Beschäftigungen im Alltag sowie
3. durch Maßnahmen zur kognitiven Aktivierung.

Die Maßnahmen beziehen sich jedoch insbesondere nicht auf die Unterstützung des Besuchs von Kindergarten oder Schule, der Berufstätigkeit oder sonstiger Teilhabe am Arbeitsleben, der Ausübung von Ämtern oder der Mitarbeit in Institutionen oder in vergleichbaren Bereichen. Auch Leistungen, die in den Verantwortungsbereich eines anderen Sozialleistungsträgers fallen, gehören nicht zur pflegerischen Betreuung.

Hilfe bei der Haushaltsführung bezieht sich auf den Bereich der Haushaltsführung nach § 18a Abs. 3 S. 4 Nr. 2 SGB XI (→ Rn. 318) und umfasst die Unterstützung in den dort erfassten Aktivitäten. Der Pflegebedürftige soll nicht nur passiv versorgt werden, sondern aktiv bei der Haushaltsführung unterstützt werden. Dabei ist aber eine vollständige Übernahme von Aktivitäten im Rahmen der Haushaltsführung nicht ausgeschlossen.[140]

5. Leistungsbudget

Die Leistungshöhe für Leistungen der häuslichen Pflegehilfe wird in § 36 Abs. 3 SGB XI geregelt. Zum **1.1.2024** wurden die Teilleistungsbudgets um 5 % erhöht und betragen im Kalendermonat

- im Pflegegrad 2 bis zu **761,00 EUR** (vorher: 724,00 EUR),
- im Pflegegrad 3 bis zu **1.432,00 EUR** (vorher: 1.363,00 EUR),
- im Pflegegrad 4 bis zu **1.778,00 EUR** (vorher: 1.693,00 EUR) und
- im Pflegegrad 5 bis zu **2.200,00 EUR** (vorher: 2.095,00 EUR).

---

[140] GKV-Spitzenverband, Gemeinsames Rundschreiben zu den leistungsrechtlichen Vorschriften des SGB XI vom 20.12.2022, S. 129.

375 **Praxishinweis:**

Die vorgenannten Beträge werden **dynamisiert** und steigen zum **1.1.2025** um **4,5 %** und zum **1.1.2028** in Höhe des kumulierten Anstiegs der Kerninflationsrate in den letzten drei Kalenderjahren, für die zum Zeitpunkt der Erhöhung die entsprechenden Daten vorliegen, nicht jedoch stärker als der Anstieg der Bruttolohn- und Gehaltssumme je abhängig beschäftigten Arbeitnehmer im selben Zeitraum; § 30 Abs. 1 SGB XI. Die neuen Beträge werden vom Bundesministerium für Gesundheit nach § 30 Abs. 2 SGB XI jeweils im Bundesanzeiger bekannt gemacht.

376 Zum **1.1.2025** werden die Teilleistungsbudgets nochmals um 4,5 % erhöht und betragen im Kalendermonat[141]

- im Pflegegrad 2 bis zu **796,00 EUR** (ab 1.1.2024: 761,00 EUR),
- im Pflegegrad 3 bis zu **1.497,00 EUR** (ab 1.1.2024: 1.432,00 EUR),
- im Pflegegrad 4 bis zu **1.859,00 EUR** (ab 1.1.2024: 1.778,00 EUR) und
- im Pflegegrad 5 bis zu **2.299,00 EUR** (ab 1.1.2024: 2.200,00 EUR).

377 Die Aufteilung der Beträge kann der Versicherte flexibel vornehmen. Soweit ein höherer Pflegebedarf besteht, der vom Pflegebedürftigen nicht finanziert werden kann, sind die Aufwendungen hierfür vom Träger der Sozialhilfe unter den Voraussetzungen des §§ 61 ff. SGB XII ergänzend zu übernehmen. Im Übrigen müssen die Pflegebedürftigen ihre Versorgung durch familiäre, nachbarschaftliche oder sonstige ehrenamtliche Pflege und Betreuung ergänzen (§ 4 Abs. 2 SGB XI [→ Rn. 37 ff.]). Notwendige Fahrkosten bei der Leistungserbringung sind Bestandteil der Vergütungsvereinbarungen, werden also nicht separat vergütet.

378 **Praxishinweis:**

Leistungskombination Pflege- und Betreuungsdienst

Wählt der Pflegebedürftige für die Erbringung der Pflegesachleistung sowohl einen Pflegedienst als auch einen Betreuungsdienst, besteht hinsichtlich der Abrechnung der Leistungen **Gleichrangigkeit** zwischen beiden Leistungserbringern. Um die Transparenz für den Pflegebedürftigen und seiner Angehörigen zu stärken, ist der Pflegebedürftige bei der Vereinbarung eines Pflegevertrages für häusliche Pflege sowie bei Änderungen des Pflegevertrages von jedem der beiden Leistungserbringer nach § 120 Abs. 3 S. 3 SGB XI zu fragen, ob und in welchem Umfang er weitere Leistungserbringer bzw. im Rahmen des Umwandlungsanspruchs nach § 45a Abs. 4 SGB XI weitere Angebote zur Unterstützung im Alltag zusätzlich nutzt bzw. nutzen will.

379 Besteht der Anspruch auf die häusliche Pflegehilfe nicht für einen vollen Kalendermonat, wird die Leistung nach § 36 Abs. 3 SGB XI (abweichend zum Pflegegeld, vgl. § 37 Abs. 2 SGB XI [→ Rn. 388]) nicht entsprechend gekürzt.

---

[141] Wir gehen davon aus, dass die Erhöhung der Budgets nicht nur kaufmännisch gerundet, sondern stets auf volle Euro-Beträge vorgenommen wird, wie das Beispiel des Gesetzgebers zum gemeinsamen Jahresbeitrag des § 42a SGB XI zeigt.

IV. Pflegegeld für selbst beschaffte Pflegehilfen (§ 37 SGB XI)

Kann der Pflegebedürftige, der einem der Pflegegrade 2 bis 5 zugeordnet ist, die erforderlichen körperbezogenen Pflegemaßnahmen, pflegerischen Betreuungsmaßnahmen sowie Hilfen bei der Haushaltsführung **in geeigneter Weise selbst** oder durch Dritte sicherstellen, dann wird nach § 37 Abs. 1 SGB XI ein Pflegegeld gezahlt. Die häusliche Umgebung kann der eigene Haushalt, der Haushalt der Pflegeperson oder ein Haushalt sein, in den der Pflegebedürftige aufgenommen wurde. Unbeachtlich ist, ob die Pflege durch Angehörige, dem Lebenspartner, sonstige ehrenamtliche Pflegepersonen, erwerbsmäßige Pflegekräfte oder eine vom Pflegebedürftigen angestellte Pflegeperson erbracht wird.

380

1. Eigene Sicherstellung der Pflege

Voraussetzung ist aber, dass mit dem Pflegegeld, dessen Umfang entsprechend, die Pflege **sichergestellt** werden kann. Ist dies – etwa nach einer Feststellung des MD nach § 18b Abs. 1 S. 2 SGB XI (→ Rn. 35) – nicht der Fall, kann das **Pflegegeld** nicht gezahlt werden. Ggf. obliegt der Pflegekasse (zB nach § 4 Abs. 3 SGB XI) die Verpflichtung darauf hinzuwirken, dass der Pflegebedürftige eine wirksame und wirtschaftliche Pflegeleistung erhält. Eine Verpflichtung, das Pflegegeld an die Pflegeperson weiterzugeben, besteht nicht; mit dem Pflegegeld soll der Pflegebedürftige in die Lage versetzt werden, Angehörigen, dem Lebenspartner und sonstigen Pflegepersonen eine „materielle Anerkennung" zuzuwenden.[142] Mit der Formulierung „dessen Umfang entsprechend" wird lediglich eine Anknüpfung an die von dem jeweiligen Pflegegrad abhängige unterschiedliche Höhe des monatlichen Pflegegeldes verstanden.[143] Die Wendung bedeutet aber nicht, der Pflegebedürftige sei nur verpflichtet, sich Pflegemaßnahmen in einem Umfang zu beschaffen, die mit dem gezahlten Pflegegeld üblicherweise zu erlangen seien. Dabei ist aber freie und **selbstbestimmte** Entscheidung des Pflegebedürftigen („in geeigneter Weise") zu berücksichtigen.

381

> **Praxishinweis:**
>
> Der Wortlaut des § 37 SGB XI verlangt keine kausale Verknüpfung zwischen der Leistung des Pflegegeldes und der Sicherstellung der Pflege. Pflegegeldbezieher müssen demnach zwar die Sicherstellung der erforderlichen Pflege nachweisen, nicht jedoch die zweckentsprechende Verwendung der Leistungen der Solidargemeinschaft.[144]

382

Der Anspruch auf das Pflegegeld ist grundsätzlich ausgeschlossen, wenn es sich bei der Einrichtung, in der sich der Pflegebedürftige aufhält, um ein Pflegeheim nach § 71 Abs. 2 iVm § 72 SGB XI handelt. In diesem Fall besteht für Pflegebedürftige der Pflegegrade 2 bis 5 ein Anspruch auf Leistungen nach § 43 SGB XI. Bei einem Aufenthalt in einer nicht zugelassenen vollstationären Pflegeeinrichtung besteht bei selbst sichergestellter Pflege ein Anspruch auf Pflegegeld. Ist ein pflegebedürftiger Schüler von Montag bis Freitag in einer Einrichtung (nicht Einrichtungen und Räumlichkeiten iSd § 71 Abs. 4 SGB XI, zB Krankenhäuser, Rehabilitationseinrichtungen, Werkstätten und

383

---

142 BT-Drs. 12/5262, 112.
143 BSG Urt. v. 17.12.2009 – B 3 P 5/08 R = NZS 2010, 634, mit Hinweisen auf die Pflicht des Pflegebedürftigen, den über das gezahlte Pflegegeld hinausgehenden Bedarf ggf. aus eigenen Mitteln zu decken.
144 BSG Urt. v. 25.10.1994 – 3/1 RK 51/93 = NZS 1995, 173.

Wohnheime für behinderte Menschen, Kindergärten) internatsmäßig untergebracht, besteht ein Anspruch auf Pflegegeld. Für diese Zeit kann unterstellt werden, dass der Schwerpunkt der häuslichen Pflege erhalten bleibt. Demgegenüber ist von einer dauerhaften Internatsunterbringung auszugehen, wenn der Pflegebedürftige nicht regelmäßig jedes Wochenende in den Haushalt der Familie zurückkehrt, da in diesen Fällen der Lebensmittelpunkt innerhalb des Internates anzunehmen ist. Dennoch kann ein anteiliges Pflegegeld für die Zeiträume gezahlt werden, in denen sich der Pflegebedürftige im Haushalt der Familie aufhält. Dies gilt insbesondere auch für die Ferienzeiten, in denen der Pflegebedürftige im häuslichen Bereich gepflegt wird.

384 **Praxishinweis:**

Eine fehlende Sicherstellung der Pflege wird nur dann anzunehmen sein, wenn es hieran ganz eindeutig mangelt und es evident ist, dass die notwendige Pflege nicht sichergestellt ist, etwa wenn eine Pflegeperson zwar benannt wird, aber mit der Pflege offenkundig völlig überfordert ist.[145]

2. Leistungsbudget

385 Die Leistungshöhe für das Pflegegeld wird in § 37 Abs. 1 S. 3 SGB XI geregelt. Zum **1.1.2024** wurden die Beträge um 5 % erhöht und betragen im Kalendermonat

- im Pflegegrad 2 bis zu **332,00 EUR** (vorher: 316,00 EUR),
- im Pflegegrad 3 bis zu **573,00 EUR** (vorher: 545,00 EUR),
- im Pflegegrad 4 bis zu **765,00 EUR** (vorher: 728,00 EUR) und
- im Pflegegrad 5 bis zu **947,00 EUR** (vorher: 901,00 EUR).

386 Das Pflegegeld monatlich im Voraus gezahlt.[146]

387 **Praxishinweis:**

Die vorgenannten Beträge werden **dynamisiert** und steigen zum **1.1.2025** um **4,5 %** und zum **1.1.2028** in Höhe des kumulierten Anstiegs der Kerninflationsrate in den letzten drei Kalenderjahren, für die zum Zeitpunkt der Erhöhung die entsprechenden Daten vorliegen, nicht jedoch stärker als der Anstieg der Bruttolohn- und Gehaltssumme je abhängig beschäftigten Arbeitnehmer im selben Zeitraum; § 30 Abs. 1 SGB XI. Die neuen Beträge werden vom Bundesministerium für Gesundheit nach § 30 Abs. 2 SGB XI jeweils im Bundesanzeiger bekannt gemacht.

388 Zum **1.1.2025** werden die Teilleistungsbudgets nochmals um 4,5 % erhöht und betragen im Kalendermonat[147]

- im Pflegegrad 2 bis zu **347,00 EUR** (ab 1.1.2024: 332,00 EUR),
- im Pflegegrad 3 bis zu **599,00 EUR** (ab 1.1.2024: 573,00 EUR),
- im Pflegegrad 4 bis zu **800,00 EUR** (ab 1.1.2024: 765,00 EUR) und
- im Pflegegrad 5 bis zu **990,00 EUR** (ab 1.1.2024: 947,00 EUR).

---

145 LSG Berlin-Brandenburg Urt. v. 8.3.2012 – L 27 P 28/11 = NZS 2012, 672.
146 BSG Urt. v. 25.10.1994 – 3/1 RK 51/93 = NZS 1995, 173.
147 Wir gehen davon aus, dass die Erhöhung der Budgets nicht nur kaufmännisch gerundet, sondern stets auf volle Euro-Beträge vorgenommen wird, wie das Beispiel des Gesetzgebers zum gemeinsamen Jahresbeitrag des § 42a SGB XI zeigt.

IV. Pflegegeld für selbst beschaffte Pflegehilfen (§ 37 SGB XI)

Besteht der Anspruch auf Pflegegeld nicht für den vollen Kalendermonat, etwa weil erst im Laufe eines Monats die Pflegebedürftigkeit eingetreten oder eine Anspruchsvoraussetzung weggefallen ist, wird das Pflegegeld grundsätzlich anteilig nach Tagen **gekürzt**. Dabei ist für die Berechnung nach § 37 Abs. 2 S. 1 SGB XI geregelt, dass der Kalendermonat immer, also auch im Februar und in Monaten mit 31 Tagen, mit **30 Tagen** anzusetzen ist.

Praxishinweis:

Hinzuweisen ist für die Kürzung des Pflegegeldes auf die erweiternde Auslegung zum § 33 Abs. 1 S. 3 SGB XI durch den GKV-Spitzenverband,[148] so dass bei Antragstellung innerhalb der Monatsfrist das Pflegegeld bereits ab dem **1. des Monats der Antragstellung** gewährt wird, wenn die Pflegebedürftigkeit vor dem Antragsmonat eingetreten ist (→ Rn. 118).

3. Fortzahlung des hälftigen Pflegegeldes

In Fällen der Kurzzeitpflege nach § 42 SGB XI (→ Rn. 499) und der Verhinderungspflege nach § 39 SGB XI (→ Rn. 434) wird die **Hälfte** des bisher bezogenen anteiligen Pflegegeldes für bis zu acht bzw. für bis zu sechs Wochen je Kalenderjahr weitergezahlt (§ 38 S. 4 SGB XI). Die Weiterzahlung setzt voraus, dass **vor** der Leistungsgewährung der Kurzzeitpflege nach § 42 SGB XI oder der Verhinderungspflege nach § 39 SGB XI ein Anspruch auf Zahlung von Pflegegeld bestand.

389

Beispiel:[149]

390

A hat Pflegegrad 2 und befindet sich vom 1.3. bis 15.3. in vollstationärer Krankenhausbehandlung.

Inanspruchnahme der Kombinationsleistung nach § 38 SGB XI vom 15.3. bis 21.3.. Es wird eine Pflegesachleistung in Höhe von 230,00 EUR in Anspruch genommen. Ab dem 22.3. bis 31.3. hält sich A in einer Einrichtung der Kurzzeitpflege auf.

Sachleistungsanteil (230,00 EUR von 724,00 EUR) = 31,77 %

Geldleistungsanteil = 68,23 %

Ergebnis: Es besteht ein Anspruch auf Zahlung eines anteiligen ungekürzten Pflegegeldes vom 1.3. bis 22.3. und 31.3. für insgesamt 23 Tage in Höhe von 165,30 EUR (68,23 % von 316,00 EUR = 215,61 EUR x 23 : 30). Während des Aufenthaltes in der Einrichtung der Kurzzeitpflege wird ein hälftiges Pflegegeld für insgesamt 8 Tage in Höhe von insgesamt 28,75 EUR (50 % von 316,00 EUR = 158,00 EUR x 68,23 % = 107,80 EUR x 8 : 30) gezahlt.

4. Fortgewährung bei Tod des Versicherten

Das Pflegegeld wird nach § 37 Abs. 2 S. 3 SGB XI bis zum Ende des Kalendermonats geleistet, in dem der Pflegebedürftige gestorben ist. Bei einer über den Sterbemonat hinausgehenden Zahlungen kann die **Rückforderung** gefordert werden; § 37 Abs. 2 S. 4 SGB XI.[150]

391

---

148 GKV-Spitzenverband, Gemeinsames Rundschreiben zu den leistungsrechtlichen Vorschriften des SGB XI vom 20.12.2022, S. 106.
149 GKV-Spitzenverband, Gemeinsames Rundschreiben zu den leistungsrechtlichen Vorschriften des SGB XI vom 20.12.2022, S. 178.
150 BT-Drs. 16/7439, 55.

392 **Beispiel:**[151]

A hat Pflegegrad 2 und stirbt am 18.7.

Sachleistung Juli = 320,00 EUR

Berechnung Anteil der Geldleistung für den Monat Juli

Sachleistungsanteil (320,00 EUR von 724,00 EUR) = 44,20 %

Geldleistungsanteil = 55,80 %

Ergebnis: Für den Sterbemonat ist die anteilige Geldleistung in Höhe von 176,33 EUR (55,80 % von 316,00 EUR) zu zahlen.

393 **Praxishinweis:**

Es gelten die Regelungen des § 118 Abs. 3 und 4 SGB VI, so dass auf Seiten des Geldinstituts eine Rücküberweisungspflicht besteht, soweit über den überwiesenen Betrag nicht bereits verfügt wurde.

5. Der Beratungsbesuch

394 Bezieher von **Pflegegeld** haben nach näherer Maßgabe § 37 Abs. 3 bis 9 SGB XI eine „Beratung in der eigenen Häuslichkeit" in folgenden Intervallen abzurufen:

1. bei den Pflegegraden 2 und 3 **halbjährlich** einmal,
2. bei den Pflegegraden 4 und 5 **vierteljährlich** einmal.

395 **Praxishinweis:**

Pflegebedürftige des **Pflegegrades 1** und Bezieher von **Pflegesachleistungen** nach § 36 SGB XI können die Beratungsbesuche nach § 37 Abs. 3 S. 2 und 3 SGB XI halbjährlich beanspruchen.

396 Bis einschließlich 30.6.2024 kann auf Wunsch der pflegebedürftigen Person jede zweite Beratung per **Videokonferenz** erfolgen (§ 37 Abs. 3 S. 4 SGB XI). Die erstmalige Beratung erfolgt nach § 37 Abs. 3 S. 6 SGB XI jedoch in jedem Fall in Form der persönlichen Begegnung vor Ort in der Häuslichkeit.[152] Mit der Durchführung per Videokonferenz nur jedes zweite Mal soll sichergestellt werden, dass bei Pflegebedürftigen mit Pflegegrad 2 und 3 zumindest einmal im Jahr eine Beratung in der eigenen Häuslichkeit stattfinde. Eine Beratung per Videokonferenz erfolgt nur, wenn die pflegebedürftige Person dies wünscht. Ebenso kann die pflegebedürftige Person jederzeit Abstand von der Beratung per Videokonferenz nehmen und sich wieder ausschließlich in der Häuslichkeit beraten lassen. Technisch gelten die Regelungen zur **Videosprechstunde** in der vertragsärztlichen Versorgung (§ 365 SGB V iVm Anlage 31b zum Bundesmantelvertrag-Ärzte).

397 Die Beratungsbesuche werden durchgeführt – so § 37 Abs. 3b SGB XI – von
- einem zugelassenen Pflegedienst,
- einer anerkannten Beratungsstelle,

---

[151] Nach GKV-Spitzenverband, Gemeinsames Rundschreiben zu den leistungsrechtlichen Vorschriften des SGB XI vom 20.12.2022, S. 177.
[152] BT-Drs. 20/1909, 59 f.

- einer von der Pflegekasse beauftragten Pflegefachkraft oder
- einem Pflegeberater iSd § 7a SGB XI bzw. einer Beratungsperson.

> **Praxishinweis:**
>
> **Betreuungsdienste** (§ 71 Abs. 1a SGB XI) können nach § 37 Abs. 9 SGB XI keine Beratungsbesuche erbringen.

Die Beratung dient gem. § 37 Abs. 3a SGB XI der „Sicherung der Qualität der häuslichen Pflege und der regelmäßigen Hilfestellung und praktischen pflegefachlichen Unterstützung der häuslich Pflegenden" durch Hinweise auf das Vorhandensein und die Angebote des zuständigen Pflegestützpunktes sowie auf die Pflegeberatung nach § 7a SGB XI (→ Rn. 53).[153] Dabei soll dem **Kontrollcharakter** der Pflegeeinsätze – in der Praxis auch „Pflichteinsätze" genannt – abgeschwächt und der **Beratungscharakter** und die **Qualitätssicherung** hervorgehoben werden.[154]

Im Sinne einer Qualitätssicherung der pflegerischen Versorgung sollen durch die Beratungseinsätze Defizite in der häuslichen Pflege frühzeitig entdeckt und behoben werden. Wird etwa eine gesundheitliche Überforderung der Pflegeperson bemerkt, kann durch Beratung und Hilfestellung, durch Hinweise auf Pflegekurse, Tagespflege usw auf eine Entlastung der Pflegeperson hingewirkt und damit die häusliche Pflege weiterhin ermöglicht und die Aufnahme des Pflegebedürftigen in einer stationären Einrichtung verhindert werden.[155] Um die Anforderungen an die Beratungsbesuche zu definieren, wurden nach § 37 Abs. 5 SGB XI Empfehlungen

1. zu Beratungsstandards,
2. zur erforderlichen Qualifikation der Beratungspersonen sowie
3. zu erforderlichenfalls einzuleitenden Maßnahmen im Einzelfall

vereinbart.[156]

Von hoher praktischer Relevanz sind die Konsequenzen einer Feststellung, dass Anhaltspunkte für eine **nicht sichergestellte Pflege** bestehen. § 37 Abs. 6 SGB XI regelt lediglich den Fall, dass der Pflegebedürftige den Beratungsbesuch **nicht abruft**. In diesem seltenen Fall (2018[157]: Kürzung: ca. 0,8; Entzug: unter 0,1 % aller Pflegegeldfälle) hat die Pflegekasse oder das private Versicherungsunternehmen das Pflegegeld angemessen zu kürzen und im Wiederholungsfall zu entziehen.

> **Praxishinweis:**
>
> Vor Erlass eines „Kürzungs-" bzw. „Entziehungsbescheides" ist dem Pflegebedürftigen eine angemessene Frist zur Nachholung des Beratungseinsatzes zu geben.[158] Hierüber soll der Pflegebedürftige unmittelbar nach Ablauf der 3- bzw. 6-Monats-Frist „informiert" werden.

---

153 BT-Drs. 14/6949, 13; 16/7439, 55.
154 Zum Kontrollcharakter BSG Urt. v. 24.7.2003 – B 3 P 4/02 R = BSGE 91, 174 = NZS 2004, 428.
155 BT-Drs. 12/5262, 100.
156 https://www.gkv-spitzenverband.de/media/dokumente/pflegeversicherung/richtlinien__vereinbarungen__formulare/richtlinien_zur_pflegeberatung_und_pflegebeduerftigkeit/2019_08_13_Pflege_Empfehlungen_QS_37Abs.5_21_05_2019.pdf.
157 GKV-Spitzenverband, Bericht nach § 7a Abs. 9 SGB XI, 2020, 20.
158 LSG Bayern Urt. v. 30.7.2020 – L 4 P 50/19.

403 Lediglich die **Höhe der Kürzung** – nicht die Kürzung überhaupt – liegt im Ermessen der Pflegekasse; diese muss angemessen sein. Während die Rechtsprechung eine Kürzung um 25 % angesichts der gesetzlichen Regelung, wonach das Pflegegeld im Wiederholungsfall vollständig zu entziehen ist, für nicht unangemessen hält,[159] schlagen die internen Regelungen der Pflegekassen bei einem erstmaligen Ausbleiben des Nachweises eine Kürzung des Pflegegeldes „bis zu" 50 % vor.[160]

404 Nicht geregelt hingegen sind die Konsequenzen der Feststellung, dass Anhaltspunkte für eine **nicht sichergestellte Pflege** bestehen. Ob das Fehlen der Anordnung wirksamer Mechanismen zur Umsetzung der Ergebnisse der Beratungs-/Kontrollregelung aus falsch verstandenem Datenschutzgründen[161] oder aus schamhafter Vermeidung des Eindrucks, die Erfüllung gesetzlicher Tatbestandsvoraussetzungen für beitragsfinanzierte Sozialleistungen solle „kontrolliert" werden, kann letztlich dahinstehen. Werden bei einem konkreten Beratungseinsatz Anhaltspunkte für eine nicht sichergestellte Pflege festgestellt[162] und erteilt der Pflegebedürftige **keine Einwilligung** zur Mitteilung an die Pflegekasse, kann die Beratungsperson lediglich die Einschätzung der Erforderlichkeit einer weitergehenden Beratung – etwa durch eine Widerholungsbegutachtung des MD – mitteilen (§ 37 Abs. 4 S. 3 SGB XI).

405 **Praxishinweis:**

Als häufigste Ursache für eine nicht sichergestellte Pflege werden die Überlastung der pflegenden Angehörigen (76,9 %) und die fehlender Wohnraumanpassung (53,8 %) genannt.[163]

406 Liegt eine **akuter Gefahrensituationen** vor, also aufgrund drohenden unmittelbaren Schadens für Leib oder Leben des Pflegebedürftigen, so dass ein sofortiges Einschreiten notwendig erscheint, ist unverzüglich ein **Notdienst** (Krankenwagen, Feuerwehr oder Polizei) zu benachrichtigen. Außerdem ist die Pflegekasse bzw. das private Versicherungsunternehmen auch ohne Einwilligung des Pflegebedürftigen zu informieren.[164]

6. Ruhen des Pflegegeldanspruchs

407 Muss ein Pflegebedürftiger stationär in einem Krankenhaus behandelt werden, so ruht gem. § 34 Abs. 2 S. 2 SGB XI nach Ablauf von **vier Wochen** nach der stationären Aufnahme der Anspruch auf Pflegegeld. Der Anspruch auf die vierwöchige Weiterzahlung von Pflegegeld soll die Aufrechterhaltung der Pflegebereitschaft der Pflegeperson nach dem Krankenhausaufenthalt sicherstellen. Das nachfolgende Ruhen des Anspruchs rechtfertigt sich daraus, dass für die Dauer des stationären Aufenthalts in einem Krankenhaus die erforderlichen pflegerischen Leistungen zur Verfügung gestellt werden. Es ist davon auszugehen, dass ein objektiver Pflegebedarf an häuslicher Pflege, die bereits

---

159 BSG Urt. v. 14.7.2003 – B 3 P 4/02 R = BSGE 91, 174 = NZS 2004, 428.
160 GKV-Spitzenverband, Gemeinsames Rundschreiben zu den leistungsrechtlichen Vorschriften des SGB XI vom 20.12.2022, S. 167.
161 BT-Drs. 19/4453, 99 f.
162 Der GKV-Spitzenverband geht im Ergebnis bei rund 7 % der Beratungsbesuche von Anzeichen einer nicht sichergestellten Pflege aus, Bericht nach § 7a Abs. 9 SGB XI, 2020, 20.
163 GKV-Spitzenverband, Bericht nach § 7a Abs. 9 SGB XI, 2020, 20.
164 Ziff. 4.2 der Empfehlungen nach § 37 Abs. 5 SGB XI zur Qualitätssicherung der Beratungsbesuche nach § 37 Abs.- 3 SGB XI vom 29.5.2018, zuletzt geändert am 21.5.2019.

begrifflich bei Versorgung im Krankenhaus nicht vorliegen dürfte, nicht besteht.[165] Das gilt auch dann, wenn aufgrund besonderer Umstände eine Präsenz der Pflegeperson beim Pflegebedürftigen im Krankenhaus notwendig ist.[166]

Beispiel:[167] 408

A hat Pflegegrad 4 und wird vom 1.4. bis 2.5. vollstationär im Krankenhaus behandelt.
Ergebnis für den **Pflegegeldanspruch** April: Der 28. Tag der vollstationären Krankenhausbehandlung fällt auf den 28.4. Für die Zeit vom 1.4. bis 28.4. (28 Tage) ist Pflegegeld unter Berücksichtigung des § 34 Abs. 2 S. 2 SGB XI zu zahlen. Insoweit wird ein Pflegegeld in Höhe von 679,47 EUR (728,00 EUR x 28 : 30) ausgezahlt.

V. Kombination von Geldleistung und Sachleistung (§ 38 SGB XI)

Die Pflegebedürftigen können die Pflegesach- und die Pflegegeldleistungen **nebeneinander** bzw. **in Kombination** beziehen. § 38 S. 1 und 2 SGB XI regelt, dass bei einem teilweisen Bezug des Sachleistungsbudgets nach § 36 Abs. 3 SGB XI (→ Rn. 374) daneben ein anteiliges Pflegegeld im Sinne des § 37 Abs. 1 S. 3 SGB XI (→ Rn. 385) gewährt wird. Das Pflegegeld wird in diesem Fall um den Vomhundertsatz vermindert, in dem der Pflegebedürftige Sachleistung in Anspruch genommen hat. 409

Nach § 38 S. 3 SGB XI ist der Pflegebedürftige für die **Dauer von sechs Monaten an die Entscheidung gebunden**, in welchem Verhältnis er Geld- und Sachleistungen in Anspruch nehmen will, um einen hohen Verwaltungsaufwand bei den Pflegekassen durch häufige Wechsel des Verhältnisses zwischen beiden Leistungen zu vermeiden.[168] Der Gesetzgeber ging ursprünglich von einer festen Anzahl von Einsätzen aus; ein striktes Verhältnis zwischen Sach- und Geldleistung ist bei den letztlich verabschiedeten Leistungsbudgets schon deshalb nicht möglich, weil die Länge der Kalendermonate unterschiedlich ist. Kann also das Ausmaß der Sachleistung nicht im Voraus bestimmt werden, treten wesentliche **tatsächliche Änderung** zu den Verhältnissen im Zeitpunkt der Entscheidung, bei Wegfall einer oder mehrerer Pflegepersonen oder bei sonstigen wesentlichen Änderungen der Pflegesituation wird bereits aus dem Grundgedanken des § 48 SGB X eine Änderung des Verhältnisses ermöglicht. Die Bindung an die 6-Monats-Frist gilt auch dann nicht, wenn der Pflegebedürftige nur noch Pflegesachleistung oder nur noch Pflegegeld, mithin gar keine Kombinationsleistung mehr in Anspruch nehmen will.[169] 410

Beispiel:[170] 411

A hat Pflegegrad 2. Das Verhältnis von Sachleistung/Geldleistung soll nach vollstationärer Krankenhausbehandlung vom 7.4. bis 13.5. nachträglich festgestellt werden.

---

165 BT-Drs. 13/3696, 12.
166 SG Osnabrück Urt. v. 7.9.2021 – S 14 P 16/19.
167 Nach GKV-Spitzenverband, Gemeinsames Rundschreiben zu den leistungsrechtlichen Vorschriften des SGB XI vom 20.12.2022, S. 174.
168 BT-Drs. 12/5262, 40.
169 GKV-Spitzenverband, Gemeinsames Rundschreiben zu den leistungsrechtlichen Vorschriften des SGB XI vom 20.12.2022, S. 171.
170 GKV-Spitzenverband, Gemeinsames Rundschreiben zu den leistungsrechtlichen Vorschriften des SGB XI vom 20.12.2022, S. 171 f.

Sachleistung April = 210,00 EUR

Sachleistung Mai = 520,00 EUR

Berechnung Anteil der Geldleistung für den Monat **April**

Sachleistungsanteil (210,00 EUR von 724,00 EUR) = 29,01 %

Geldleistungsanteil = 70,99 %. Die anteilige Geldleistung ist in Höhe von 70,99 % des für den ganzen Monat zustehenden Geldbetrages (70,99 % von 316,00 EUR) für den April in Höhe von 224,33 EUR zu zahlen.

Berechnung Anteil der Geldleistung für den Monat **Mai**

Sachleistungsanteil (520,00 EUR von 724,00 EUR) = 71,82 %

Geldleistungsanteil = 28,18 %

Ergebnis: Da bei vollstationärer Krankenhausbehandlung die anteilige Geldleistung nur für vier Wochen (28 Tage) weiter gewährt werden kann (→ Rn. 404), besteht Anspruch auf Zahlung einer anteiligen Geldleistung vom 1.5. bis 4.5. und nach Ablauf der vollstationären Krankenhausbehandlung vom 13.5. bis 31.5. für insgesamt 23 Tage in Höhe von 68,27 EUR.

Rechnung: 28,18 % von 316,00 EUR = 89,05 EUR x 23 : 30

VI. Wohngruppenzuschlag (§ 38a SGB XI)

412 Pflegebedürftige aller Pflegegrade 1 bis 5 haben nach § 38a Abs. 1 S. 1 SGB XI Anspruch auf einen pauschalen **Wohngruppenzuschlag**, wenn folgende Voraussetzungen erfüllt sind:

413 Der Pflegebedürftige muss mit mindestens zwei (also mit dem Pflegebedürftigen: 3) und höchstens elf weiteren (also maximal 12) Personen in einer ambulant betreuten Wohngruppe in einer **gemeinsamen Wohnung** zum Zweck der gemeinschaftlich organisierten pflegerischen Versorgung leben und davon müssen mindestens zwei weitere Personen pflegebedürftig im Sinne der §§ 14, 15 SGB XI (→ Rn. 205 ff) sein. Dazu müssen Leistungen nach §§ 36, 37, 38, 45a oder 45b SGB XI bezogen werden und eine Person durch die Mitglieder der **Wohngruppe gemeinschaftlich beauftragt** worden sein. Schließlich darf keine stationäre Versorgungsform vorliegen. Der Anbieter einer ambulant betreuten Wohngruppe ist verpflichtet, die Pflegebedürftigen **vor deren Einzug** in die Wohngruppe in geeigneter Weise darauf hinzuweisen, dass dieser Leistungsumfang von ihm oder einem Dritten nicht erbracht wird, sondern die Versorgung in der Wohngruppe auch durch die **aktive Einbindung** ihrer eigenen Ressourcen und ihres sozialen Umfeldes sichergestellt werden kann.

1. Gemeinsame Wohnung

414 Zur Eingrenzung der Anspruchsberechtigung muss der Pflegebedürftige mit den übrigen Mitgliedern der Wohngruppe in einer **gemeinsamen Wohnung** leben; ein Zusammenschluss ohne gemeinsame Wohnung in der Nachbarschaft ist nicht ausreichend, weil es sonst nahezu jedem Pflegebedürftigen möglich wäre, den Zuschlag zu beantragen.[171] Von einer gemeinsamen Wohnung ist dann auszugehen, wenn der **Sanitärbereich**, die **Küche** und, soweit vorhanden, der **Aufenthaltsraum** einer abgeschlossenen Wohneinheit von allen Bewohnern **jederzeit allein oder gemeinsam genutzt** werden

---

171 BT-Drs. 17/9669, 22.

und wenn die Wohnung von einem eigenen, abschließbaren Zugang vom Freien, von einem Treppenhaus oder von einem Vorraum aus zugänglich ist.[172]

> **Praxishinweis:** 415
>
> Der Begriff der gemeinsamen Wohnung ist großzügig auszulegen, so dass auch eine **Abgeschlossenheit der einzelnen Wohnung** oder des Apartments des Pflegebedürftigen den Bezug des Wohngruppenzuschlags nicht verhindert. Jedes Mitglied der Wohngruppe kann eine eigene, in sich abgeschlossene, mit Eingangstür und eigenem Briefkasten ausgestattete Wohnung innehaben und trotzdem in einer Wohngruppe leben, die in einem gemeinsamen Wohnhaus untergebracht ist und über weitere gemeinsame Räume verfügt. Die Grenze für den Bezug des Wohngruppenzuschlags ist dann erreicht, wenn keine abgeschlossene bauliche Situation die Wohngemeinschaft umgrenzt, sondern eine Erstreckung auf benachbarte Gebäude, also eine „Gemeinschaft in der Nachbarschaft", entstehen würde.[173]

2. Gemeinschaftlich organisierte pflegerische Versorgung

Die Mitglieder der Wohngruppe müssen in der gemeinsamen Wohnung **zum Zweck** 416
der gemeinschaftlich organisierten pflegerischen Versorgung leben.[174]

> **Praxishinweis:** 417
>
> Auch für das Zusammenleben in einem **Familienverbund** (Eltern mit Kindern, Pflegschaftsverhältnisse) ist grundsätzlich möglich, wenn sie in der Wohngruppe „zum Zweck der gemeinschaftlich organisierten pflegerischen Versorgung" leben. Dies ist nach den Umständen des Einzelfalls zu beurteilen.[175]

Eine „ambulant betreute **Wohngruppe**" ist nicht identisch mit der (gesamten) Wohngemeinschaft in der gemeinsamen Wohnung.[176] Die Begrenzung der Mitgliederzahl 418
von mindestens zwei bis höchstens elf weiteren Personen bezieht sich sowohl auf die ambulant betreute Wohngruppe als auch auf die Wohngemeinschaft. Wohngruppe und Wohngemeinschaft können zwar denselben Personenkreis umfassen, müssen dies aber nicht; denn eine **Wohngemeinschaft** kann auch aus mehreren ambulant betreuten Wohngruppen bestehen. Die ambulant betreute Wohngruppe umfasst nur den versicherten Bewohner, der den Antrag bei der zuständigen Pflegekasse stellt, sowie mindestens zwei und höchstens elf weitere pflegebedürftige Personen. Für den Anspruch auf den Wohngruppenzuschlag reicht es daher gleichermaßen aus, wenn neben der die Leistung begehrenden pflegebedürftigen Person mindestens zwei weitere pflegebedürftige Mitglieder der Wohngemeinschaft als Wohngruppe an der gemeinschaftlichen Beauftragung mitwirken bzw. diese Beauftragung – etwa im Falle eines Wechsels von Mitgliedern durch einen Neueinzug – aufrechterhalten.

---

172 BSG Urt. v. 18.2.2016 – B 3 P 5/14 R = BSGE 120, 271.
173 BSG Urt. v. 10.9.2020 – B 3 P 1/20 R = NZS 2021, 775; ausführlich zum Begriff: Brose SGb 2020, 723.
174 Die in den früheren Fassungen zu entnehmenden Anforderungen der maßgeblichen heimrechtlichen Vorschriften oder Anforderungen an Leistungserbringer (§ 38a Abs. 1 Nr. 4 SGB XI aF) bzw. auf die „freie Wählbarkeit" von Pflege- und Betreuungsleistungen (§ 38a Abs. 2 SGB XI aF) wurden vom Gesetzgeber bewusst aufgegeben; BT-Drs. 18/2909, 41.
175 BSG Urt. v. 18.2.2016 – B 3 P 5/14 R = BSGE 120. 271; anders: GKV-Spitzenverband, Gemeinsames Rundschreiben zu den leistungsrechtlichen Vorschriften des SGB XI vom 20.12.2022, S. 185.
176 BSG Urt. v. 10.9.2020 – B 3 P 2/19 R = NZS 2021, 846; ausführlich: Richter NZS 2021, 841.

3. Sog. „Präsenzkraft"

419 Voraussetzung für den Wohngruppenzuschlag ist nach § 38a Abs. 1 S. 1 Nr. 3 SGB XI weiterhin, dass durch die Mitglieder der Wohngruppe eine **Person gemeinschaftlich beauftragt** ist, die organisatorische, verwaltende, betreuende oder das Gemeinschaftsleben fördernde Tätigkeiten verrichtet oder die Wohngruppenmitglieder bei der Haushaltsführung unterstützt (sog. **„Präsenzkraft"**)[177]. Auch die Beauftragung mehrerer natürlicher oder einer juristischen Person sind möglich.[178] Soweit Angehörige beauftragt werden, dürfen sie kein Entgelt, sondern ähnlich wie beim Pflegegeld nur eine „materielle Anerkennung" erhalten.[179]

420 **Praxishinweis:**

Die gemeinschaftlich beauftragte Person bedarf keiner gesonderten Zulassung und muss keine ausgebildete Pflegefachkraft sein.[180]

421 Eine **gemeinschaftliche Beauftragung** ist gegeben, wenn an der **formlos** möglichen Beauftragung der Antragsteller des Wohngruppenzuschlags und mindestens zwei weitere Pflegebedürftige mitgewirkt haben.[181] Die von der gemeinschaftlich beauftragten Person zu verrichtenden Tätigkeiten gehen über die Leistungsinhalte der häuslichen Pflege hinaus und beziehen sich insbesondere auf die **Organisation** und die **Förderung des Gemeinschaftslebens**. Bei der Haushaltsführung ist die **Einbeziehung des Pflegebedürftigen** erforderlich.[182] Die beauftragte Person muss nicht rund um die Uhr anwesend sein; eine bloße **Rufbereitschaft** allein ist jedoch nicht ausreichend. Auch kann die beauftragte Person neben den festgelegten Aufgaben andere Dienstleistungen im Rahmen der pflegerischen Versorgung übernehmen; es darf nur keine solche personelle und/oder vertragliche Symbiose bestehen, dass die erforderliche Abgrenzung zu den Leistungen der häuslichen Pflege einerseits und einer stationären Vollversorgung andererseits nicht mehr gegeben wäre.[183]

4. Vorliegen einer ambulanten Vollversorgung

422 Kein Anspruch auf den Wohngruppenzuschlag besteht, wenn der vereinbarte Leistungsumfang dem einer vollstationären Pflegeeinrichtung entspricht, es darf also *keine quasi-stationäre Versorgungsform* vorliegen.[184] Dem Bewohner einer Wohngruppe darf also **keine Versorgungsgarantie** oder **Vollversorgung** angeboten werden. Eine solche anspruchsausschließende Vollversorgung liegt vor, wenn in einem Miet- oder Pflegevertrag die vollständige Übernahme sämtlicher körperbezogener Pflegemaßnahmen, pflegerische Betreuungsmaßnahmen und Hilfen bei der Haushaltsführung vereinbart werden, also der Gesamtkanon der nach § 36 SGB XI (→ Rn. 362) möglichen ambulanten Leis-

---

177 So BT-Drs. 17/9369, 41; BT-Drs. 18/2909, 42.
178 BSG Urt. v. 10.9.2020 – B 3 P 3/19 R; zur Grenzziehung zu einem rein pauschalen Servicemodell vgl. BSG Urt. v. 10.9.2020 – B 3 P 2/19 R = NZS 2021, 846.
179 BSG Urt. v. 18.2.2016 – B 3 P 5/14 R = BSGE 120, 271.
180 BT-Drs. 17/10170, 16.
181 BSG Urt. v. 10.9.2020 – B 3 P 2/19 R = NZS 2021, 846.
182 BT-Drs. 19/4453, 100.
183 BSG Urt. v. 10.9.2020 – B 3 P 3/19 R.
184 BT-Drs. 18/2909, 42.

tungen und darüber hinaus keine Einbringung des Bewohners in den Alltag möglich ist.[185]

> **Praxishinweis:** 423
>
> Für das Vorliegen eines Ausschlussgrunds der Abgrenzung zur stationären Versorgung nach § 38a Abs. 1 S. 1 Nr. 4 SGB XI reicht es bereits aus, wenn nach der „Ambulantisierung" eines stationären Pflegeheims für die Versorgung von Pflegebedürftigen die gleichen Leistungen angeboten werden wie zuvor im vollstationären Rahmen.[186]

Das zentrale Merkmal einer ambulanten Versorgung ist, dass regelhaft Beiträge der Bewohnerinnen und Bewohner selbst, ihres persönlichen sozialen Umfelds oder von bürgerschaftlich Tätigen zur Versorgung notwendig bleiben. Ist nicht vorgesehen, dass sich das soziale Umfeld der in der Wohngruppe lebenden Menschen in die Leistungserbringung und in den Alltag einbringen kann, besteht keine mit der häuslichen Pflege vergleichbare Situation.[187] 424

> **Praxishinweis:** 425
>
> Der Bewohner oder seine Zu- und Angehörigen können sich etwa durch die Sicherstellung der Arztbesuche, die Gestaltung und kleine Reparaturen in der Wohnung, Entscheidungen über neue Bewohnerinnen und Bewohner, die Neuanschaffung von Geräten, den Einkauf von Lebensmitteln oder die Verwaltung der Gruppenkasse einbringen.

Ein konkreter Nachweis über die Verwendung des Wohngruppenzuschlags ist nicht erforderlich;[188] allerdings können **Unterlagen** angefordert werden, die Beauftragung der Person und die vereinbarten Aufgaben belegen (§ 38a Abs. 2 Nr. 4 und 5 SGB XI). 426

5. Verhältnis zu den Leistungen der Tages- und Nachtpflege

Leistungen der Tages- und Nachtpflege nach § 41 SGB XI (→ Rn. 488) können neben dem Wohngruppenzuschlag **nur** in Anspruch genommen werden, wenn durch eine **Prüfung des MD** nachgewiesen ist, dass die Pflege in der ambulant betreuten Wohngruppe ohne teilstationäre Pflege nicht in ausreichendem Umfang sichergestellt ist; § 38a Abs. 1 S. 2 SGB XI. Dazu muss der MD im Einzelfall prüfen, ob die Inanspruchnahme von Leistungen der Tages- und Nachtpflege erforderlich ist, damit der Pflegebedürftige alle von ihm individuell benötigten körperbezogenen Pflegemaßnahmen und pflegerischen Betreuungsmaßnahmen in ausreichendem Umfang erhält.[189] 427

> **Praxishinweis:** 428
>
> Der weitgehende Ausschluss von Leistungen der Tages- und Nachtpflege neben dem Wohngruppenzuschuss dient der Deckung der sog. „Stapelleistungen" (→ Rn. 495).

---

185 GKV-Spitzenverband, Gemeinsames Rundschreiben zu den leistungsrechtlichen Vorschriften des SGB XI vom 20.12.2022, S. 187.
186 SG Darmstadt Urt. v. 6.12.2021 – S 6 P 114/18; nrk, Berufung LSG Hessen – L 6 P 2/22; vgl. zur Abgrenzung auch BSG Urt. v. 10.9.2020 – B 3 P 1/20 R = NZS 2021, 775, B 3 P 2/19 R = NZS 2021, 846.
187 BT-Drs. 18/2909, 41.
188 BT-Drs. 18/2909, 42.
189 BT-Drs. 18/5926, 125.

6. Leistung der medizinischen Behandlungspflege

429 In den ambulant betreuten Wohngruppen ist ärztlich verordnete **häusliche Krankenpflege** nach § 37 Abs. 2 SGB V zulasten der gesetzlichen Krankenversicherung von ambulanten Pflegediensten zu erbringen. Ist daher weder dem Mietvertrag noch den Verträgen der Bewohner der Wohngemeinschaft untereinander oder mit von ihnen beauftragten Leistungserbringern ein Anspruch auf häusliche Krankenpflege zu entnehmen, so ist die ärztlich verordnete Leistung von Seiten der Krankenkasse zu genehmigen. Aus der Konstruktion einer ambulanten Wohngruppe nach dem Baukastensystem unter (Aus-)Nutzung der gespaltenen Finanzierungsverantwortung und der unterschiedlichen Finanzierungslogiken der Kranken- und Pflegekassen kann kein Anspruch der Bewohner auf Übernahme der häuslichen Krankenpflege aus einer „Gesamtverantwortung" der Wohngemeinschaft abgeleitet werden. Die Wohnform der selbst organisierten pflegerischen Versorgung ist jedoch nicht nur erlaubt, sondern gewünscht und durch den Gesetzgeber mit Wohngruppenzuschlägen gefördert.[190]

7. Leistungsbudget

430 Der pauschale Wohngruppenzuschlag beträgt monatlich **214,00 EUR**.

431 **Praxishinweis:**

Die vorgenannten Beträge werden **dynamisiert** und steigen zum **1.1.2025** um **4,5 %** und zum **1.1.2028** in Höhe des kumulierten Anstiegs der Kerninflationsrate in den letzten drei Kalenderjahren, für die zum Zeitpunkt der Erhöhung die entsprechenden Daten vorliegen, nicht jedoch stärker als der Anstieg der Bruttolohn- und Gehaltssumme je abhängig beschäftigten Arbeitnehmer im selben Zeitraum; § 30 Abs. 1 SGB XI. Die neuen Beträge werden vom Bundesministerium für Gesundheit nach § 30 Abs. 2 SGB XI jeweils im Bundesanzeiger bekannt gemacht.

432 Zum **1.1.2025** wird der Wohngruppenzuschuss um 4,5 % erhöht und beträgt dann im Kalendermonat[191] **224,00 EUR**.

8. Besitzstandsregelung

433 Personen, die am 31.12.2014 einen Anspruch auf einen Wohngruppenzuschlag nach § 38a SGB XI aF hatten, wird diese Leistung nach § 144 Abs. 1 SGB XI weiter erbracht, wenn sich an den **tatsächlichen Verhältnissen** nichts geändert hat. Eine Änderung in den tatsächlichen Verhältnissen liegt insbesondere vor, wenn weniger als drei Anspruchsberechtigte in der Wohngruppe leben, keine Präsenzkraft mehr vorhanden ist, Umwidmung in Apartments, betreutes Wohnen oder in eine vollstationäre Pflegeeinrichtung erfolgt sowie wenn bei dem Versicherten keine Pflegebedürftigkeit mehr vorliegt.[192]

---

190 BSG Urt. v. 26.3.2021 – B 3 KR 14/19 R = BSGE 132, 77.
191 Wir gehen davon aus, dass die Erhöhung der Budgets nicht nur kaufmännisch gerundet, sondern stets auf volle Euro-Beträge vorgenommen wird, wie das Beispiel des Gesetzgebers zum gemeinsamen Jahresbeitrag des § 42a SGB XI zeigt.
192 GKV-Spitzenverband, Gemeinsames Rundschreiben zu den leistungsrechtlichen Vorschriften des SGB XI vom 20.12.2022, S. 188.

VII. Verhinderungspflege (§ 39 SGB XI)

Die Voraussetzungen für den **Kostenerstattungsanspruch** auf Verhinderungspflege beschreibt § 39 Abs. 1 S. 1 SGB XI. Die Pflegekasse ist zur Übernahme der nachgewiesenen Kosten verpflichtet, wenn die Pflegeperson eines Pflegebedürftigen, dem bei Leistungsbeginn mindestens in Pflegegrad 2 zuerkannt wurde, verhindert und dadurch eine **Ersatzpflege** notwendig ist. Zudem ist nach § 39 Abs. 1 S. 2 SGB XI – bis zum 30.6.2025 – eine mindestens 6-monatige **Vorpflegezeit** darzulegen.

1. Die Streichung der Vorpflegezeit ab 1.7.2025

Die **Abschaffung der Vorpflegezeit** ab dem 1.7.2025 dient vor allem zur **Entlastung** der Pflegebedürftigen und der Pflegepersonen, da diese eine notwendige Ersatzpflege nicht mehr in Abhängigkeit von der Vorpflegedauer ggf. anders organisieren müssen. So wird es ab den 1.7.2025 nicht mehr erforderlich sein, wenn eine Pflegeperson innerhalb der ersten sechs Monate der häuslichen Pflege plötzlich erkrankt, eine vollstationäre Kurzzeitpflege als Ersatzversorgung in Anspruch zu nehmen, sondern kann die Ersatzpflege auch zu Hause im Rahmen der Verhinderungspflege organisiert werden. Dies bietet erweiterte Möglichkeiten, auch andere Ersatzpflegende einzusetzen. Außerdem entspricht dies den Bedürfnissen insbesondere kognitiv beeinträchtigter Menschen, die durch einen Ortswechsel ggf. belastet werden.[193]

2. Verhinderung der Pflegeperson

Eine **Pflegeperson** ist nach der Definition des § 19 SGB XI (→ Rn. 564) jemand, der **nicht erwerbsmäßig** einen Pflegebedürftigen in seiner häuslichen Umgebung pflegt. Die Pflege darf daher nicht aufgrund eines Dienst- oder Honorarvertrages geschuldet sein. Für einen Anspruch auf Verhinderungspflege kommen daher die Ersatzpflege für alle **aktiv** und nicht erwerbsmäßig Pflegenden in Frage.

> **Praxishinweis:**
> Kein Anspruch auf Verhinderungspflege besteht bei Verhinderung einer „osteuropäischen Haushaltshelferin". Der Anspruch besteht, wenn ein Pflegebedürftiger sowohl in einer Einrichtung der Behindertenhilfe (§ 43a SGB XI [→ Rn. 552]) als auch daneben in nicht unerheblichem Umfang im elterlichen Haushalt gepflegt wird.[194]

Die **Verhinderung** muss „wegen Erholungsurlaubs, Krankheit oder aus anderen Gründen" bestehen.

> **Praxishinweis:**
> Die „anderen Gründe" müssen **gewichtig** sein, die mit den beispielhaft aufgezählten Fällen vergleichbar sind (etwa Erkrankung von Angehörigen der Pflegeperson[195], vorrangige anderweitige Pflege oder drohender „Burn-out" der Pflegeperson). Eine Prüfung der angegebenen Gründe durch die Pflegekasse ist nicht vorgesehen.

---

193 BT-Drs. 20/6983, 100.
194 BSG Urt. v. 6.6.2002 – B 3 P 2/02 R = NZS 2003, 213.
195 BT-Drs. 12/5262, 113.

440 Die Verhinderung der Pflegeperson muss schon deshalb „**kurzzeitig**" bzw. „**zeitlich befristet**" sein, da den zusätzlichen Leistungen – neben den monatlichen Leistungsbudget der §§ 36 und 37 SGB XI – nach dieser Vorschrift bei einem **vorübergehenden** Ausfall der Pflegeperson eine Überbrückungsfunktion[196] zukommt. Eine **Mindestdauer der Verhinderung** ist nicht vorgesehen. Entscheidend ist allein, dass die Pflege (auch teilweise) vor der Verhinderung übernommen wurde und nach Wegfall der Verhinderung wieder aufgenommen werden soll. Als Ersatzpflegekraft kommt also grundsätzlich. jede **geeignete und bereite Person** in Frage; es muss sich also nicht zwingend um Pflegekräfte einer zugelassenen Pflegeeinrichtung bzw. um berechtigte Pflegekräfte nach § 77 SGB XI handeln.

3. Kostenübernahme

441 Die Übernahme von Kosten der Ersatzpflege erfolgt nach Vorlage der Unterlagen über die entstandenen Kosten durch die Pflegekasse. Daher ist es grundsätzlich Sache des Pflegebedürftigen, eine Ersatzpflegekraft auszuwählen und sie zu **beauftragen**.[197] Insoweit ist zwischen dem Pflegebedürftigen und der zur Ersatzpflege bereiten Person ein **individueller Vertrag** zu schließen. Bei der Vertragsgestaltung wird man dem Pflegebedürftigen weitgehende Freiheit zugestehen müssen, da die Ansprüche gegen die Pflegekasse bereits durch die Beschränkung auf die Dauer von sechs Wochen [ab 1.7.2025: **acht** Wochen] und die Höchstbetragsregelungen begrenzt sind.[198] In Missbrauchsfällen (Vereinbarung eindeutig überhöhter Vergütungen) wird die Pflegekasse bei der Kostenerstattung an den Pflegebedürftigen nicht an die Vereinbarung zwischen dem Pflegebedürftigen und der Pflegekraft gebunden sein.[199]

442 Die Kosten für die Ersatzpflegekraft werden nach § 39 Abs. 1 S. 1 SGB XI nur für **längstens sechs Wochen je Kalenderjahr**[200] [ab 1.7.2025: für längstens **acht** Wochen je Kalenderjahr[201]] übernommen. Die Höchstdauer bezieht sich auf das Kalenderjahr und auf die Zeit, in der die Ersatzpflegekraft benötigt und eingesetzt wird. Der Anspruch entsteht mit jedem Kalenderjahr neu.[202]

Bei **stundenweiser Leistungserbringung**, wenn die Pflegeperson weniger als 8 Stunden am Tag verhindert ist, erfolgt ausschließlich eine Anrechnung auf das Leistungsbudget, nicht aber auf die Höchstdauer der Verhinderungspflege.[203]

---

196 BSG Urt. v. 17.1.1996 – 3 RK 4/95.
197 BSG Urt. v. 6.6.2002 – B 3 P 2/02 R = NZS 2003, 213.
198 BSG Urt. v. 17.5.2000 – B 3 P 8/99 R = NZS 2001, 147.
199 Vgl. zu wirtschaftlich unvernünftigen Verhaltensweisen vgl. BSG Urt. v. 6.6.2002 – B 3 P 2/02 R = NZS 2003, 213.
200 BT-Drs. 18/1798, 27.
201 BT-Drs. 20/6983, 100.
202 GKV-Spitzenverband, Gemeinsames Rundschreiben zu den leistungsrechtlichen Vorschriften des SGB XI vom 20.12.2022, S. 194.
203 GKV-Spitzenverband, Gemeinsames Rundschreiben zu den leistungsrechtlichen Vorschriften des SGB XI vom 20.12.2022, S. 191.

> **Praxishinweis:**
>
> Die Verhinderungspflege muss nicht im Voraus beantragt werden.[204] Ab dem 1.7.2025 wird dies ausdrücklich in § 39 Abs. 1 S. 2 SGB XI geregelt.

Damit soll darauf reagiert werden, dass Verhinderungssituationen oftmals unverhofft eintreten und sehr schnell Ersatz gefunden werden muss, wenn eine Pflegeperson ausfällt.[205]

4. Leistungsbudget

Wird die Ersatzpflege einer Person übertragen, die mit dem Pflegebedürftigen bis zum **zweiten Grad** verwandt oder verschwägert ist oder mit ihm in häuslicher Gemeinschaft lebt, dürfen nach § 39 Abs. 3 S. 1 SGB XI die Aufwendungen der Pflegekasse den **Betrag des Pflegegeldes** nach § 37 Abs. 1 S. 3 SGB XI (→ Rn. 385) für **bis zu sechs Wochen** [ab 1.7.2035: **zwei Monate**[206]] nicht überschreiten. Über den Betrag des Pflegegeldes des festgestellten Pflegegrades hinaus können „auf Nachweis" weitere **notwendige Aufwendungen** übernommen werden, die der Pflegeperson im Zusammenhang mit der Ersatzpflege entstanden sind.

> **Praxishinweis:**
>
> Notwendige **Aufwendungen** sind insbesondere **Verdienstausfall, Fahrkosten**[207] und Unterkunftskosten.

Insgesamt dürfen das Pflegegeld für den Pflegegrad und die zusätzliche Übernahme der notwendigen Aufwendungen den Höchstbetrag nach § 39 Abs. 1 S. 3 SGB XI nicht überschreiten. **Unabhängig vom Pflegegrad** des Pflegebedürftigen stehen jährlich bis zu **1.612,00 EUR** zur Verfügung.

> **Praxishinweis:**
>
> Die vorgenannten Beträge werden **dynamisiert** und steigen zum **1.1.2025** um **4,5 %** und zum **1.1.2028** in Höhe des kumulierten Anstiegs der Kerninflationsrate in den letzten drei Kalenderjahren, für die zum Zeitpunkt der Erhöhung die entsprechenden Daten vorliegen, nicht jedoch stärker als der Anstieg der Bruttolohn- und Gehaltssumme je abhängig beschäftigten Arbeitnehmer im selben Zeitraum; § 30 Abs. 1 SGB XI. Die neuen Beträge werden vom Bundesministerium für Gesundheit nach § 30 Abs. 2 SGB XI jeweils im Bundesanzeiger bekannt gemacht.

---

204 GKV-Spitzenverband, Gemeinsames Rundschreiben zu den leistungsrechtlichen Vorschriften des SGB XI vom 20.12.2022, S. 195.
205 BT-Drs. 20/6983, 101.
206 BT-Drs. 20/6983, 102.
207 BSG Urt. v. 12.7.2012 – B 3 P 6/11 R = NZS 2013, 101.

449 Zum **1.1.2025** wird der Jahresbetrag[208] um 4,5 % erhöht und beträgt dann jährlich **1.685,00 EUR**.

5. Hinzurechnung eines Teils des Leistungsbudget der Kurzzeitpflege

450 Nach § 39 Abs. 2 S. 1 SGB XI kann das Budget der Verhinderungspflege von bis zu 1.612,00 EUR um bis zu 806,00 EUR auf **insgesamt bis zu 2.418,00 EUR** im Kalenderjahr unter der Voraussetzung, dass der Erhöhungsbetrag aus noch **nicht in Anspruch genommenen Mitteln** der Kurzzeitpflege nach § 42 Abs. 2 S. 2 SGB XI (→ Rn. 501 ff) zur Verfügung steht, erweitert werden. Mit dieser Regelung soll – quasi in einem ersten Schritt – die Leistung der Verhinderungspflege **flexibler** ausgestaltet und dadurch ausgebaut werden.[209] Daher gilt diese Budgeterhöhung für alle Fallgestaltungen; insoweit klarstellend § 39 Abs. 3 S. 4 SGB XI. Ein für die Verhinderungspflege in Anspruch genommener Erhöhungsbetrag wird auf den Leistungsbetrag der Kurzzeitpflege **angerechnet**; § 39 Abs. 2 S. 2 SGB XI.

451 **Praxishinweis:**

Die vorgenannten Beträge werden **dynamisiert** und steigen zum **1.1.2025** um **4,5 %** und zum **1.1.2028** in Höhe des kumulierten Anstiegs der Kerninflationsrate in den letzten drei Kalenderjahren, für die zum Zeitpunkt der Erhöhung die entsprechenden Daten vorliegen, nicht jedoch stärker als der Anstieg der Bruttolohn- und Gehaltssumme je abhängig beschäftigten Arbeitnehmer im selben Zeitraum; § 30 Abs. 1 SGB XI. Die neuen Beträge werden vom Bundesministerium für Gesundheit nach § 30 Abs. 2 SGB XI jeweils im Bundesanzeiger bekannt gemacht.

452 Zum **1.1.2025** wird der maximale Jahresbetrag[210] für die Verhinderungspflege unter Einrechnung der Kurzzeitpflege um 4,5 % erhöht und beträgt dann jährlich **2.527,00 EUR**.

453 Ab dem **1.7.2025** werden die bisher separat in den §§ 39 und 42 SGB XI vorgesehenen Leistungsbeträge für Leistungen der Verhinderungspflege und für Leistungen der Kurzzeitpflege in dem neuen **Gemeinsamen Jahresbetrag** für Verhinderungspflege und Kurzzeitpflege nach § 42a SGB XI (→ Rn. 513) zusammengeführt.

6. Sonderregelung für Kinder und Jugendliche (§ 39 Abs. 4 und 5 SGB XI)

454 Für die Gruppe der Pflegebedürftigen, die in die Pflegegrade 4 oder 5 eingestuft sind und das **25. Lebensjahr noch nicht vollendet** haben, werden mit § 39 Abs. 4 und 5 SGB XI die wesentlichen Rechtswirkungen, die mit der Einführung des Gemeinsamen Jahresbetrags für Verhinderungspflege und Kurzzeitpflege nach § 42a SGB XI (→ Rn. 513) zum 1.7.2025 verbunden sein werden, auf den 1.1.2024 vorgezogen. Diese Gruppe der Pflegebedürftigen wird typischerweise von ihren **Eltern** gepflegt, die besonders stark belastet sind. Daher wird für sie der Höchstzeitraum einer Verhinderungspfle-

---

208 Wir gehen davon aus, dass die Erhöhung der Budgets nicht nur kaufmännisch gerundet, sondern stets auf volle Euro-Beträge vorgenommen wird, wie das Beispiel des Gesetzgebers zum gemeinsamen Jahresbeitrag des § 42a SGB XI zeigt.
209 BT-Drs. 18/1798, 27.
210 Wir gehen davon aus, dass die Erhöhung der Budgets nicht nur kaufmännisch gerundet, sondern stets auf volle Euro-Beträge vorgenommen wird, wie das Beispiel des Gesetzgebers zum gemeinsamen Jahresbeitrag des § 42a SGB XI zeigt.

ge im Vorgriff auf die Einführung des Gemeinsamen Jahresbetrags auf bis zu acht Wochen im Kalenderjahr ausgedehnt und ebenso der Kostenerstattungsbetrag, der gemäß § 39 Abs. 3 S. 1 SGB XI regelmäßig übernommen wird, auf den Betrag des Pflegegeldes nach § 37 Abs. 1 S. 3 SGB XI (→ Rn. 385) für bis zu zwei Monate angehoben. Gemäß § 39 Abs. 5 SGB XI wird dementsprechend auch ein bisher bezogenes (anteiliges) Pflegegeld während einer Verhinderungspflege in halber Höhe für bis zu acht Wochen im Kalenderjahr weitergezahlt. Des Weiteren ist es bei Verhinderung einer Pflegeperson dieser Gruppe von Pflegebedürftigen bereits ab dem 1.1.2024 möglich, auf den **vollen Leistungsbetrag** für die Kurzzeitpflege zuzugreifen: Soweit die Mittel in dem Kalenderjahr noch nicht für eine Kurzzeitpflege verbraucht worden sind, können nach Wahl der Anspruchsberechtigten bis zu 100 % des Leistungsbetrags für eine Kurzzeitpflege zugunsten der Verhinderungspflege **umgewidmet** werden. Damit stehen im Jahr 2024 bis zu **3.386,00 EUR** im Kalenderjahr für die Verhinderungspflege als **Entlastungsbudget** zur Verfügung.[211]

> **Praxishinweis:** 455
>
> Die vorgenannten Beträge werden **dynamisiert** und steigen zum **1.1.2025** um **4,5 %** und zum **1.1.2028** in Höhe des kumulierten Anstiegs der Kerninflationsrate in den letzten drei Kalenderjahren, für die zum Zeitpunkt der Erhöhung die entsprechenden Daten vorliegen, nicht jedoch stärker als der Anstieg der Bruttolohn- und Gehaltssumme je abhängig beschäftigten Arbeitnehmer im selben Zeitraum; § 30 Abs. 1 SGB XI. Die neuen Beträge werden vom Bundesministerium für Gesundheit nach § 30 Abs. 2 SGB XI jeweils im Bundesanzeiger bekannt gemacht.

Zum **1.1.2025** wird der maximale Jahresbetrag[212] für die Verhinderungspflege unter Einrechnung der Kurzzeitpflege für Pflegebedürftige, die das 25. Lebensjahr noch nicht vollendet haben, um 4,5 % erhöht und beträgt dann jährlich **3.539,00 EUR**. 456

VIII. Pflegehilfsmittel und Wohnumfeldverbesserung (§ 40 SGB XI)

1. Pflegehilfsmittel (§ 40 Abs. 1 und 2 SGB XI)

Pflegebedürftige der **Pflegegrade 1 bis 5** in **häuslicher Pflege** haben einen **Rechtsanspruch** auf Pflegehilfsmittel, wenn die Versorgung notwendig ist. **Pflegehilfsmittel** sind – in Abgrenzung von Hilfsmitteln nach § 33 SGB V – solche Hilfsmittel, die zur **Erleichterung der Pflege** oder zur **Linderung von Beschwerden** des Pflegebedürftigen beitragen oder dem Pflegebedürftigen eine **selbstständigere Lebensführung** ermöglichen, soweit sie nicht von anderen Sozialleistungsträgern zu leisten sind. Zur Ermöglichung einer selbstständigeren Lebensführung kommen nicht nur Hilfsmittel in Betracht, die in den Bereichen Mobilität/Ernährung/Körperpflege einsetzbar sind; Pflegehilfsmittel dienen vielmehr **umfassend** der Erleichterung der Pflege, nicht nur der Grundpflege.[213] 457

---

211 BT-Drs. 20/6983, 98.
212 Wir gehen davon aus, dass die Erhöhung der Budgets nicht nur kaufmännisch gerundet, sondern stets auf volle Euro-Beträge vorgenommen wird, wie das Beispiel des Gesetzgebers zum gemeinsamen Jahresbeitrag des § 42a SGB XI zeigt.
213 BSG Urt. v. 3.11.1999 – B 3 P 3/99 R = NZS 2000, 404.

458 **Praxishinweis:**

Nicht zu den Pflegehilfsmitteln gehören Mittel des **täglichen Lebensbedarfs**, und zwar auch dann nicht, wenn sie die Pflege erleichtern.[214] Mittel des täglichen Lebens sind solche, die allgemein Verwendung finden und **üblicherweise von mehreren Personen benutzt** werden oder in einem Haushalt vorhanden sind (Beispiele: Küchenhilfen, Elektromesser, Dosenöffner, auch elektrisch verstellbare Sessel[215]). Pflegehilfsmittel sind aber Dinge, die ganz überwiegend der Erleichterung der Pflege dienen, aber im Alltag nicht allgemein gebräuchlich sind (Schutzservietten[216]).

459 Nach § 39 Abs. 6 SGB XI können **Pflegefachkräfte** im Rahmen ihrer Leistungserbringung nach § 36 SGB XI, nach den §§ 37 und 37c SGB V sowie der Beratungseinsätze („Beratungsbesuche") nach § 37 Abs. 3 SGB XI (→ Rn. 394) konkrete **Empfehlungen** zur Hilfsmittel- und Pflegehilfsmittelversorgung abgeben. Wird ein Pflegehilfsmittel von einer Pflegefachkraft bei der Antragstellung empfohlen, werden die Notwendigkeit der Versorgung und die Erforderlichkeit der Versorgung nach § 33 Abs. 1 SGB V vermutet. Die Empfehlung der Pflegefachkraft darf bei der Antragstellung nicht älter als **zwei Wochen** sein; einer ärztlichen Verordnung gemäß § 33 Abs. 5a SGB V bedarf es bei Vorliegen einer Empfehlung nicht. Der GKV-Spitzenverband hat gemäß § 40 Abs. 6 S. 6 und 7 SGB XI in **Richtlinien** das Nähere insbesondere zu den in Frage kommenden Hilfsmitteln und Pflegehilfsmitteln, zu den Eignungsvoraussetzungen der empfehlenden Pflegefachkräfte und zu den Verfahren, die bei der Antragstellung durch die bzw. den Pflegebedürftigen einzuhalten sind, festgelegt.[217]

460 **Praxishinweis:**

Für die Empfehlung wurde ein **Formular**[218] vorbereitet.

461 **Zum Verbrauch bestimmte Hilfsmittel** sind wegen ihrer Beschaffenheit oder aus hygienischen Gründen nicht wiederverwendbare Gegenstände wie etwa Desinfektionsmittel, Unterlagen oder Einlagen (für Bett oder Stühle), Schutzbekleidung, Körperpflegeartikel. Im Rahmen einer Kostenerstattung[219] stehen nach § 40 Abs. 2 SGB XI für diesen Anspruch **monatlich 40,00 EUR** zur Verfügung.

462 **Praxishinweis:**

Die vorgenannten Beträge werden **dynamisiert** und steigen zum **1.1.2025** um **4,5 %** und zum **1.1.2028** in Höhe des kumulierten Anstiegs der Kerninflationsrate in den letzten drei Kalenderjahren, für die zum Zeitpunkt der Erhöhung die entsprechenden Daten vorliegen, nicht jedoch stärker als der Anstieg der Bruttolohn- und Gehaltssumme je abhängig beschäftigten Arbeitnehmer im selben Zeitraum; § 30 Abs. 1

---

[214] BT-Drs. 12/5262, 113.
[215] BSG Urt. v. 22.8.2001 – B 3 P 13/00 R = NZS 2002, 374.
[216] BSG Urt. v. 15.11.2007 – B 3 P 9/06 R = NZS 2008, 599.
[217] https://www.gkv-spitzenverband.de/media/dokumente/krankenversicherung_1/hilfsmittel/himi_empfehlungen__verlautbarungen/2021_12_20_Hilfsmittel_Richtlinie_40_Abs_6_SGB_XI_Stand_01.03.22.pdf.
[218] https://www.gkv-spitzenverband.de/media/dokumente/krankenversicherung_1/hilfsmittel/himi_empfehlungen__verlautbarungen/2021_12_20_Hilfsmittel_Richtlinie_40_Abs_6_SGB_XI-S.14-15_Anlage_I_beschreibbar.pdf.
[219] BT-Drs. 16/7439, 56.

SGB XI. Die neuen Beträge werden vom Bundesministerium für Gesundheit nach
§ 30 Abs. 2 SGB XI jeweils im Bundesanzeiger bekannt gemacht.

Zum **1.1.2025** wird das Budget für zum Verbrauch bestimmte Hilfsmittel[220] um 4,5 % erhöht und beträgt dann monatlich **42,00 EUR**.

2. Technische Pflegehilfsmittel (§ 40 Abs. 3 SGB XI)

Die Pflegekassen sollen nach § 40 Abs. 3 SGB XI **technische Pflegehilfsmittel** in allen geeigneten Fällen vorrangig leihweise überlassen, da diese häufig teuer sind, aber oft bei längerem Gebrauch kaum Abnutzungserscheinungen zeigen.[221]

Praxishinweis:

Technische, nicht zum Verbrauch bestimmte Pflegehilfsmittel sind: Pflegebetten mit Zubehör wie Aufrichthilfen, Hausnotrufanlagen[222] oder Mehrfunktionsliegestühle, Therapieliegen,[223] Pflegebetten,[224] Rollstühle, Gehwagen, Hebegeräte.

Technische Pflegehilfsmittel nur im Hinblick auf solche Betätigungen beansprucht werden, die für die **Lebensführung im häuslichen Umfeld** erforderlich sind.[225] Der Anspruch auf Versorgung mit Pflegehilfsmitteln umfasst nach § 40 Abs. 3 S. 3 SGB XI nicht nur die Erstausstattung, sondern auch die erforderlichen Änderungen, Instandsetzungen und ggf. die Ersatzbeschaffung.[226]

Praxishinweis:

Bei vorsätzlicher oder grob fahrlässiger Beschädigung bzw. Herbeiführung der Unbrauchbarkeit durch den Pflegebedürftigen können die Instandsetzung oder die Ersatzbeschaffung verweigert werden.

3. Zuschüsse für wohnumfeldverbessernde Maßnahmen (§ 40 Abs. 4 SGB XI)

Da bei häuslicher Pflege die **konkreten Wohnverhältnisse** von großer Bedeutung für die Qualität der Pflege und letztlich ein Verbleiben des Pflegebedürftigen in der häuslichen Umgebung ist, können die Pflegekassen im Ermessen **Zuschüsse** für Maßnahmen zur Verbesserung des individuellen Wohnumfeldes **gewähren**. Das Ermessen der Pflegekasse bezieht sich nicht auf die „Maßnahme", sondern auf alle relevanten **Umstände des Einzelfalls,** wie Wohnverhältnisse, Pflegesituation, auch die Einkommenssituation.[227]

Voraussetzung für die Gewährung eines Zuschusses nach § 40 Abs. 4 SGB XI ist, dass durch die vorgesehene Maßnahme im Einzelfall die **häusliche Pflege ermöglicht** oder **erheblich erleichtert** oder eine **möglichst selbständige Lebensführung** des Pflegebedürftigen wiederhergestellt bzw. erhalten wird; grundsätzlich müssen elemen-

---

220 Wir gehen davon aus, dass die Erhöhung der Budgets nicht nur kaufmännisch gerundet, sondern stets auf volle Euro-Beträge vorgenommen wird, wie das Beispiel des Gesetzgebers zum gemeinsamen Jahresbeitrag des § 42a SGB XI zeigt.
221 BT-Drs. 12/5262, 113.
222 LSG Hessen Urt. v. 18.12.2003 – L 8 KN 502/02; LSG Saarland Urt. v. 28.4.2009 – L 2 P 4/08.
223 LSG Thüringen Urt. v. 30.5.2005 – L 6 KR 23/02.
224 LSG Rheinland-Pfalz Urt. v. 20.8.2015 – L 5 P 15/15.
225 BSG Urt. v. 3.11.1999 – B 3 P 3/99 R = NZS 2000, 404; Urt. v. 16.7.2014 – B 3 KR 1/14 R = NZS 2014, 902.
226 BSG Urt. v. 9.11.2010 – B 2 U 24/09 R = BSGE 107, 91.
227 BSG Urt. v. 3.11.1999 – B 3 P 3/99 R = NZS 2000, 404; Urt. v. 13.5.2004 – B 3 P 5/03 R = NZS 2005, 262.

tare Belange der Lebensführung betroffen sein.[228] Die erhebliche Erleichterung der Pflege muss sich auf **aktive Pflegemaßnahmen** beziehen; es kann deshalb im Einzelfall nicht ausreichend sein, wenn sich die Pflegeperson durch die Maßnahme allgemein entlastet fühlt.[229] Entscheidend ist letztlich, ob damit die Pflege in **zentralen Bereichen des Hilfebedarfs** deutlich und **spürbar einfacher** wird, was dann auch zu einer Entlastung der Pflegeperson bzw. zur Vermeidung ihrer Überforderung führt, wie beim Einbau einer behindertengerechten Dusche.[230] Keinen Zweifel kann es geben, wenn die Maßnahme gewährleistet, dass der Pflegebedürftige in seiner häuslichen Umgebung verbleiben kann; etwa bei einer technische Vorkehrung, die das unkontrollierte Verlassen der Wohnung bei Demenzkranken verhindert.[231] Maßgebend ist ein üblicher und **durchschnittlicher Wohnungsstandard** und nicht die individuellen Bedürfnisse und Lebensgewohnheiten des Pflegebedürftigen.[232]

470 **Praxishinweis:**

Zu den wohnumfeldverbessernden Maßnahmen zählen insbesondere **Umbaumaßnahmen** im Bad (Einbau einer (barrierefreien) Dusche statt Badewanne) oder eines Treppenlifts,[233] Türverbreiterungen, Veränderungen des Bodenbelags, Absenkung eines Briefkastens auf Greifhöhe für Rollstuhlfahrer oder die Installation von Wasseranschlüssen und elektrischen Heizgeräten.[234]

471 Der Zuschuss darf nach § 40 Abs. 4 S. 2 SGB XI **4.000,00 EUR** je Maßnahme nicht übersteigen. Bei der Zuschussgewährung sind als **Maßnahme** insbesondere die Aufwendungen für Durchführungshandlungen, Material, Arbeitslohn und Gebühren zu berücksichtigen.[235]

472 **Praxishinweis:**

Die vorgenannten Beträge werden **dynamisiert** und steigen zum **1.1.2025** um **4,5 %** und zum **1.1.2028** in Höhe des kumulierten Anstiegs der Kerninflationsrate in den letzten drei Kalenderjahren, für die zum Zeitpunkt der Erhöhung die entsprechenden Daten vorliegen, nicht jedoch stärker als der Anstieg der Bruttolohn- und Gehaltssumme je abhängig beschäftigten Arbeitnehmer im selben Zeitraum; § 30 Abs. 1 SGB XI. Die neuen Beträge werden vom Bundesministerium für Gesundheit nach § 30 Abs. 2 SGB XI jeweils im Bundesanzeiger bekannt gemacht.

---

228 BSG Urt. v. 17.7.2008 – B 3 P 12/07 = NZM 2009, 205.
229 BSG Urt. v. 26.4.2001 – B 3 P 15/00 R.
230 BSG Urt. v. 25.11.2015 – B 3 P 3/14 R = NZS 2016, 268.
231 BSG Urt. v. 30.10.2001 – B 3 P 3/01 R = NZS 2002, 431.
232 BSG Urt. v. 3.11.1999 – B 3 P 3/99 R = NZS 2000, 404; Urt. v. 16.7.2014 – B 3 KR 1/14 R = NZS 2014, 902.
233 BT-Drs. 12/5262, 114; BSG Urt. v. 3.11.1999 – B 3 P 6/99 R = NZS 2000, 355; Urt. v. 25.1.2017 – B 3 P 2/15 R = BSGE 122, 239 = NZS 2017, 461.
234 Ausführlicher Katalog vgl. GKV-Spitzenverband, Gemeinsames Rundschreiben zu den leistungsrechtlichen Vorschriften des SGB XI vom 20.12.2022, S. 227 f.; LPK-SGB XI/Richter, 5. Aufl., § 40 Rn. 26.
235 GKV-Spitzenverband, Gemeinsames Rundschreiben zu den leistungsrechtlichen Vorschriften des SGB XI vom 20.12.2022, S. 224.

Zum **1.1.2025** wird der Zuschuss[236] um 4,5 % erhöht und beträgt dann höchstens 4.180,00 EUR.

Bei objektiver **Änderung der Pflegesituation** (weiter fortschreitende Pflegebedürftigkeit, die zu einem erhöhten Pflegegrad führt) kann eine später erforderlich werdende Maßnahme als neue Maßnahme gelten, für die ein weiterer Zuschuss gewährt werden kann.[237] Nach § 40 Abs. 4 S. 3 und 4 SGB XI sind die Höchstbeträge für mehrere Pflegebedürftige zu **addieren,** wenn die Maßnahme mehreren Pflegebedürftigen in einer gemeinsamen Wohnung dient. Die Addition ist auf einen **Gesamtbetrag** von **16.000,00 EUR** (ab 1.1.2025: 16.720,00 EUR) begrenzt, der auf die Versicherungsträger der anspruchsberechtigten Pflegebedürftigen aufzuteilen ist.[238]

> **Praxishinweis:**
>
> Bei Pflegebedürftigen, die in einer ambulanten **Wohngruppe** leben und einen Wohngruppenzuschlag nach § 38a SGB XI (→ Rn. 412) erhalten, können bei Vorliegen der Anspruchsvoraussetzungen nach § 40 Abs. 4 SGB XI die vorgenannten Zuschüsse zur Wohnumfeldverbesserung **ergänzen** um die Leistungen nach § 45e SGB XI; einmalig ein Betrag von bis zu 2.500,00 EUR – in der Wohngruppe maximal 10.000,00 EUR.[239]

4. Beschleunigtes Bewilligungsverfahren (§ 40 Abs. 7 SGB XI)

Die Beschleunigungsvorschrift des § 40 Abs. 7 SGB XI lehnt sich inhaltlich eng an § 13 Abs. 3a SGB V an und bezweckt die **Beschleunigung** der Bewilligungsverfahren für Pflegehilfsmittel und Zuschüssen für Maßnahmen zur Verbesserung des individuellen Wohnumfeldes bei den Pflegekassen durch die Regelung einer **Genehmigungsfiktion**[240]. Dies dient zum einen der schnellen Klärung von Ansprüchen dieser Leistungen, zum anderen erhalten die Pflegebedürftigen bei Vorliegen der Anspruchsvoraussetzungen in kurzer Zeit ihre Leistungen.

> **Praxishinweis:**
>
> Kein Grund für eine nicht zügige Entscheidung bieten Gründe, die im Verantwortungsbereich der Pflegekasse liegen (etwa Organisationsmängel oder Arbeitsüberlastung).[241]

---

236 Wir gehen davon aus, dass die Erhöhung der Budgets nicht nur kaufmännisch gerundet, sondern stets auf volle Euro-Beträge vorgenommen wird, wie das Beispiel des Gesetzgebers zum gemeinsamen Jahresbeitrag des § 42a SGB XI zeigt.
237 BSG Urt. v. 19.4.2007 – B 3 P 8/06 R = NZS 2008, 41; LSG Rheinland-Pfalz Urt. v. 4.5.2006 – L 5 P 1/06 = NZS 2006, 653.
238 BT-Drs. 17/10170, 16.
239 GKV-Spitzenverband, Gemeinsames Rundschreiben zu den leistungsrechtlichen Vorschriften des SGB XI vom 20.12.2022, S. 224 f.
240 Dazu BSG Urt. v. 26.5.2020 – B 1 KR 9/18 R = BSGE 130, 200 = NZS 2021, 22; unter **Aufgabe** von BSG Urt. v. 8.3.2016 – B 1 KR 25/15 R = BSGE 121, 40 = NZS 2016, 464; vgl. auch Urt. v. 18.6.2020 – B 3 KR 14/18 R = BSGE 130, 219 = NZS 2021, 219.
241 BT-Drs. 19/24727, 63 f.

IX. Digitale Pflegeanwendungen (§§ 39a, 40a, 40b SGB XI)

1. Ergänzende Unterstützungsleistungen (§ 39a SGB XI)

478 Pflegebedürftige, also auch diejenigen, denen Pflegegrad 1 zuerkannt wurde, haben nach § 39a SGB XI Anspruch auf **ergänzende Unterstützungsleistungen** durch zugelassene **ambulante Pflegeeinrichtungen**. Die ergänzenden Unterstützungsleistungen sollen den **pflegerischen oder betreuerischen Nutzen** der digitalen Pflegeanwendung sicherstellen. Einzelheiten zum Anspruch der ergänzenden Unterstützungsleistung für die jeweilige digitale Pflegeanwendung legt das **Bundesinstitut für Arzneimittel und Medizinprodukte** nach § 78a Abs. 5 S. 6 SGB XI fest und im Anschluss auf Landesebene in den Rahmenverträgen nach § 75 Abs. 2 Nr. 1a SGB XI vorgenommen, so dass insoweit eine **„Positivliste der ergänzenden Unterstützungsleistungen"** entsteht.

479 **Praxishinweis:**

Ergänzende Unterstützungsleistungen können beispielsweise eine erste Hilfe beim Einsatz einer digitalen Pflegeanwendung,[242] eine begleitende Unterstützung durch eine Pflegekraft[243] oder die Einweisung in die Nutzung der Plattform[244] sein.

2. Digitale Pflegeanwendung (§ 40a SGB XI)

480 Der Anspruch auf Versorgung mit digitalen Pflegeanwendungen nach § 40a Abs. 1 S. 1 SGB XI umfasst **„wesentlich auf digitalen Technologien beruhende"**, also vorrangig software- oder webbasierte, Versorgungsangebote, die von den Pflegebedürftigen oder in der Interaktion von Pflegebedürftigen mit Angehörigen, sonstigen ehrenamtlich Pflegenden oder zugelassenen Pflegeeinrichtungen genutzt werden. Damit ist der **Anwenderkreis** durch § 40a Abs. 1a S. 1 SGB XI weit gehalten, denn die digitalen Pflegeanwendungen müssen nicht ausschließlich dem Pflegebedürftigen begleiten, sondern können auch Dritte bei der Pflege in der Häuslichkeit unterstützen. Dabei können die Dritten neben Angehörigen auch sonstige ehrenamtlich Pflegende sein.[245] Die digitale Pflegeanwendung muss einem der drei Anwendungskontexte (die Beeinträchtigung der Selbständigkeit oder der Fähigkeiten des Pflegebedürftigen zu mindern oder einer Verschlimmerung der Pflegebedürftigkeit entgegenzuwirken) dienen.[246] Damit können die Anwendungen auch der Organisation und Bewältigung des pflegerischen Alltags oder der Erhaltung der Mobilität oder bei Demenz dienen.[247]

481 **Praxishinweis:**

§ 40a Abs. 1a S. 2 SGB XI enthält eine **Negativabgrenzung**. Keine digitalen Pflegeanwendungen sind: Apps zur Arbeitsorganisation von ambulanten Pflegeeinrichtungen, zur Wissensvermittlung, Information oder Kommunikation, zur Beantragung oder Verwaltung von Leistungen oder solche, die ausschließlich der Auskunft oder Beratung zur Auswahl und Inanspruchnahme von Sozialleistungen dienen. Es fehlt insoweit der pflegerische Mehrwert.

---

242 BT-Drs. 19/27652, 142.
243 Braun NZS 2021, 710.
244 Malorny NZS 2022, 443.
245 BT-Drs. 20/734, 14.
246 BT-Drs. 20/734, 14.
247 BT-Drs. 19/27652, 143.

IX. Digitale Pflegeanwendungen (§§ 39a, 40a, 40b SGB XI)

Digitale Pflegeanwendungen, die gleichzeitig **Medizinprodukte** sind, werden vom Anspruch nach § 40a Abs. 1b SGB XI nur umfasst, wenn sie eine niedrige Risikoklasse gemäß § 33a Abs. 2 SGB V haben, um eine Gleichheit mit den Regelungen zu **digitalen Gesundheitsanwendungen** herbeiführen.[248] Ein Vergütungsanspruch entsteht nach § 40a Abs. 2 S. 1 SGB XI nur mit einem Nachweis der Funktionstauglichkeit durch Aufnahme in das **Verzeichnis für digitale Pflegeanwendungen** des Bundesinstituts für Arzneimittel und Medizinprodukte nach § 78a Abs. 3 SGB XI. Die Pflegekasse entscheidet auf **Antrag** des Pflegebedürftigen über die Notwendigkeit der Versorgung mit digitalen Pflegeanwendungen; § 40a Abs. 2 S. 2 SGB XI. Im Rahmen einer **Ermessensentscheidung** entscheidet die Pflegekasse über die Notwendigkeit der Versorgung. Die **erstmalige Bewilligung** der Pflegekasse nach Antrag des Pflegebedürftigen ist nach § 40a Abs. 2 S. 3 und 4 SGB XI zu befristen, wobei die Befristung höchstens **sechs Monate** betragen darf. Während dieser sechs Monate muss die Pflegekasse über eine sich anschließende **unbefristete Bewilligung** entscheiden, ohne dass es eines weiteren Antrags des Pflegebedürftigen bedarf.

482

> **Praxishinweis:**
>
> Etwaige **Mehrkosten** haben die Pflegbedürftigen zu tragen, wenn sie sich für eine digitale Pflegeanwendung entscheiden, deren Funktionen oder Anwendungsbereiche über die in das Verzeichnis nach § 78a Abs. 3 SGB XI aufgenommenen Anwendungen hinausgehen oder den vereinbarten Vergütungsbetrag übersteigen. Über diese Mehrkosten haben die Pflegekassen ihre Versicherten schriftlich, mindestens in Textform, zu informieren.[249]

483

3. Leistungsbudget (§ 40b SGB XI)

Bewilligt die Pflegekasse die Versorgung mit einer digitalen Pflegeanwendung, hat die pflegebedürftige Person einen **Gesamtanspruch** auf die Erstattung von Aufwendungen für digitale Pflegeanwendungen nach § 40a SGB XI und auf Leistungen für die Inanspruchnahme von ergänzenden Unterstützungsleistungen ambulanter Pflegeeinrichtungen nach § 39a SGB XI bis zur Höhe von insgesamt **50,00 EUR** im Monat.

484

> **Praxishinweis:**
>
> Die vorgenannten Beträge werden **dynamisiert** und steigen zum **1.1.2025** um **4,5 %** und zum **1.1.2028** in Höhe des kumulierten Anstiegs der Kerninflationsrate in den letzten drei Kalenderjahren, für die zum Zeitpunkt der Erhöhung die entsprechenden Daten vorliegen, nicht jedoch stärker als der Anstieg der Bruttolohn- und Gehaltssumme je abhängig beschäftigten Arbeitnehmer im selben Zeitraum; § 30 Abs. 1 SGB XI. Die neuen Beträge werden vom Bundesministerium für Gesundheit nach § 30 Abs. 2 SGB XI jeweils im Bundesanzeiger bekannt gemacht.

485

---

248 BT-Drs. 20/734, 14.
249 BT-Drs. 19/27652, 144.

486 Zum **1.1.2025** wird das monatliche Gesamtbudget[250] um 4,5 % erhöht und beträgt dann **53,00 EUR.**

487 Die Pflegekasse **informiert** den Pflegebedürftigen nach § 40b Abs. 2 SGB XI barrierefrei in schriftlicher oder elektronischer Form über die Kosten, die von ihm für die digitale Pflegeanwendung, einschließlich der Mehrkosten nach § 40a Abs. 2 S. 8 SGB XI, selbst zu tragen sind, und über die Kosten, die von ihm für ergänzende Unterstützungsleistungen selbst zu tragen sind.

X. Tagespflege und Nachtpflege (§ 41 SGB XI)

1. Leistungsinhalt

488 Für einen Anspruch auf Leistungen der Tages- und Nachtpflege nach § 41 SGB XI muss die häusliche Pflege für Pflegebedürftige der Pflegegrade 2 bis 5 nicht oder nicht ausreichend sichergestellt sein. Über die nicht ausreichende Sicherstellung hinaus besteht ein Anspruch auf teilstationäre Pflege auch dann, wenn diese **zur Ergänzung** oder **Stärkung** der häuslichen Pflege **erforderlich** ist.[251]

489 **Praxishinweis:**

Leistungen der teilstationären Pflege kommen insbesondere für Pflegebedürftige in Betracht, die aufgrund körperlicher oder seelischer Beeinträchtigungen außerstande sind, während der Abwesenheit ihrer Pflegeperson – zur Ermöglichung einer (Teil-)Erwerbstätigkeit oder anderweitigen Entlastung – allein in ihrer Häuslichkeit zu verbleiben, bei Anwesenheit einer Pflegeperson ansonsten jedoch zu Hause versorgt werden.[252]

490 In den Einrichtungen der **Tagespflege** sollen Pflegebedürftigen tagsüber betreut und gepflegt und nachts zu Hause von Familienangehörigen oder anderen ehrenamtlichen Pflegepersonen gepflegt werden. Einrichtungen der **Nachtpflege** sind insbesondere für Pflegebedürftige gedacht, die Hilfestellung beim Zubettgehen, beim Aufstehen, bei der Bereitstellung von Nachtwachen und bei Maßnahmen der Körperpflege benötigen. Die Nachtpflege kann den pflegenden Angehörigen auch ermöglichen, Nachtruhe zu finden, wenn bei einem dementen Pflegebedürftigen eine Störung des Tag-Nacht-Rhythmus auftritt.[253]

491 In der teilstationären Pflege kann nach § 41 Abs. 1 S. 2 SGB XI auch die notwendige **Beförderung** des Pflegebedürftigen von seiner Wohnung zur Pflegeeinrichtung und zurück aus dem Leistungsbudget gezahlt werden. Die Einrichtung muss die Fahrtleistung nicht anbieten, sondern hat lediglich die tägliche Hin- und Rückfahrt **organisatorisch** sicherzustellen.[254]

---

250 Wir gehen davon aus, dass die Erhöhung der Budgets nicht nur kaufmännisch gerundet, sondern stets auf volle Euro-Beträge vorgenommen wird, wie das Beispiel des Gesetzgebers zum gemeinsamen Jahresbeitrag des § 42a SGB XI zeigt.
251 BT-Drs. 14/6949, 14.
252 GKV-Spitzenverband, Gemeinsames Rundschreiben zu den leistungsrechtlichen Vorschriften des SGB XI vom 20.12.2022, S. 243.
253 BT-Drs. 16/7439, 57.
254 BT-Drs. 12/5262, 114.

2. Leistungsbudget

Die Leistungshöhe für Leistungen der Tages- und Nachtpflege wird in § 41 Abs. 2 S. 2 SGB XI geregelt und umfasst die **pflegebedingten Aufwendungen** der teilstationären Pflege einschließlich der Aufwendungen für Betreuung und die Aufwendungen für die in der Einrichtung notwendigen Leistungen der **medizinischen Behandlungspflege** sowie die Beförderungsleistungen. Die Leistungsbudgets betragen im Kalendermonat

- im Pflegegrad 2 einen Gesamtwert bis zu **689,00 EUR**,
- im Pflegegrad 3 einen Gesamtwert bis zu **1.298,00 EUR**,
- im Pflegegrad 4 einen Gesamtwert bis zu **1.612,00 EUR** und
- im Pflegegrad 5 einen Gesamtwert bis zu **1.995,00 EUR**.

Praxishinweis:

Die vorgenannten Beträge werden **dynamisiert** und steigen zum **1.1.2025** um **4,5 %** und zum **1.1.2028** in Höhe des kumulierten Anstiegs der Kerninflationsrate in den letzten drei Kalenderjahren, für die zum Zeitpunkt der Erhöhung die entsprechenden Daten vorliegen, nicht jedoch stärker als der Anstieg der Bruttolohn- und Gehaltssumme je abhängig beschäftigten Arbeitnehmer im selben Zeitraum; § 30 Abs. 1 SGB XI. Die neuen Beträge werden vom Bundesministerium für Gesundheit nach § 30 Abs. 2 SGB XI jeweils im Bundesanzeiger bekannt gemacht.

Zum **1.1.2025** werden die Teilleistungsbudgets um 4,5 % erhöht und betragen im Kalendermonat[255]

- im Pflegegrad 2 bis zu **721,00 EUR** (bisher: 689,00 EUR),
- im Pflegegrad 3 bis zu **1.357,00 EUR** (bisher: 1.298,00 EUR),
- im Pflegegrad 4 bis zu **1.685,00 EUR** (bisher: 1.612,00 EUR) und
- im Pflegegrad 5 bis zu **2.085,00 EUR** (bisher: 1.995,00 EUR).

3. „Stapelleistungen"

Die Ansprüche der ambulanten Pflegesachleistungen (§ 36 SGB XI [→ Rn. 362]), des Pflegegeldes (§ 37 SGB XI [→ Rn. 380]) oder der Kombinationsleistung (§ 38 SGB XI [→ Rn. 409]) können nach § 41 Abs. 3 SGB XI **ohne** eine **Anrechnung** auf die Ansprüche der teilstationären Tages- und Nachtpflege in Anspruch genommen werden. Diese Ansprüche stehen **gleichrangig** nebeneinander. Den Betroffenen soll damit passgenau geholfen und so ein wichtiger Beitrag zur **Unterstützung pflegender Angehöriger** und zur Vereinbarkeit von Familie, Pflege und Beruf geleistet werden.[256] Durch die Abrechenbarkeit von ambulanter und teilstationärer Pflege nebeneinander erreichen die Leistungsbudgets in darauf spezialisierten Einrichtungen (sog. **„Wohnparks",** also Wohnen mit Service (betreutes Wohnen), ambulanter Dienst und Tages- und Nachtpflege unter einem Dach) stattliche Höhen. Durch die Aufhebung der früheren Anrechnungsregelungen[257] wurde einer Entwicklung – so die Kritik – Vorschub geleistet, die darauf

---

255 Wir gehen davon aus, dass die Erhöhung der Budgets nicht nur kaufmännisch gerundet, sondern stets auf volle Euro-Beträge vorgenommen wird, wie das Beispiel des Gesetzgebers zum gemeinsamen Jahresbeitrag des § 42a SGB XI zeigt.
256 BT-Drs. 18/1798, 27 f.
257 Vgl. BGBl. 2014 I 2222.

abzielt, die ambulante Sachleistung nach § 36 SGB XI und Leistungen der **häuslichen Krankenpflege** nach § 37 SGB V (→ Rn. 84) mit Leistungen der teilstationären Pflege nach § 41 SGB XI regelhaft zu kombinieren, obwohl die konkrete **Versorgungssituation** damit einer vollstationären Versorgung nahekommt oder sogar entspricht.

496 Am Beispiel eines Pflegegrades 3 können bei einem „Aufeinanderstapeln" der Leistungen folgende Leistungsbudgets monatlich in Anspruch genommen werden (in der Klammer Leistungsbudgets ab 1.1.2025):

Leistungen durch den ambulanten Pflegedienst:	1.462,00 EUR[258] (1.497,00 EUR)
Tagespflegebudget	1.298,00 EUR (1.319,00 EUR)
Entlastungsbetrag	125,00 EUR (131,00 EUR)
Monatliches Gesamtbudget	**2.885,00 EUR** (2.947,00 EUR)

497 Daneben sind die Leistungen der häuslichen Krankenpflege nach § 37 SGB V (→ Rn. 84) und auch die Leistungen der **Verhinderungspflege** nach § 39 SGB XI (→ Rn. 434) bei Vorliegen der jeweiligen Voraussetzungen abrechenbar.

498 **Praxishinweis:**

Die Kritik an den sogenannten **„Stapelleistungen"** verstummt nicht, so dass immer wieder die Wiedereinführung von Anrechnungsregeln von Sachleistungen und Tagespflege diskutiert wird.[259]

XI. Kurzzeitpflege (§ 42 SGB XI)

499 Voraussetzung für den Kurzzeitpflegeanspruch in einer vollstationären Pflegeeinrichtung (§ 71 Abs. 1 Nr. 2 SGB XI) ist, dass Leistungen der häuslichen Pflege (§§ 36 – 40 SGB XI) **zeitweise nicht, noch nicht oder nicht im erforderlichen Umfang** erbracht werden können und dass teilstationäre Pflege (§ 41 SGB XI) nicht ausreicht.[260] Ebenso kann der Anspruch nach § 42 Abs. 1 SGB XI im **Anschluss** an eine **Krankenhausbehandlung** und stets für eine „Übergangszeit" und „vorübergehend", also nur **kurzzeitig** bestehen.[261]

500 **Praxishinweis:**

In der Literatur ist durchaus umstritten, ob Kurzzeitpflege für eine **Übergangszeit** zur vollstationären Pflege zur Verfügung steht, wenn der Pflegebedürftige also zukünftig keine häusliche Pflege mehr in Anspruch nehmen kann.[262] Die Pflegekassen bejahen diese Gestaltungsmöglichkeit.[263]

---

258 Ab 1.1.2024.
259 Vgl. etwa Arbeitsentwurf des Bundesministeriums für Gesundheit für ein Pflegereformgesetz, Bearbeitungsstand 15.3.2021, S. 105.
260 Ausführlich BT-Drs. 12/5262, 115.
261 BSG Urt. v. 18.2.2016 – B 3 P 2/14 R.
262 Vgl. LSG Bayern Urt. v. 13.1.2016 – L 6 P 66/14.
263 GKV-Spitzenverband, Gemeinsames Rundschreiben zu den leistungsrechtlichen Vorschriften des SGB XI vom 20.12.2022, S. 248.

XI. Kurzzeitpflege (§ 42 SGB XI)

Die Pflegekasse übernimmt nach § 42 Abs. 2 S. 2 SGB XI – wie auch bei §§ 41 und 43 SGB XI – nur die **pflegebedingten Aufwendungen** einschließlich der Aufwendungen der **Betreuung** sowie die Aufwendungen für Leistungen der **medizinischen Behandlungspflege**.[264] Zu den **pflegebedingten Aufwendungen** zählen nach der Definition in § 4 Abs. 2 S. 2 SGB XI (→ Rn. 37 ff) alle Aufwendungen, die für die Versorgung des Pflegebedürftigen nach Art und Schwere der Pflegebedürftigkeit **erforderlich** sind.

501

> **Praxishinweis:**
> Der Umfang der übernahmefähigen Leistungen in der Kurzzeitpflege gleicht folglich also den Leistungen in der vollstationären Pflege, wird eben nur vorübergehend gewährt.

502

1. Leistungsbudget

Im Rahmen der Kurzzeitpflege übernehmen die Pflegekassen die pflegebedingten Aufwendungen von bis zu **1.774,00 EUR** im Jahr.

503

> **Praxishinweis:**
> Das Jahresbudget wird **dynamisiert** und steigt zum **1.1.2025** um **4,5 %** und zum **1.1.2028** in Höhe des kumulierten Anstiegs der Kerninflationsrate in den letzten drei Kalenderjahren, für die zum Zeitpunkt der Erhöhung die entsprechenden Daten vorliegen, nicht jedoch stärker als der Anstieg der Bruttolohn- und Gehaltssumme je abhängig beschäftigten Arbeitnehmer im selben Zeitraum; § 30 Abs. 1 SGB XI. Die neuen Beträge werden vom Bundesministerium für Gesundheit nach § 30 Abs. 2 SGB XI jeweils im Bundesanzeiger bekannt gemacht.

504

Zum **1.1.2025** wird das Jahresbudget[265] um 4,5 % erhöht und beträgt dann für die Pflegegrade 2 – 5 **1.854,00 EUR**.

505

Das Jahresbudget kann nach § 42 Abs. 2 S. 3 SGB XI aus Mitteln der **Verhinderungspflege erhöht** werden, soweit wie diese im jeweiligen Jahr noch nicht in Anspruch genommen wurden. Für die Übertragung steht das volle für Verhinderungspflege nach § 39 SGB XI (→ Rn. 434) vorgesehene Jahresbudget von 1.612,00 EUR zur Verfügung, so dass im Rahmen der Kurzzeitpflege Sachleistungen im Wert von **insgesamt bis zu 3.386 EUR** im Kalenderjahr in Anspruch genommen werden können.

506

Zum **1.1.2025** wird auch das um die Verhinderungspflege erhöhte Jahresbudget[266] um 4,5 % erhöht und beträgt dann für die Pflegegrade 2 bis 5 **3.539,00 EUR**.

507

> **Praxishinweis:**
> Eine Übertragung aus dem Leistungsbudget der Verhinderungspflege ist möglich, solange dieses noch nicht ausgeschöpft ist; sollte die Verhinderungspflege im laufenden

508

---

264 Vgl. BT-Drs. 18/5926, 126 f.
265 Wir gehen davon aus, dass die Erhöhung der Budgets nicht nur kaufmännisch gerundet, sondern stets auf volle Euro-Beträge vorgenommen wird, wie das Beispiel des Gesetzgebers zum gemeinsamen Jahresbeitrag des § 42a SGB XI zeigt.
266 Wir gehen davon aus, dass die Erhöhung der Budgets nicht nur kaufmännisch gerundet, sondern stets auf volle Euro-Beträge vorgenommen wird, wie das Beispiel des Gesetzgebers zum gemeinsamen Jahresbeitrag des § 42a SGB XI zeigt.

Kalenderjahr hinsichtlich der gesetzlichen Höchstdauer (sechs Wochen, § 39 Abs. 1 S. 1 SGB XI [→ Rn. 442]; ab 1.7.2025: für längstens **acht** Wochen je Kalenderjahr[267]) ausgeschöpft sein, während noch ein Leistungsbudgetrest verbleibt, kann dieser noch für die Kurzzeitpflege verwendet werden.[268]

509 Ab dem **1.7.2025** werden die bisher separat in den §§ 39 und 42 SGB XI vorgesehenen Leistungsbeträge für Leistungen der Verhinderungspflege und für Leistungen der Kurzzeitpflege in dem neuen **Gemeinsamen Jahresbetrag** für Verhinderungspflege und Kurzzeitpflege nach § 42a SGB XI (→ Rn. 513) zusammengeführt.

2. Kurzzeitpflege bei fehlender Pflegebedürftigkeit (§ 39c SGB V)

510 Kommen Leistungen der **unterstützenden Grundpflege** nach § 37 Abs. 1a SGB V in der eigenen Häuslichkeit nicht in Betracht und wurde (oder wird) **keine Pflegebedürftigkeit** mit den Pflegegraden 2 bis 5 **festgestellt**, besteht nach § 39c SGB V bei Vorliegen eines besonderen Unterstützungsbedarfs Anspruch auf Kurzzeitpflege entsprechend § 42 SGB XI gegenüber der Krankenkasse.[269] Voraussetzung ist eine schwere Krankheit oder akute Verschlimmerung einer Krankheit, insbesondere nach Krankenhausaufenthalt oder nach einer ambulanter Operation oder nach einer ambulanter Krankenhausbehandlung.[270] Leistungsdauer und die Leistungshöhe entsprechen nach § 39c S. 2 SGB V den Regelungen des § 42 Abs. 2 S. 1 und 2 SGB XI (→ Rn. 501), so dass eine (fiktive) Erhöhung um Leistungen der Verhinderungspflege, die in § 42 Abs. 2 S. 3 SGB XI geregelt wird, nicht in Frage kommt. Durch den Anspruch nach § 39c SGB V soll dauernde Pflegebedürftigkeit vermieden werden.[271]

3. Übergangspflege, § 39e SGB V

511 Nach § 39e Abs. 1 S. 1–3 SGB V enthalten Versicherte einen Anspruch auf **Übergangspflege** im Krankenhaus, wenn im unmittelbaren Anschluss an eine Krankenhausbehandlung nach § 39 SGB V erforderliche Leistungen der häuslichen Krankenpflege (§ 37 SGB V), der Kurzzeitpflege (§ 39c SGB V [→ Rn. 510]), Leistungen zur medizinischen Rehabilitation (§ 40 SGB V) oder **Pflegeleistungen** nach dem SGB XI nicht oder nur unter erheblichem Aufwand sichergestellt werden können. Ziel der Übergangspflege ist es, die erforderliche ambulante oder stationäre Anschlussversorgung vorzubereiten, zu unterstützen und zu fördern.[272]

512 Die Übergangspflege **umfasst** die Versorgung mit Arznei-, Heil- und Hilfsmitteln, die Aktivierung der Versicherten, die Grund- und Behandlungspflege, ein Entlassmanagement, Unterkunft und Verpflegung sowie die im Einzelfall erforderliche ärztliche Behandlung (§ 39e Abs. 1 S. 2 SGB V). Sie kann nur in dem Krankenhaus erbracht werden, in dem die oder der Versicherte zuvor behandelt worden ist.[273] Der Anspruch besteht für **längstens zehn Tage** (§ 39e Abs. 1 S. 3 SGB V), wobei der Tag der Entlassung aus

---

267 BT-Drs. 20/6983, 100.
268 GKV-Spitzenverband, Gemeinsames Rundschreiben zu den leistungsrechtlichen Vorschriften des SGB XI vom 20.12.2022, S. 251.
269 BT-Drs. 18/6586, 102.
270 vgl. Erfahrungsbericht nach § 39c S. 4 SGB V aF: BT-Drs. 19/6933.
271 BT-Drs. 18/6586, 102.
272 BT-Drs. 19/30560, 27.
273 BT-Drs. 19/30560, 27.

der Krankenhausbehandlung nach § 39 SGB V als erster Tag der Übergangspflege zählt. Die Einzelheiten der Versorgung mit Leistungen der Übergangspflege sind in einem Rahmenvertrag nach § 132m SGB V zu regeln.

XII. Gemeinsamer Jahresbetrag, § 42a SGB XI- „Entlastungsbudget" [ab 1.7.2025]

Ab dem **1.7.2025** haben Pflegebedürftige mit mindestens Pflegegrad 2 Anspruch auf Leistungen der Verhinderungspflege nach § 39 SGB XI (→ Rn. 434) sowie Leistungen der Kurzzeitpflege nach § 42 SGB XI (→ Rn. 499) in Höhe eines Gesamtleistungsbetrages von insgesamt bis zu **3.539,00 EUR** je Kalenderjahr (**Gemeinsamer Jahresbetrag**). Die bisher separat in den §§ 39 und 42 SGB XI vorgesehenen Leistungsbeträge für Leistungen der Verhinderungspflege und für Leistungen der Kurzzeitpflege werden in dem neuen Gemeinsamen Jahresbetrag für Verhinderungspflege und Kurzzeitpflege zusammengeführt. Damit steht für beide Leistungen künftig ein **Gesamtleistungsbetrag** (in der Praxis „**Entlastungsbudget**" genannt) zur Verfügung, den die Anspruchsberechtigten nach ihrer Wahl flexibel für beide Leistungsarten einsetzen können. Bei der **Zusammenführung** wird jeweils auf die Leistungsbeträge nach den § 39 SGB XI (= 1.612,00 EUR) und § 42 SGB XI (= 1.774,00 EUR) abgestellt (addiert: 3.386,00 EUR + 4,5 % zum 1.1.2025 = 3.539,00 EUR), die zum Zeitpunkt des Inkrafttretens des Gemeinsamen Jahresbetrags am 1.7.2025 gelten.

513

Während der neue Gemeinsame Jahresbetrag für Verhinderungspflege und Kurzzeitpflege für die Versicherten einen ersten Schritt zur **Flexibilisierung** der Leistungen der Pflegeversicherung bedeutet, kommen insbesondere auf die ambulanten Pflege- und Betreuungsdienste weitere Aufgaben zu. So muss insbesondere zu jeder Zeit ersichtlich sein, in welchem Umfang der Gesamtleistungsbetrag bereits verbraucht ist und in welchem er noch zur Verfügung steht.

514

Werden Leistungen der **Verhinderungspflege** durch ambulante Pflege- oder Betreuungsdienste erbracht, haben diese nach § 42a Abs. 2 SGB XI (idF vom 1.7.2025) der Pflegekasse des Pflegebedürftigen die **Leistungserbringung** und deren **Umfang** spätestens bis zum Ende des auf den Monat der Leistungserbringung folgenden Kalendermonats anzuzeigen. Da es sich bei der Verhinderungspflege um einen Kostenerstattungsanspruch handelt und da, aus Gründen der Flexibilität, in der Praxis eine vorherige Antragstellung nicht erforderlich ist, ist die Regelung einer **Anzeigepflicht** gegenüber der Pflegekasse notwendig, damit diese zeitnahe Kenntnis darüber erlangt, dass entsprechende Leistungen erbracht worden sind und ein Kostenerstattungsanspruch bereits entstanden ist. So kann die Pflegekasse im Interesse der Pflegebedürftigen einerseits mitverfolgen kann, inwiefern der Gesamtleistungsbetrag bereits verbraucht ist, um beratend tätig werden zu können. Andererseits, weil die Pflegekasse bei Beantragung einer Kurzzeitpflege jederzeit wissen muss, inwiefern die Sachleistungskosten noch übernommen werden können. Daher ist eine Leistungserbringung im Rahmen der Verhinderungspflege bis zum Ende des Kalendermonats anzuzeigen, der auf die Leistungserbringung folgt. Zum anderen muss der ungefähre Umfang der Leistungserbringung mitgeteilt werden, damit die Pflegekasse beurteilen kann, in welcher Höhe der Gesamtleistungsbetrag damit verbraucht wird. Hierbei ist aber keine Spitzabrechnung erforderlich. Ausreichend ist vielmehr eine Angabe, aus der sich die zeitliche Dauer der

515

Leistungserbringung ergibt (zur Verfolgung der geltenden zeitlichen Höchstgrenzen) und die Größenordnung, in der die Kosten entstanden sind. Es reicht hierbei also eine überschlägige Angabe.[274]

516 **Praxishinweis:**

Sollten die Pflegeeinrichtungen die Kosten der Verhinderungspflege aufgrund einer **Abtretung** (§ 398 BGB) oder sonstigen zivilrechtlichen Ermächtigung innerhalb der Anzeigefrist direkt gegenüber der Pflegekasse abrechnen, gilt die Anzeige mit dem Zugang der Abrechnung als erfolgt. Dies gilt auch, wenn die Abrechnung über ein Abrechnungsunternehmen erfolgt.

517 Wird die Abrechnung von Leistungen der **Kurzzeitpflege** gegenüber der Pflegekasse des Pflegebedürftigen nicht bis zum Ende des auf den Monat der Leistungserbringung folgenden Kalendermonats vorgenommen (Zugang bei der Pflegekasse), ist daher auch bei der Kurzzeitpflege die Leistungserbringung und deren ungefährer Umfang bis zum Ablauf dieses Zeitraums gegenüber der Pflegekasse anzuzeigen. Zur Umsetzung dieser Anzeigepflicht in der Praxis soll der Spitzenverband Bund der Pflegekassen **Empfehlungen** hinsichtlich des Anzeigeverfahrens sowie **Muster** bereitstellen.[275]

518 Nach § 42a Abs. 3 SGB XI (idF ab 1.7.2025) werden Pflegeeinrichtungen, die Leistungen im Rahmen der Verhinderungspflege oder im Rahmen der Kurzzeitpflege erbringen, verpflichtet, den Pflegebedürftigen im Anschluss an die Leistungserbringung unverzüglich eine **schriftliche Übersicht** über die Aufwendungen zu übermitteln oder auszuhändigen, die ausweist, welcher Betrag davon zur Abrechnung über den Gemeinsamen Jahresbetrag vorgesehen ist. Erhält der Pflegebedürftige unverzüglich nach der Leistungserbringung eine Rechnung oder deren Durchschrift und ist auf dieser zusätzlich zu den jeweiligen Rechnungsbeträgen sehr einfach und deutlich erkennbar ausgewiesen, welcher Betrag zur Abrechnung über den Gemeinsamen Jahresbetrag vorgesehen ist, ist die Rechnung als Übersicht anzusehen.[276]

519 **Praxishinweis:**

Die Verpflichtungen zur Erstellung einer Übersicht aus § 42a Abs. 2 und 3 SGB XI (idF ab 1.7.2025) gelten nur für zugelassene Pflegeeinrichtungen und nicht für (natürliche) Pflegepersonen.

520 Die Leistungsbeträge, die für Leistungen der Verhinderungspflege gemäß § 39 SGB XI sowie für Leistungen der Kurzzeitpflege gemäß § 42 SGB XI im Zeitraum vom 1.1.2025 bis einschließlich zum 30.6.2025 **verbraucht** worden sind, werden nach § 144 Abs. 6 SGB XI auf den Leistungsbetrag des Gemeinsamen Jahresbetrags nach § 42a SGB XI für das Kalenderjahr 2025 **angerechnet**.[277]

---

[274] BT-Drs. 20/6983, 103 f.
[275] BT-Drs. 20/6983, 104.
[276] BT-Drs. 20/6983, 104 f.
[277] BT-Drs. 20/6983, 105.

XIII. Versorgung Pflegebedürftiger bei Inanspruchnahme von Vorsorge- oder Rehabilitationsleistungen durch die Pflegeperson (§ 42a SGB XI [ab 1.7.2025: § 42b SGB XI])

Pflegebedürftige haben nach § 42a Abs. 1 S. 1 SGB XI (ab 1.7.2025: § 42b Abs. 1 S. 1 SGB XI) ab dem **1.7.2024** Anspruch auf **Versorgung in zugelassenen Vorsorge- oder Rehabilitationseinrichtungen**, wenn dort gleichzeitig Leistungen zur medizinischen Vorsorge oder Rehabilitation einschließlich der erforderlichen Unterkunft und Verpflegung nach § 23 Abs. 4 S. 1 SGB V, nach § 40 Abs. 2 S. 1 SGB V, nach § 15 Abs. 2 SGB VI oder eine vergleichbare stationäre Vorsorge- oder Rehabilitationsmaßnahme von einer **Pflegeperson des Pflegebedürftigen** in Anspruch genommen werden.

521

Da Pflegepersonen häufig auf Leistungen zur stationären Vorsorge und zur medizinischen Rehabilitation verzichten, da es einen hohen Aufwand erfordert, die Pflege der pflegebedürftigen Person für die Dauer der Maßnahme zu organisieren, wird die Mitaufnahme des Pflegebedürftigen in die stationäre Vorsorge- oder Rehabilitationseinrichtung der Pflegeperson ermöglicht und die Versorgung des Pflegebedürftigen für die Dauer der Vorsorge- oder Rehabilitationsmaßnahme der Pflegeperson sichergestellt.[278]

522

Praxishinweis:

523

Sofern die Voraussetzungen des § 40 Abs. 3a S. 1 SGB V erfüllt sind, ist dieser Anspruch nach § 42a [ab 1.7.2025: 42b] Abs. 1 S. 2 SGB XI vorrangig gegenüber dem Anspruch gemäß § 42a [ab 1.7.2025: 42b] Abs. 1 S. 1 SGB XI.

Eine Mitaufnahme in die zugelassene Vorsorge- oder Rehabilitationseinrichtung der Pflegeperson ist nur möglich, wenn die Pflege des Pflegebedürftigen von der Vorsorge- oder Rehabilitationseinrichtung sichergestellt werden kann. Gegenüber der Pflegekasse übernimmt die Vorsorge- oder Rehabilitationseinrichtung die **Sicherstellung** der pflegerischen Versorgung. Dies kann auch dadurch sichergestellt werden, dass die Vorsorge- oder Rehabilitationseinrichtung die körperbezogenen Pflegemaßnahmen, die pflegerischen Betreuungsmaßnahmen sowie die Leistungen der medizinischen Behandlungspflege nach § 37 SGB V durch einen zugelassenen **ambulanten Pflegedienst** erbringen lässt, mit dem entsprechende vertragliche Vereinbarungen geschlossen wurden. Die Vergütung der Leistungen des ambulanten Pflegedienstes obliegt der Vorsorge- oder Rehabilitationseinrichtung. Alternativ dazu besteht die Möglichkeit, dass die pflegebedürftige Person in einer nahegelegenen zugelassenen **vollstationären Pflegeeinrichtung** versorgt wird.[279]

524

XIV. Vollstationäre Pflegeleistungen (§ 43 SGB XI)

Leistungen der häuslichen (§§ 36–40 SGB XI) und der vollstationären Pflege schließen sich gegenseitig aus.[280]

525

---

278 BT-Drs. 20/6544, 85.
279 BT-Drs. 20/6544, 85.
280 BSG Urt. v. 30.3.2000 – B 3 P 10/99 R.

526 **Praxishinweis:**

Die Leistungen der vollstationären und der ambulanten Pflege können **kombiniert** werden, wenn die Leistungen zeitlich getrennt erbracht werden. Werden beispielsweise Pflegebedürftige werktags in vollstationären Einrichtungen und daneben an Wochenenden im häuslichen Bereich gepflegt, besteht neben den Leistungen nach § 43 SGB XI ein Anspruch auf Leistungen bis zu den Budgetgrenzen gem. §§ 36 ff. SGB XI ff.[281]

1. Leistungsvoraussetzungen, Zuschuss Pflegegrad 1

527 Voraussetzung für Leistungen nach § 43 SGB XI ist lediglich eine **Pflegebedürftigkeit** der **Pflegegrade 2 bis 5**. Der Pflegegrad bestimmt die Höhe des monatlichen Budgets. Pflegebedürftigen mit **Pflegegrad 1** steht nach § 43 Abs. 3 SGB XI lediglich ein monatlicher Zuschuss in Höhe von **125,00 EUR** zu.[282]

528 **Praxishinweis:**

Der Zuschuss wird **dynamisiert** und steigt zum **1.1.2025** um **4,5 %** und zum **1.1.2028** in Höhe des kumulierten Anstiegs der Kerninflationsrate in den letzten drei Kalenderjahren, für die zum Zeitpunkt der Erhöhung die entsprechenden Daten vorliegen, nicht jedoch stärker als der Anstieg der Bruttolohn- und Gehaltssumme je abhängig beschäftigten Arbeitnehmer im selben Zeitraum; § 30 Abs. 1 SGB XI. Der neue Betrag wird vom Bundesministerium für Gesundheit nach § 30 Abs. 2 SGB XI jeweils im Bundesanzeiger bekannt gemacht.

529 Zum **1.1.2025** wird der Zuschuss um **4,5 %** erhöht und beträgt dann im Kalendermonat[283] **131,00 EUR**.

530 Anders als im Bereich der Hilfe zur (stationären) Pflege nach § 65 SGB XII können die Pflegebedürftigen frei wählen, welche Art der Pflege sie in Anspruch nehmen. Das Leistungsbudget in Höhe des § 43 Abs. 2 SGB XI steht **unabhängig** davon zur Verfügung, ob **häusliche** oder **teilstationäre Pflege** möglich ist oder wegen der Besonderheit des Einzelfalls nicht in Betracht kommt.

531 **Praxishinweis:**

Der Träger der Sozialhilfe ist bei Einzug eines sozialhilfeberechtigten Pflegebedürftigen in ein Pflegeheim nach § 65 SGB XII zur Prüfung der **„Heimerforderlichkeit"** berechtigt.

2. Leistungsinhalt

532 Im Rahmen der pauschalen Leistungsbeträge werden nach § 43 Abs. 2 S. 1 SGB XI die pflegebedingten Aufwendungen einschließlich der Aufwendungen für Betreuung und die Aufwendungen für Leistungen der medizinischen Behandlungspflege übernom-

---

281 GKV-Spitzenverband, Gemeinsames Rundschreiben zu den leistungsrechtlichen Vorschriften des SGB XI vom 20.12.2022, S. 266.
282 BT-Drs. 18/5926, 127; BT-Drs. 18/6688, 142.
283 Wir gehen davon aus, dass die Erhöhung der Budgets nicht nur kaufmännisch gerundet, sondern stets auf volle Euro-Beträge vorgenommen wird, wie das Beispiel des Gesetzgebers zum gemeinsamen Jahresbeitrag des § 42a SGB XI zeigt.

men. Zu den **pflegebedingten Aufwendungen** zählen – vgl. § 4 Abs. 2 S. 2 SGB XI (→ Rn. 39) – alle Aufwendungen, die für die Versorgung des Pflegebedürftigen nach Art und Schwere der Pflegebedürftigkeit **erforderlich** sind. Nicht zum Leistungsumfang der Pflegeversicherung zählen die Aufwendungen für **Unterkunft und Verpflegung** und die **Zusatzleistungen** (§ 88 SGB XI), mit denen zusätzliche pflegerisch-betreuende Leistungen zwischen Pflegeheim und Pflegebedürftigen vereinbart werden können. Ausnahmsweise kann die Pflegekasse jedoch nach § 43 Abs. 2 S. 3 SGB XI Aufwendungen für Unterkunft und Verpflegung übernehmen, soweit der gewährte Leistungsbetrag die geltend gemachten Aufwendungen für den Monat übersteigt, also mit den abgerechneten pflegebedingten Aufwendungen das Leistungsbudget noch nicht ausgeschöpft ist.

Ebenso werden durch das Budget des § 43 SGB XI auch die Aufwendungen für die **medizinische Behandlungspflege**[284] in die Leistungspflicht der Pflegekasse einbezogen, obwohl § 13 Abs. 2 S. 1 SGB XI (→ Rn. 84) die Leistungen der häuslichen Krankenpflege nach § 37 SGB V grundsätzlich unberührt lässt. Bei Einführung der 2. Stufe der Pflegeversicherung war lediglich die vorübergehende Übernahme der medizinischen Behandlungspflege im stationären Budget der Pflegeversicherung (bis zum 31.12.1999) geplant.[285] Mit der endgültigen Einbeziehung der medizinischen Behandlungspflege in die grundsätzliche Leistungspflicht der Pflegekasse hat der Gesetzgeber eine **Forderung der Krankenkassen erfüllt.**[286]

533

> **Praxishinweis:**
>
> Einen Weg geht § 37c Abs. 3 SGB V, der für Versicherte mit einem Bedarf an **außerklinischer Intensivpflege** bei der Versorgung in Pflegeheimen den Krankenkassen neben den Pflegeleistungen auch die Kosten der Unterkunft und Verpflegung sowie die Investitionskosten – unter Anrechnung des Budgets nach Pflegegrad der Pflegekassen – auferlegt.[287] Der bisher geregelte Behandlungspflegezuschlag nach § 37 Abs. 2 S. 3 SGB V wird mit Ablauf des 30.10.2023 abgeschafft.[288]

534

3. Leistungshöhe

Die Pflegekasse übernimmt nach § 43 Abs. 2 S. 2 SGB XI je Kalendermonat folgende Teilleistungsbeträge:

535

- **770,00 EUR** für Pflegebedürftige des **Pflegegrades 2,**
- **1.262,00 EUR** für Pflegebedürftige des **Pflegegrades 3,**
- **1.775,00 EUR** für Pflegebedürftige des **Pflegegrades 4,**
- **2.005,00 EUR** für Pflegebedürftige des **Pflegegrades 5.**

---

284 Zum Begriff und der inhaltlichen Abgrenzung vgl. BSG Urt. v. 19.2.1998 – B 3 P 3/97 R = BSGE 82, 27 = NZS 1998, 525; Urt. v. 17.3.2005 – B 3 KR 9/04 R = BSGE 94, 192 = NZS 2006, 91; ausführlich: Richter, Behandlungspflege, 6. Aufl., 2020.
285 BT-Drs. 13/3696, 14; 13/4688, 2 (Vermittlungsausschuss).
286 BT-Drs. 16/3100, 185 f.
287 Richter, Intensivpflege und das GKV-IPReG, 2022, 21 ff.
288 BT-Drs. 19/19368, 41.

536 **Praxishinweis:**

Die vorgenannten Beträge werden **dynamisiert** und steigen zum **1.1.2025** um **4,5 %** und zum **1.1.2028** in Höhe des kumulierten Anstiegs der Kerninflationsrate in den letzten drei Kalenderjahren, für die zum Zeitpunkt der Erhöhung die entsprechenden Daten vorliegen, nicht jedoch stärker als der Anstieg der Bruttolohn- und Gehaltssumme je abhängig beschäftigten Arbeitnehmer im selben Zeitraum; § 30 Abs. 1 SGB XI. Die neuen Beträge werden vom Bundesministerium für Gesundheit nach § 30 Abs. 2 SGB XI jeweils im Bundesanzeiger bekannt gemacht.

537 Zum **1.1.2025** werden die Teilleistungsbudgets um 4,5 % erhöht und betragen im Kalendermonat[289]

- im Pflegegrad 2 bis zu **805,00 EUR** (bisher: 770,00 EUR),
- im Pflegegrad 3 bis zu **1.319,00 EUR** (bisher: 1.262,00 EUR),
- im Pflegegrad 4 bis zu **1.855,00 EUR** (bisher: 1.775,00 EUR) und
- im Pflegegrad 5 bis zu **2.096,00 EUR** (bisher: 2.005,00 EUR).

538 Das Leistungsbudget wird nach § 87a Abs. 3 SGB XI von der Pflegekasse mit befreiender Wirkung jeweils zum 15. eines Monats **unmittelbar an das Pflegeheim** gezahlt. Maßgebend ist der Leistungsbescheid der Pflegekasse, und zwar unabhängig davon, ob er bestandskräftig ist oder nicht (§ 87a Abs. 3 S. 2 SGB XI). Bei Einzug, Auszug oder Tod des Pflegebedürftigen besteht für den Teilmonat ein Anspruch auf das vollen Leistungsbudget. Dabei endet die Pflicht der Pflegebedürftigen und der Pflegekasse zur Zahlung nach § 87a Abs. 1 S. 2 SGB XI an dem Tag, an dem der Pflegebedürftige „aus dem Heim **entlassen**" wird oder **verstirbt**.[290] Bei vorübergehender **Abwesenheit** des Pflegebedürftigen aus dem Pflegeheim werden nach § 43 Abs. 4 SGB XI die Zahlungen bis zum Erreichen des Leistungsbudget erbracht, solange die Voraussetzungen nach § 87a Abs. 1 S. 5 und 6 SGB XI vorliegen.

4. Begrenzung des Eigenanteils durch Zuschlag nach § 43c SGB XI

539 Um eine **finanzielle Überforderung** der vollstationär versorgten Pflegebedürftigen zu vermeiden und das Ausmaß der Angewiesenheit auf ergänzende Leistungen der Sozialhilfe (§§ 61 ff. SGB XII) zu reduzieren,[291] haben Pflegebedürftige der Pflegegrade 2 bis 5 nach § 43c S. 1 – 4 SGB XI Anspruch auf einen **Leistungszuschlag** in Höhe eines Prozentsatzes des zu zahlenden Eigenanteils an den pflegebedingten Aufwendungen, der von der Dauer des Bezugs der vollstationären Pflege abhängt.

540 **Praxishinweis:**

Pflegebedürftige mit Pflegegrad 1 haben damit keinen Anspruch auf den Leistungszuschlag nach § 43c SGB XI. Für die Berechnung der Dauer des Leistungsbezugs in Hinblick auf den Prozentsatz nach Pflegegrad 2 bis 5 wird jedoch auch der **Zeitraum**

---

[289] Wir gehen davon aus, dass die Erhöhung der Budgets nicht nur kaufmännisch gerundet, sondern stets auf volle Euro-Beträge vorgenommen wird, wie das Beispiel des Gesetzgebers zum gemeinsamen Jahresbeitrag des § 42a SGB XI zeigt.
[290] BGH Urt. v. 15.7.2021 – III ZR 225/20 = NJW 2021, 3597; dazu kritisch Richter PflR 2022, 44.
[291] BT-Drs. 19/30560, 62.

berücksichtigt in dem der Pflegebedürftige den Zuschuss nach § 43 Abs. 3 SGB XI (→ Rn. 527) für den Pflegegrad 1 erhält.²⁹²

Bei der Bemessung werden Monate, in denen nur für einen Teilzeitraum Leistungen nach § 43 SGB XI bezogen werden, nach § 43c S. 5 SGB XI vollständig mitgezählt. Unerheblich ist dabei auch, ob in dem Teilzeitraum andere ambulante, teilstationäre Leistungen oder Leistungen der Kurzzeitpflege bezogen wurden.²⁹³ 541

Praxishinweis: 542

Zeiten der vollstationären Pflege vor einer Unterbrechung werden für die Dauer mitgezählt; ebenso Zeiten, wenn der Pflegeplatz wegen vorübergehender Abwesenheiten nach § 87a Abs. 1 S. 5 SGB XI freigehalten wird.²⁹⁴

Der Leistungszuschlag wird in **Höhe** von 543
- 5 % des zu zahlenden Eigenanteils an den pflegebedingten Aufwendungen bei einem Leistungsbezug nach § 43 SGB XI von **bis einschließlich 12 Monaten**,
- **25 %** bei einem Leistungsbezug nach § 43 SGB XI von **mehr als 12 Monaten**,
- **45 %** bei einem Leistungsbezug nach § 43 SGB XI von **mehr als 24 Monaten**,
- **70 %** bei einem Leistungsbezug nach § 43 SGB XI von **mehr als 36 Monaten**

auf Antrag gewährt, der jedoch durch die **Rechnungsstellung der Pflegeeinrichtung** erfolgt (§ 43c S. 6 SGB XI).

Zur weiteren Begrenzung der pflegebedingten Eigenanteile bei vollstationärer Pflege²⁹⁵ wird zum **1.1.2024** der **Leistungszuschlag** erhöht von 544
- 5 % auf **15 %** des zu zahlenden Eigenanteils an den pflegebedingten Aufwendungen bei einem Leistungsbezug nach § 43 SGB XI von **bis einschließlich 12 Monaten**,
- 25 % auf **30 %** bei einem Leistungsbezug nach § 43 SGB XI von **mehr als 12 Monaten**,
- 45 % auf **50 %** bei einem Leistungsbezug nach § 43 SGB XI von **mehr als 24 Monaten**,
- 70 % auf **75 %** bei einem Leistungsbezug nach § 43 SGB XI von **mehr als 36 Monaten**.

Praxishinweis: 545

Zu den pflegebedingten Aufwendungen gehört nach § 82a Abs. 2 S. 1 SGB XI auch die **Ausbildungsvergütung**.

Beispiel:²⁹⁶ 546

A hat Pflegegrad 3 und erhält seit 31 Monaten, wobei der Einzugsmonat mit Einzug am 15.6. als ganzer Monat zählt, Leistungen der vollstationären Pflege.

---

292 GKV-Spitzenverband, Gemeinsames Rundschreiben zu den leistungsrechtlichen Vorschriften des SGB XI vom 20.12.2022, S. 287.
293 GKV-Spitzenverband, Gemeinsames Rundschreiben zu den leistungsrechtlichen Vorschriften des SGB XI vom 20.12.2022, S. 284 f.
294 GKV-Spitzenverband, Gemeinsames Rundschreiben zu den leistungsrechtlichen Vorschriften des SGB XI vom 20.12.2022, S. 285.
295 BT-Drs. 20/6544, 90.
296 GKV-Spitzenverband, Gemeinsames Rundschreiben zu den leistungsrechtlichen Vorschriften des SGB XI vom 20.12.2022, S. 290.

Ermittlung Höhe des Leistungszuschlags:

Pflegebedingte Aufwendungen 74,28 EUR x 30,42 =	2.259,60 EUR
Ausbildungsumlagen 6,42 EUR x 30,42 =	195,30 EUR
Gesamtsumme	2.454,90 EUR
./. Leistungsbetrag, § 43 SGB XI	1.262,00 EUR
Eigenanteil	1.192,90 EUR
davon 45 % Leistungszuschlag, § 43c SGB XI =	536,81 EUR
Zu zahlender Eigenanteil (bis 31.12.2023)	656,09 EUR
2024: vom Eigenanteil **50 % Leistungszuschlag** =	596,45 EUR
Zu zahlender Eigenanteil (ab 1.1.2024)	596,45 EUR

Die Kosten für Unterkunft und Verpflegung sowie für Investitionskosten sind von A selbst zu tragen.

5. Durchführung aktivierender oder rehabilitativer Maßnahmen

547 Pflegeeinrichtungen, die Leistungen im Sinne des § 43 SGB XI erbringen, erhalten nach § 87a Abs. 4 S. 1 SGB XI zusätzlich den Betrag von **2.952,00 EUR**, wenn der Pflegebedürftige nach der **Durchführung aktivierender oder rehabilitativer Maßnahmen** in einen niedrigeren Pflegegrad **zurückgestuft** wurde oder festgestellt wurde, dass er nicht mehr pflegebedürftig im Sinne der §§ 14 und 15 SGB XI ist. Die aktivierenden und rehabilitativen Maßnahmen können in Form spezieller Angebote, aber auch durch Ausweitung der aktivierenden Pflege erbracht werden. Der von der Pflegekasse gezahlte Betrag ist von der Pflegeeinrichtung allerdings nach § 87a Abs. 4 S. 3 SGB XI zurückzuzahlen, wenn der Pflegebedürftige innerhalb von **sechs Monaten** wieder in einen höheren Pflegegrad oder wieder als pflegebedürftig eingestuft wird.

548 **Praxishinweis:**

Aktivierende und rehabilitative Maßnahmen können ein geplanter **personeller Mehreinsatz** zur Motivation eines Bewohners einer vollstationären Pflegeeinrichtung, aber auch ein persönlich für diesen entwickeltes **Angebot** (Beispiel: Bepflanzung eines Hochbeets) sein. Die aktivierenden oder rehabilitativen Maßnahmen sind zu planen und die Teilnahme des Bewohners ist zu dokumentieren.[297]

549 Der Betrag von **2.952,00 EUR** wird nach § 87a Abs. 4 S. 2 SGB XI entsprechend § 30 SGB XI angepasst.

550 **Praxishinweis:**

Der Zuschuss wird **dynamisiert** und steigt zum **1.1.2025** um **4,5 %** und zum **1.1.2028** in Höhe des kumulierten Anstiegs der Kerninflationsrate in den letzten drei Kalenderjahren, für die zum Zeitpunkt der Erhöhung die entsprechenden Daten vorliegen, nicht jedoch stärker als der Anstieg der Bruttolohn- und Gehaltssumme je abhängig beschäftigten Arbeitnehmer im selben Zeitraum; § 30 Abs. 1 SGB XI. Der neue Betrag wird vom Bundesministerium für Gesundheit nach § 30 Abs. 2 SGB XI jeweils im Bundesanzeiger bekannt gemacht.

---

[297] SG Saarland Urt. v. 10.2.2022 – S 19 P 125/19.

Zum 1.1.2025 wird der zusätzliche Betrag um 4,5 % erhöht und beträgt dann[298] 3.085,00 EUR.

551

6. Teilnahme an der Integrierten Versorgung

Die Pflegekassen haben nach § 92b SGB XI die Möglichkeit die **starren Grenzen** zwischen der gesetzlichen Krankenversicherung und der sozialen Pflegeversicherung zu überwinden und die Verzahnung der unterschiedlichen Leistungssysteme der medizinischen und pflegerischen Gesamtversorgung zu verbessern. Zu diesem Zweck können die Pflegekassen mit den zugelassenen Pflegeeinrichtungen (§§ 72, 71 SGB XI) und den in § 140a Abs. 3 SGB V genannten Leistungserbringern **integrierte Verträge** schließen oder derartigen Verträgen mit Zustimmung der Vertragspartner beitreten. Zu diesem Zweck dürfen die vertraglichen Regelungen innerhalb bestimmter Grenzen **vom geltenden Vertrags- und Vergütungsrecht** der sozialen Pflegeversicherung **abweichen**. Nicht zulässig ist aber die Qualitätsanforderungen (→ Rn. 17) der Pflegeversicherung abzusenken.[299]

552

> **Praxishinweis:**
>
> Die AOK Baden-Württemberg hat beispielsweise einen Vertrag „**Integrierte Versorgung Pflegeheim** (IVP)"[300] gemeinsam mit Ärztinnen und Ärzten sowie stationären Pflegeeinrichtungen für ein enges Versorgungsnetz geschlossen. Vereinbart werden so insbesondere eine flexible, engmaschige und qualitativ hochwertige hausärztliche Betreuung durch vertraglich vereinbarte Bereitschaftszeiten, abgestimmte Bereitschaftspläne, Vertretungsregelungen sowie fest vereinbarte Besuche im Pflegeheim. Bei medizinischer Notwendigkeit erfolgt ein persönlicher Besuch beim Pflegebedürftigen.

553

XV. Pauschalleistung für die Pflege von Menschen mit Behinderungen (§ 43a SGB XI)

Die Pflegekassen übernehmen **pauschal 15 %** der nach Teil 2 Kapitel 8 des SGB IX vereinbarten Vergütung (§§ 123 ff. SGB IX), höchstens jedoch im Einzelfall **266,00 EUR** je Kalendermonat, für die Pflege in einer vollstationären Einrichtung im Sinne des § 71 Abs. 4 Nr. 1 SGB XI. In diesen stehen die Teilhabe am Arbeitsleben, die Teilhabe an Bildung oder die soziale Teilhabe, die schulische Ausbildung oder die Erziehung von Menschen mit Behinderungen im Vordergrund des Einrichtungszwecks. Mit anderen Worten: Die Einrichtung darf nicht als stationäre Pflegeeinrichtung mit Versorgungsvertrag zugelassen worden sein.[301] Die Leistung dient dazu, die pflegebedingten Aufwendungen einschließlich der Aufwendungen für Betreuung und medizinische Behandlungspflege als **Sachleistung** abzugelten; nicht die Kosten für Unterkunft und Verpflegung.[302]

554

---

298 Wir gehen davon aus, dass die Erhöhung der Budgets nicht nur kaufmännisch gerundet, sondern stets auf volle Euro-Beträge vorgenommen wird, wie das Beispiel des Gesetzgebers zum gemeinsamen Jahresbeitrag des § 42a SGB XI zeigt.
299 BT-Drs. 16/3100, 188.
300 Das Vertragsmuster ist verfügbar: https://www.aok.de/gp/fileadmin/user_upload/Arzt_Praxis/Aerzte_Psychotherapeuten/Vertraege_Vereinbarungen/Besondere_Versorgung/Baden-Wuerttemberg/Integrierte_Versorgung_Pflegeheim/bw_integrierte_versorgung_pflegeheim.pdf
301 Zur Abgrenzung BSG Urt. v. 20.4.2016 – B 3 P 1/15 R = NZS 2016, 705.
302 BSG Urt. v. 13.3.2001 – B 3 P 10/00 R = NZS 2002, 38.

555 **Praxishinweis:**

Der Höchstbetrag wird **dynamisiert** und steigt zum **1.1.2025** um **4,5 %** und zum **1.1.2028** in Höhe des kumulierten Anstiegs der Kerninflationsrate in den letzten drei Kalenderjahren, für die zum Zeitpunkt der Erhöhung die entsprechenden Daten vorliegen, nicht jedoch stärker als der Anstieg der Bruttolohn- und Gehaltssumme je abhängig beschäftigten Arbeitnehmer im selben Zeitraum; § 30 Abs. 1 SGB XI. Der neue Betrag wird vom Bundesministerium für Gesundheit nach § 30 Abs. 2 SGB XI jeweils im Bundesanzeiger bekannt gemacht.

556 Zum **1.1.2025** wird der Höchstbetrag um 4,5 % erhöht und beträgt dann im Kalendermonat[303] **278,00 EUR**.

557 Der Höchstbetrag gilt einheitlich für die Pflegegrade 2 bis 5.

558 Die unterschiedliche Behandlung von Pflegebedürftigen mit Leistungen nach §§ 43, 43c SGB XI und dem Pflegebedarf von Menschen mit Behinderung wird vom BSG[304] als **sachlich gerechtfertigte Differenzierung** – und mithin verfassungsgemäß – hingenommen. In Einrichtungen der Behindertenhilfe werde ein erheblich höherer Aufwand für Maßnahmen betrieben, die der Integration des Behinderten in die Gesellschaft dienen. Hierbei handele es sich um Kosten, die nicht in die Zuständigkeit der Pflegeversicherung fallen. Die Abgeltung der Kosten für die pflegebedingten Aufwendungen erfolge im Rahmen der Pauschalierung. Es sei dabei folgerichtig, dass die Leistung der Höhe nicht derjenigen entspricht, die in vollstationären Pflegeeinrichtungen anfalle. Darin sei auch kein Verstoß gegen das Benachteiligungsverbot nach Art. 3 Abs. 3 S. 2 GG zu sehen, da die unterschiedlichen Leistungen der Pflegeversicherung nicht am Bestehen oder Nichtbestehen einer Behinderung anknüpfen, sondern allein an die Art der Versorgungseinrichtung.

559 **Praxishinweis:**

Für die Inanspruchnahme von Leistungen der häuslichen Pflege neben § 43a SGB XI hat der Pflegebedürftige nach § 38 S. 5 SGB XI Anspruch auf **ungekürztes Pflegegeld,** wenn er sich in zeitweilig in häuslicher Pflege befindet.

XVI. Zusätzliche Betreuung und Aktivierung in stationären Pflegeeinrichtungen (§ 43b SGB XI)

560 Anspruch auf **zusätzliche Betreuung und Aktivierung** haben nach § 43b SGB XI **Pflegebedürftige** der Pflegegrad 1 – 5, die in **stationären** Pflegeeinrichtungen, also in **voll- und teilstationäre** Einrichtungen, §§ 41 – 43 SGB XI, gepflegt werden. Die bereits in diesen Pflegeeinrichtung zu erbringenden Betreuungsleistungen bleiben unberührt, da die zusätzlichen Leistungen über die nach Art und Schwere der Pflegebedürftigkeit notwendige Versorgung hinausgehen.

---

303 Wir gehen davon aus, dass die Erhöhung der Budgets nicht nur kaufmännisch gerundet, sondern stets auf volle Euro-Beträge vorgenommen wird, wie das Beispiel des Gesetzgebers zum gemeinsamen Jahresbeitrag des § 42a SGB XI zeigt.
304 BSG Urt. v. 26.4.2001 – B 3 P 11/00 R = NZS 2002, 89.

Mit diesem Anspruch, der nach Maßgabe der §§ 84 Abs. 8 und 85 Abs. 8 SGB XI allein von den Pflegekassen – **ohne Eigenanteil** der Pflegebedürftigen – finanziert wird, soll **zusätzliches Betreuungspersonal** in den Einrichtungen bereitgestellt werden. Die Anforderungen an die Qualifikation und die Aufgaben der zusätzlichen Betreuungskräfte konkretisiert die Betreuungskräfte-Richtlinie nach § 53b SGB XI.[305] Ziel ist es, dass die Betreuungskräfte in Kooperation und fachlicher Absprache mit den Pflegekräften die Betreuungs- und Lebensqualität von Pflegebedürftigen in stationären Einrichtungen verbessern. Die Betreuungskräfte sind dabei keine Pflegekräfte, so dass kein therapeutischer oder pflegerischer Berufsabschluss notwendig ist.

561

Betreuungs- und Aktivierungsmaßnahmen sind nach Ziff. 2 der Betreuungskräfte-Richtlinie Maßnahmen im Alltag, die das Wohlbefinden, den physischen oder psychischen Zustand des Pflegebedürftigen positiv verändern. Dazu zählen insbesondere Aufgaben wie lesen, vorlesen, malen, kochen und backen. Zudem sollen aber auch in Gesprächen Ängste und Sorgen genommen und Sicherheit und Orientierung vermittelt werden.

562

XVII. Leistungen zur sozialen Sicherung der Pflegepersonen (§ 44 SGB XI)

Die **soziale Absicherung der Pflegepersonen** in der Rentenversicherung und Unfallversicherung regelt § 44 SGB XI im Rahmen einer **Einweisungsvorschrift**. Die Leistungen selbst sind im SGB VI und VII geregelt.

563

1. Soziale Sicherung in der Rentenversicherung

Zur Verbesserung der sozialen Sicherung der nicht gewerblich in der Pflege tätigen Pflegepersonen, die einen oder mehrere Pflegebedürftigen mit mindestens Pflegegrad 2 wenigstens zehn Stunden wöchentlich, verteilt auf regelmäßig mindestens zwei Tage in der Woche, pflegen, entrichten die Pflegekassen und die privaten Versicherungsunternehmen nach § 44 Abs. 1 SGB XI Beiträge an den zuständigen Träger der **gesetzlichen Rentenversicherung**, wenn die Pflegeperson ansonsten regelmäßig nicht mehr als 30 Stunden wöchentlich erwerbstätig ist. Auf Antrag erfolgt die Zahlung bei Vorliegen der Voraussetzungen an eine **berufsständische Versorgungseinrichtung** (§ 44 Abs. 2 SGB XI). Im Vordergrund steht die soziale Absicherung durch die Altersversorgung der Pflegepersonen, die bei Aufnahme der Pflegetätigkeit ihre eigene Erwerbstätigkeit ganz oder teilweise aufgeben oder die wegen der Pflege eine Erwerbstätigkeit nicht aufnehmen.[306] Ein ursächlicher Zusammenhang zwischen Pflegetätigkeit und Nichtausübung einer Erwerbstätigkeit wird von § 44 SGB XI nicht gefordert. Über die Alterssicherung hinaus führen die mit einer nicht erwerbsmäßigen Pflegetätigkeit begründeten Pflichtbeitragszeiten zu einer Berücksichtigung bei **allen Rentenarten**.

564

> **Praxishinweis:**
> Auch die Bezieher einer **Regelaltersrente** können sich durch einen Antrag auf eine Teilrente (wieder) pflichtversichern lassen und somit die Rente langfristig durch die

565

---

305 https://www.gkv-spitzenverband.de/media/dokumente/pflegeversicherung/beratung_und_betreuung/betreuungskraefte/20221121_Richtlinien_nach_53b_SGB_XI_Betreuungskraefte-RL_nach_Genehmigung_BMG.pdf.
306 BT-Drs. 12/5262, 116.

Beiträge der Pflegekasse erhöhen. Eine unabhängig vom Hinzuverdienst gewählte **Teilrente** beträgt mindestens 10 Prozent (§ 42 Abs. 2 S. 1 SGB VI) und höchstens 99,99 % der Vollrente.[307]

566 Die Leistungen stehen **Pflegepersonen** zu, die einen Pflegebedürftigen mit mindestens Pflegegrad 2 pflegen. Nach § 19 S. 1 SGB XI sind Pflegepersonen solche Personen, die **nicht erwerbsmäßig** einen Pflegebedürftigen in seiner häuslichen Umgebung pflegen. § 19 S. 2 SGB XI regelt einen **Mindestzeitaufwand** für die Pflege von zehn Stunden wöchentlich für die soziale Sicherung in der Rentenversicherung. Gezählt werden alle pflegerischen Maßnahmen in den in § 14 Abs. 2 SGB XI (→ Rn. 213) geregelten Modulen sowie Hilfen bei der Haushaltsführung. Umfasst sind damit auch pflegerische und sozialen Betreuungsmaßnahmen.[308] Die Feststellung des **Gesamtpflegeaufwandes** nimmt der MD vor und verteilt diesen bei einer sog. **Mehrfachpflege** (Pflege eines Pflegebedürftigen von mehreren Pflegepersonen) im Verhältnis zum Umfang der von den Pflegepersonen zu leistenden Pflegetätigkeit insgesamt.

567 **Praxishinweis:**

Die Pflege durch eine nicht erwerbsmäßige Pflegeperson ist **keine Erwerbstätigkeit** iSv § 44 Abs. 2 SGB VI und führt deshalb nicht zum Wegfall von **Erwerbsunfähigkeit**.[309]

568 Nach § 64f Abs. 1 SGB XII sind vom **Träger der Sozialhilfe** zusätzlich zum Pflegegeld nach § 64a Abs. 1 SGB XII die Aufwendungen für die Beiträge einer Pflegeperson für eine **angemessene Alterssicherung** zu erstatten, soweit diese nicht anderweitig sichergestellt ist. Dem Begriff der Angemessenheit kommt dabei eine doppelte Bedeutung zu: Zum einen müssen die durch den Träger der Sozialhilfe geleisteten Beiträge, dh die ihm entstehenden Kosten angemessen sein. Zum anderen muss aus der Übernahme solcher Beiträge aber auch eine der Höhe nach angemessene Alterssicherung erwartet werden können. Hinsichtlich der Höhe der zu erwartenden Altersversorgung hat das BVerwG[310] zum früheren § 69b BSHG aF entschieden, dass eine Alterssicherung dann als angemessen zu erachten ist, wenn sie voraussichtlich oberhalb des Niveaus der Hilfe zum Lebensunterhalt liegt, und zwar unter Berücksichtigung von Regelsatz plus Unterkunftskosten zuzüglich eines Mehrbedarfszuschlags. Maßgeblicher Beurteilungszeitpunkt für die prognostisch zu ermittelnde Alterssicherung der Pflegeperson und für den gegenüberzustellenden sozialhilferechtlichen Bedarf ist regelmäßig der Zeitpunkt der letzten behördlichen Entscheidung. Dabei ist darauf abzustellen, ob die Pflegeperson voraussichtlich für ihr Alter eine (angemessene) Versorgung zu erwarten haben wird, dies auf der Grundlage der – bezogen auf den maßgeblichen Beurteilungszeitpunkt – gegenwärtig bekannten allgemeinen und individuellen Gegebenheiten, orientiert an den typischen Erwartungen hinsichtlich des gewöhnlichen Verlaufes eines sol-

---

307 LSG Bayern Urt. v. 14.9.2021 – L 6 R 199/19; dazu Lindner NZS 2022, 550. Zur Berechnung auf vier Dezimalstellen nach § 121 Abs. 1 SGB VI vgl. SG Freiburg Urt. v. 2.8.2022 – S 16 R 1479/22; Zur sog. Flexirente – Weiterbeschäftigung nach der Altersgrenze vgl. Waltermann NJW 2018, 193.
308 Vgl. zum bis zum 31.12.2016 geltenden Pflegebedürftigkeitsbegriff und den Verrichtungen des § 14 Abs. 4 SGB XI aF (→ Rn. 10) BSG Urt. v. 5.5.2010 – B 12 R 6/09 R = BSGE 106, 126.
309 BSG Urt. v. 31.1.2002 – B 13 RJ 7/01 R = NZS 2003, 161.
310 BVerwG Urt. v. 10.9.1992 – 5 C 25/88 = FamRZ 1993, 541.

chen Lebens; das heißt, es sind aus diesem Rahmen herausfallende Ereignisse (zB eine sich noch nicht abzeichnende Ehescheidung) nicht in die Betrachtung einzubeziehen, auch wenn sie im Laufe des Lebens der Pflegeperson noch eintreten können, sich also theoretisch nicht ausschließen lassen.[311] Die auf diese Weise prognostisch ermittelte abgeleitete Alterssicherung der Pflegeperson ist – wiederum fixiert auf den maßgeblichen Beurteilungszeitpunkt – den Leistungssätzen des Sozialhilferechts gegenüberzustellen. Zwar handelt es sich dabei nicht um Beiträge, die in der Zukunft – im Fall des Eintritts der Notwendigkeit der Altersversorgung der Pflegeperson – maßgebend sein werden. Jedoch kann hierauf im Interesse einer – ohnehin nur äußerst schwer zu erreichenden – Praktikabilität der gesetzlichen Regelung verzichtet werden, weil beide Einsatzwerte aller Voraussicht nach in der Zukunft Steigerungen erfahren werden, wobei kein Anhalt dafür besteht, dass die Leistungssätze der Sozialhilfe in höherem Maße steigen werden als die Leistungen aus der Rentenversicherung. Eine andere Beurteilung ist auch für die Bestimmung der **Angemessenheit** der Altersversorgung im Rahmen des § 64f Abs. 1 SGB XII nicht gerechtfertigt. Sinn und Zweck von § 64f Abs. 1 SGB XII als Leistung der Sozialhilfe kann kein anderer sein als der des früheren § 69b BSHG aF, nämlich zu vermeiden, dass die Pflegeperson wegen der von ihr übernommenen Pflege und der möglicherweise dadurch versäumten Altersvorsorge im Alter in die Sozialhilfeabhängigkeit fällt, nicht aber, der Pflegeperson im Alter einen mindestens durchschnittlichen Lebensstandard zu bieten. Deshalb ist als angemessen richtigerweise nur diejenige Alterssicherung zu beurteilen, die einen späteren Sozialhilfebezug überflüssig macht.[312] Eine unter dem Sozialhilfeniveau liegende Alterssicherung kann daher nicht als angemessen beurteilt werden.[313]

2. Soziale Sicherung in der Unfallversicherung

Pflegepersonen, die einen Pflegebedürftigen mit mindestens Pflegegrad 2 pflegen, sind nach § 44 Abs. 2a SGB XI während der pflegerischen Tätigkeit grundsätzlich in den Schutz der **Unfallversicherung** einbezogen. Anders als bei der sozialen Sicherung durch die Rentenversicherung ist weder eine wöchentliche Mindestpflegezeit noch eine Einschränkung der gewöhnlichen Erwerbstätigkeit Voraussetzung für den Anspruch, mit der Folge, dass auch schon einmalige oder kurzfristige Tätigkeiten den Versicherungsschutz auslösen.[314]

569

Praxishinweis:

570

Nicht versichert sind Tätigkeiten, die überwiegend der gesamten Wohngemeinschaft, also auch weiteren Personen dienen und „nur" gleichzeitig aber auch dem Pflegebedürftigen nützen.[315]

---

311 BVerwG Urt. v. 22.6.1978 – V C 31.77 = BVerwGE 56, 88.
312 BVerwG Urt. v. 22.3.1990 – 5 C 40/86 = BVerwGE 85, 102 = NVwZ 1991, 72.
313 LSG Baden-Württemberg Urt. v. 14.7.2022 – L 7 SO 3983/20.
314 BSG Urt. v. 7.9.2004 – B 2 U 46/03 R = NJW 2005, 1148.
315 BT-Drs. 12/5262, 162.

571 **Praxishinweis:**
Auch der sog. **Wegeunfall** nach § 8 Abs. 2 Nr. 1 SGB VII, also das Zurücklegen des mit der versicherten Tätigkeit zusammenhängenden unmittelbaren Weges nach und von dem Ort der Tätigkeit, steht unter Versicherungsschutz.

3. Soziale Sicherung in der Arbeitsförderung

572 Pflegepersonen sind nach § 44 Abs. 2b SGB XI unter den Voraussetzungen des § 26 Abs. 2b SGB III versicherungspflichtig und damit in das Leistungssystem der **Arbeitsförderung** einbezogen.

4. Besitzstandregelung

573 Personen, die am 31.12.2016 wegen nicht erwerbsmäßiger Pflege **rentenversicherungspflichtig** waren und Anspruch auf die Zahlung von Beiträgen zur gesetzlichen Rentenversicherung nach § 44 SGB XI aF hatten, besteht nach § 141 Abs. 4 S. 1 SGB XI die Versicherungspflicht für die Dauer dieser Pflegetätigkeit fort.[316]

574 Gleiches gilt nach § 141 Abs. 7 S. 1 SGB XI für Personen, die am 31.12.2016 wegen nicht erwerbsmäßiger Pflege in der **gesetzlichen Unfallversicherung** versicherungspflichtig waren. Für diese besteht die Versicherungspflicht für die Dauer dieser Pflegetätigkeit fort.

XVIII. Zusätzliche Leistungen bei Pflegezeit und kurzzeitiger Arbeitsverhinderung (§ 44a SGB XI)

1. Zuschüsse bei Pflegezeit

575 Mit dem Anspruch aus § 44a Abs. 1 SGB XI ist keine allgemeine Ausweitung von flankierenden sozialen Leistungen für Pflegepersonen, sondern nur eine verbesserte Absicherung für diejenigen, die sich als Beschäftigte unter den Voraussetzungen des § 3 PflegeZG und für die nach § 4 PflegeZG vorgesehene Dauer von der **Arbeitsleistung** wegen der Pflege eines nahen Angehörigen **befreien** lassen.[317] Unterschieden werden die **kurzzeitigen Arbeitsverhinderung** nach § 2 PflegeZG (bis zu zehn Arbeitstage) und der **Pflegezeit** nach § 3 PflegeZG (längstens sechs Monate). Der Anspruch auf den Zuschuss besteht für die (begrenzte) **Dauer** der Pflegezeit iSv § 4 PflegeZG. Danach endet die Pflegezeit, wenn der nahe Angehörige nicht mehr pflegebedürftig oder dessen häusliche Pflege unmöglich oder unzumutbar ist, vier Wochen nach Eintritt der veränderten Umstände. Zudem haben Beschäftigte in Betrieben mit in der Regel 25 oder mehr Beschäftigten ausschließlich der zu ihrer Berufsbildung Beschäftigten einen Anspruch auf **Familienpflegezeit,** das heißt auf eine teilweise Freistellung für die Pflege einer oder eines pflegebedürftigen nahen Angehörigen in häuslicher Umgebung über einen Zeitraum von bis zu 24 Monaten bei einer wöchentlichen Mindestarbeitszeit von 15 Stunden.

---

316 dazu BT-Drs. 18/5926, 143.
317 BT-Drs. 16/7439, 59.

Praxishinweis:

Keinen Zuschuss erhalten Versicherte, die ihr Beschäftigungsverhältnis **gekündigt** haben[318] oder für einen **längeren Zeitraum** als sechs Monate unterbrechen.

Die Inanspruchnahme der Pflegezeit führt nicht zu einer Versicherungspflicht in der gesetzlichen Krankenversicherung, damit diese für die privat Versicherten **nicht** zu einem **Rückkehrrecht** in die Krankenversicherung führt.[319]

2. Pflegeunterstützungsgeld

Beschäftigte erhalten nach § 44a Abs. 3 S. 1 SGB XI für die **kurzzeitige Arbeitsverhinderung** (Arbeitsunterbrechung von bis zu zehn Arbeitstagen) nach § 2 PflegeZG ein **Pflegeunterstützungsgeld** als Ausgleich für entgangenes Arbeitsentgelt für **zehn Arbeitstage je Kalenderjahr**. Beim Pflegeunterstützungsgeld handelt es sich grundsätzlich um einen **Jahresanspruch**. Die Änderung zum 1.1.2024 dient dem Ziel der weiteren Unterstützung und Verbesserung häuslicher Pflegearrangements und soll Beschäftigte, die sich neben ihrer Beschäftigung um pflegebedürftige nahe Angehörige kümmern, in einer akut aufgetretenen Pflegesituation entlasten.[320] Ein Anspruch auf Pflegeunterstützungsgeld besteht nicht, sofern bzw. solange ein Anspruch auf Fortzahlung der Vergütung gegenüber dem Arbeitgeber besteht.

Die **Höhe** folgt der Berechnung des Kinderkrankengeldes nach § 45 Abs. 2 S. 3 SGB V, also **90 % des ausgefallenen Nettoarbeitsentgelts** aus beitragspflichtigem Arbeitsentgelt der Versicherten, und ermöglicht damit den Pflegekassen eine verwaltungsfreundliche Handhabung. Wie das Krankengeld ist das Pflegeunterstützungsgeld für Kalendertage auszuzahlen. Aus dem Pflegeunterstützungsgeld sind Beiträge zur Arbeitsförderung sowie zur Renten- und Krankenversicherung zu entrichten, aber es werden keine Beitragszahlungspflichten zur sozialen Pflegeversicherung vorgesehen.[321]

	Kurzzeitige Arbeitsverhinderung	Pflegezeit	Sterbebegleitung	Familienpflegezeit
Rechtsgrund	§ 2 PflegeZG	§ 3 Abs. 1 PflegeZG	§ 3 Abs. 6 PflegeZG	§ 2 FPfZG
Dauer (bis zu)	10 Tage	6 Monate	3 Monate	24 Monate
Freistellung	Vollständig	Teilweise	Vollständig	Teilweise
Betriebsgröße	Alle Betriebe	> 15 Beschäftigte	> 15 Beschäftigte	> 25 Beschäftigte
Nachweis	Ärztliche Bescheinigung	Pflegegrad	Ärztliche Bescheinigung	Pflegegrad

---

318 LSG Bayern Urt. v. 25.2.2015 – L 2 P 25/13.
319 BT-Drs. 16/7439, 60.
320 BT-Drs. 20/6544, 90 f.
321 BT-Drs. 18/3124, 47.

| Anmeldefrist | keine | 10 Tage | 10 Tage | 8 Wochen |
| Finanzierung | § 44a SGB XI | Zinsloses Darlehen | Zinsloses Darlehen | Zinsloses Darlehen |

Für die Dauer der Freistellungen nach § 3 PflegeZG und dem FPfZG gewährt nach § 3 FPfZG das Bundesamt für Familie und zivilgesellschaftliche Aufgaben Beschäftigten auf Antrag ein in monatlichen Raten zu zahlendes **zinsloses Darlehen**. Die Bewilligung und Auszahlung erfolgt nach Maßgabe des § 3 Abs. 2 bis 5 FPfZG. Ein Antragsformular ist vorbereitet.[322]

XIX. Pflegekurse für Angehörige und ehrenamtliche Pflegepersonen (§ 45 SGB XI)

580 Die Pflegekassen haben nach § 45 Abs. 1 S. 1 SGB XI für **Angehörige** und sonstige an einer **ehrenamtlichen Pflegetätigkeit** interessierte Personen **Schulungskurse unentgeltlich** durchzuführen, und zwar unabhängig von rechtlichen Beziehungen zur Pflegekasse (eigene Mitgliedschaft, Mitgliedschaft des Pflegebedürftigen) sowie alle an einer ehrenamtlichen Pflegetätigkeit **interessierten Personen** einschließlich mit dem Kurs erst noch anzuwerbender neuer ehrenamtlicher Pflegepersonen. Mit diesem Anspruch soll das soziale Engagement im Bereich der Pflege gefördert und gestärkt werden.

581 **Praxishinweis:**

Auch Schulungen in der häuslichen Umgebung des Pflegebedürftigen dürfen **nicht** auf die Ansprüche auf Pflegesachleistungen und das Pflegegeld angerechnet werden.[323]

582 Nach § 45 Abs. 1 S. 2 SGB XI sollen die Kurse die **Kenntnisse vermitteln** oder vertiefen, die zur Pflegetätigkeit in der häuslichen Umgebung des Pflegebedürftigen notwendig und hilfreich sind. Sinnvolles soziales Engagement setzt ein Mindestmaß an fachlichen Kenntnissen voraus. Es wird in Bezug auf die Pflege erleichtert, wenn pflegefachliche Kenntnisse erworben werden. Auf Wunsch der Pflegeperson und der pflegebedürftigen Person findet die Schulung auch in der **häuslichen Umgebung** des **Pflegebedürftigen** statt; § 45 Abs. 1 S. 3 SGB XI.[324] Die Pflegekassen sollen auch **digitale Pflegekurse** anbieten. Soweit ein solch flächendeckendes Angebot derzeit nicht bestehen sollte, sind bestehende Lücken in dem Pflegekursangebot vor Ort, das heißt in zumutbarer, erreichbarer Nähe, umgehend zu schließen. Die Pflegekassen können dabei auch miteinander kooperieren. Die Anspruchsberechtigten erhalten somit die Möglichkeit, aus verschiedenen Schulungsoptionen das für sie passende Angebot zu wählen.[325]

XX. Angebote zur Unterstützung im Alltag (§ 45a SGB XI)

583 Angebote zur **Unterstützung im Alltag** ergänzen nach § 45a SGB XI die pflegerischen Leistungen der Pflegeversicherung durch die Finanzierung von Leistungen zur Entlas-

---

322 https://www.wege-zur-pflege.de/fileadmin/daten/Antraege/Familienpflegezeit/Neu_19.12/Formular_Bewilligung_zinslosesDarlehen.pdf
323 BT-Drs. 12/5952, 40.
324 BT-Drs. 18/5926, 95.
325 BT-Drs. 19/29384, 208.

tung häuslich Pflegender und zur Förderung der Selbstständigkeit und Selbstbestimmtheit der Pflegebedürftigen bei der Gestaltung ihres Alltags. Der Gesetzgeber reagiert auf die veränderte Lebenswirklichkeit unserer Gesellschaft und insbesondere auf die veränderten Familienstrukturen.[326]

Zur Finanzierung der **niederschwelligen Leistungen** können Pflegebedürftige in häuslicher Pflege mit mindestens Pflegegrad 2 nach § 45a Abs. 4 SGB XI auf Antrag bis zu 40 % des Pflegesachleistungsbetrages nach § 36 SGB XI (→ Rn. 374) für anerkannte Angebote zur Unterstützung im Alltag in Anspruch nehmen, soweit für die entsprechenden Leistungsbeträge keine ambulanten Pflegesachleistungen bezogen wurden (**Umwandlungsanspruch**). Der Anspruchsberechtigte ist hinsichtlich seiner Möglichkeiten zur Verwendung des Pflegesachleistungsbetrages für Angebote zur Unterstützung im Alltag und die jeweiligen Auswirkungen auf seine laufenden Ansprüche zu **beraten**. Die Vergütungen für **ambulante Pflegesachleistungen** nach § 36 SGB XI sind gem. § 45a Abs. 4 S. 4 SGB XI **vorrangig abzurechnen**. Erst danach kann ermittelt werden, in welchem Umfang noch Mittel für die Erstattung der Aufwendungen für Angebote zur Unterstützung im Alltag im Rahmen des § 45a Abs. 4 SGB XI zur Verfügung stehen.[327] 584

Beispiel 1:[328] 585

A hat Pflegegrad 2 und nimmt im April Pflegesachleistungen in Höhe von 250,00 EUR in Anspruch.

Ergebnis: 60 % des Pflegesachleistungsbetrages sind 434,40 EUR. A hat für ambulante Pflegesachleistungen 250,00 EUR und damit weniger als 60 % des Leistungsbetrages nach § 36 Abs. 3 SGB XI in Anspruch genommen. Somit stehen für die Angebote zur Unterstützung im Alltag maximal 289,60 EUR (40 % von 724,00 EUR) zur Verfügung.

Beispiel 2:[329] 586

A hat Pflegegrad 2 und nimmt im Februar Pflegesachleistungen in Höhe von 450,00 EUR in Anspruch. Für die im Februar in Anspruch genommenen Angebote zur Unterstützung im Alltag in Höhe von 150,00 EUR reicht er im März einen Nachweis zur Erstattung der Aufwendungen ein. Im Januar und Februar hat er den Entlastungsbetrag nach § 45b Abs. 1 SGB XI nicht in Anspruch genommen.

Ergebnis: 60 % des Pflegesachleistungsbetrages sind 434,40 EUR. A hat Pflegesachleistungen in Höhe von 450,00 EUR und damit mehr als 60 % des Leistungsbetrags nach § 36 Abs. 3 SGB XI in Anspruch genommen. Somit stehen für die Angebote zur Unterstützung im Alltag maximal 274,00 EUR (724,00 EUR – 450,00 EUR) aus der Pflegesachleistung zur Verfügung. Da der Pflegebedürftige in den Monaten Januar und Februar den Entlastungsbetrag nach § 45b Abs. 1 SGB XI nicht in Anspruch genommen hat, steht ihm dieser ebenfalls zur Erstattung der Aufwendungen für die in Anspruch genommenen Angebote zur Unterstützung im Alltag in Höhe von insgesamt 250,00 EUR (2 Monate x 125,00 EUR) zur Verfügung.

A kann wählen, ob er den Entlastungsbetrag nach § 45b Abs. 1 SGB XI oder den nicht verwendeten Pflegesachleistungsbetrag für die Erstattung der Aufwendungen verwendet. Die Wahl hat Einfluss auf das anteilige Pflegegeld.

---

326 BT-Drs. 18/5926, 131.
327 GKV-Spitzenverband, Gemeinsames Rundschreiben zu den leistungsrechtlichen Vorschriften des SGB XI vom 20.12.2022, S. 315 ff. mit Rechenbeispielen.
328 GKV-Spitzenverband, Gemeinsames Rundschreiben zu den leistungsrechtlichen Vorschriften des SGB XI vom 20.12.2022, S. 316.
329 GKV-Spitzenverband, Gemeinsames Rundschreiben zu den leistungsrechtlichen Vorschriften des SGB XI vom 20.12.2022, S. 316 f.

a) A wählt die Erstattung der Angebote zur Unterstützung im Alltag in Höhe von 150,00 EUR über den Entlastungbetrag nach § 45b SGB XI, dann hat er ein Budget aus dem Entlastungsbetrag Januar und Februar in Höhe von 100,00 EUR (250,00 EUR − 150,00 EUR) für die Folgemonate.

Durch die Sachleistungen von 450,00 EUR sind 62,15 % des Budgets ausgeschöpft.

Pflegegeld: 37,85 % von 316,00 EUR = 119,61 EUR

b) A bewahrt seinen Entlastungsbetrag komplett (250,00 EUR) für die Folgemonate auf und finanziert die Angebote zur Unterstützung im Alltag über die Umwidmung.

Sachleistungsbudget 600,00 EUR (450,00 EUR + 150,00 EUR) = 82,87 % von 724,00 EUR

Pflegegeld: 17,13 % von 316,00 EUR = 54,13 EUR.

XXI. Entlastungsbetrag (§ 45b SGB XI)

587　Gem. § 45b Abs. 1 SGB XI haben Pflegebedürftige in häuslicher Pflege Anspruch auf einen **Entlastungsbetrag** in Höhe von bis zu **125,00 EUR** monatlich.

588　**Praxishinweis:**

Der Entlastungsbetrag wird **dynamisiert** und steigt zum **1.1.2025** um **4,5 %** und zum **1.1.2028** in Höhe des kumulierten Anstiegs der Kerninflationsrate in den letzten drei Kalenderjahren, für die zum Zeitpunkt der Erhöhung die entsprechenden Daten vorliegen, nicht jedoch stärker als der Anstieg der Bruttolohn- und Gehaltssumme je abhängig beschäftigten Arbeitnehmer im selben Zeitraum; § 30 Abs. 1 SGB XI. Der neue Betrag wird vom Bundesministerium für Gesundheit nach § 30 Abs. 2 SGB XI jeweils im Bundesanzeiger bekannt gemacht.

589　Zum **1.1.2025** wird der Entlastungsbetrag um 4,5 % erhöht und beträgt dann im Kalendermonat[330] **131,00 EUR**.

590　Der Entlastungsbetrag ist jedoch zweckgebunden für die beschriebenen Leistungen einzusetzen und dient ausschließlich der **Erstattung von Aufwendungen**, die den Versicherten im Zusammenhang mit der Inanspruchnahme einer der in § 45b Abs. 1 S. 3 Nr. 1 – 4 SGB XI genannten Leistungen entstehen. Dies sind:

- Leistungen der Tages- oder Nachtpflege,
- Leistungen der Kurzzeitpflege,
- Leistungen der ambulanten Pflegedienste im Sinne des § 36 SGB XI (→ Rn. 362 ff), in den Pflegegraden 2 bis 5 jedoch nicht von Leistungen im Bereich der Selbstversorgung,
- Leistungen der nach Landesrecht anerkannten Angebote zur Unterstützung im Alltag im Sinne des § 45a SGB XI.

591　Hieraus ergibt sich bereits, dass er nicht ohne Zweckbindung und nicht ohne, dass Aufwendungen für entsprechende Leistungen zuvor entstanden (und nachgewiesen, § 45b

---

330　Wir gehen davon aus, dass die Erhöhung der Budgets nicht nur kaufmännisch gerundet, sondern stets auf volle Euro-Beträge vorgenommen wird, wie das Beispiel des Gesetzgebers zum gemeinsamen Jahresbeitrag des § 42a SGB XI zeigt.

Abs. 2 S. 2 SGB XI) sind, gezahlt werden kann. Eine Inanspruchnahme zur Vergütung allgemeiner Unterstützungsleistungen durch Angehörige scheidet damit aus.[331]

> **Praxishinweis:**
> Aufwendungen im Zusammenhang mit einer Betreuung des Pflegebedürftigen durch **Angehörige, Nachbarn, Freunde oder Verwandte** können **nicht** durch den Entlastungbetrag refinanziert werden.[332]

592

Zu den erstattungsfähigen Eigenbelastungen können zB bei der Inanspruchnahme von Tages- oder Nacht- oder Kurzzeitpflege auch die von den Pflegebedürftigen zu tragenden Entgelte für Unterkunft und Verpflegung und **Investitionskosten** gehören. Damit können sich Pflegebedürftige von den Zuzahlungen entlasten, die regelmäßig bei der Inanspruchnahme dieser Leistungen entstehen. Diese Möglichkeit der finanziellen Entlastung soll Pflegebedürftigen, die zB das Leistungsangebot der Tagespflege bislang möglicherweise auch aus finanziellen Gründen noch nicht in Anspruch genommen haben, einen sinnvollen Anreiz geben, dieses Leistungsangebot tatsächlich einmal kennenzulernen.[333]

593

Die nicht ausgeschöpften monatlichen Entlastungsbeträge können in das folgende **Kalenderhalbjahr** übertragen werden und erhöht dann den vollen Betreuungsbetrag des betreffenden Monats. Da der Betrag der Erstattung von Aufwendungen dient, kommt es darauf an, wann die Aufwendungen verursacht, und nicht wann die Rechnung geschrieben, wurde.

594

§ 45b Abs. 3 S. 2 SGB XI bestimmt ausdrücklich, dass § 63b Abs. 1 S. 3 SGB XII, nach dem grundsätzlich Leistungen der Hilfe zur Pflege nicht erbracht werden, soweit Pflegebedürftige **gleichartige Leistungen** nach anderen Rechtsvorschriften erhalten, auf den Entlastungbetrag nach § 45b SGB XI keine Anwendung findet. Damit wird sichergestellt, dass der als separater Betrag ausgewiesene Entlastungsbetrag auch bei entsprechenden Empfängern von Fürsorgeleistungen weiterhin für die Entlastung von Pflegepersonen in vollem Umfang tatsächlich zur Verfügung steht.[334]

595

> **Praxishinweis:**
> Von den Pflegebedürftigen dürfen nach § 45b Abs. 4 SGB XI **keine höhere Vergütung** verlangt werden als für **vergleichbare** Sachleistungen nach § 36 SGB XI.[335] Nicht vergleichbar ist etwa der Wunsch des Pflegekunden auf eine bestimmte Bezugspflegekraft im Gegensatz zur (üblichen) Tourenplanung.

596

---

331 LSG Niedersachsen-Bremen Urt. v. 2.6.2022 – L 12 P 35/21.
332 BT-Drs. 14/6949, 15 f.
333 BT-Drs. 14/6949, 16.
334 BT-Drs. 18/9518, 69 f.
335 BT-Drs. 18/9518, 133.

XXII. Zusammenfassung der Leistungsbudgets
1. Leistungsbudgets bis 31.12.2023

597

Leistungen	PG 1	PG 2	PG 3	PG 4	PG 5
Pflegesachleistungen (monatlich)	–	724 EUR	1.363 EUR	1.693 EUR	2.095 EUR
Pflegegeld (monatlich)	–	316 EUR	545 EUR	728 EUR	901 EUR
Wohngruppenzuschuss (monatlich)	214 EUR	214 EUR	214 EUR	214 EUR	214 EUR
Verhinderungspflege (jährlich)	–	1.612 EUR	1.612 EUR	1.612 EUR	1.612 EUR
Digitale Pflegeanwendung (monatlich)	50 EUR	50 EUR	50 EUR	50 EUR	50 EUR
Pflegehilfsmittel zum Verbrauch (monatlich)	40 EUR	40 EUR	40 EUR	40 EUR	40 EUR
Wohnraumanpassung	4.000 EUR	4.000 EUR	4.000 EUR	4.000 EUR	4.000 EUR
Tages- und Nachtpflege (monatlich)	–	689 EUR	1.298 EUR	1.612 EUR	1.995 EUR
Kurzzeitpflege (jährlich)	–	1.774 EUR	1.774 EUR	1.774 EUR	1.774 EUR
Vollstationäre Pflege (monatlich)	125 EUR	770 EUR	1.262 EUR	1.775 EUR	2.005 EUR
Entlastungsleistungen (monatlich)	125 EUR	125 EUR	125 EUR	125 EUR	125 EUR

2. Leistungsbudgets vom 1.1.2024 bis 31.12.2024[336]

598

Leistungen	PG 1	PG 2	PG 3	PG 4	PG 5
Pflegesachleistungen (monatlich)	–	**761 EUR**	**1.462 EUR**	**1.778 EUR**	**2.200 EUR**
Pflegegeld (monatlich)	–	**332 EUR**	**573 EUR**	**765 EUR**	**947 EUR**
Wohngruppenzuschuss (monatlich)	214 EUR	214 EUR	214 EUR	214 EUR	214 EUR
Verhinderungspflege (jährlich)	–	1.612 EUR	1.612 EUR	1.612 EUR	1.612 EUR
Digitale Pflegeanwendung (monatlich)	50 EUR	50 EUR	50 EUR	50 EUR	50 EUR
Pflegehilfsmittel zum Verbrauch (monatlich)	40 EUR	40 EUR	40 EUR	40 EUR	40 EUR
Wohnraumanpassung	4.000 EUR	4.000 EUR	4.000 EUR	4.000 EUR	4.000 EUR
Tages- und Nachtpflege (monatlich)	–	689 EUR	1.298 EUR	1.612 EUR	1.995 EUR
Kurzzeitpflege (jährlich)	–	1.774 EUR	1.774 EUR	1.774 EUR	1.774 EUR
Vollstationäre Pflege (monatlich)	125 EUR	770 EUR	1.262 EUR	1.775 EUR	2.005 EUR
Entlastungsleistungen (monatlich)	125 EUR	125 EUR	125 EUR	125 EUR	125 EUR

---

336 Änderungen gegenüber der vorherigen Periode sind in fett gesetzt.

3. Leistungsbudgets vom 1.1.2025 bis 30.6.2025

Leistungen	PG 1	PG 2	PG 3	PG 4	PG 5
Pflegesachleistungen (monatlich)	–	796 EUR	1.497 EUR	1.859 EUR	2.299 EUR
Pflegegeld (monatlich)	–	347 EUR	599 EUR	800 EUR	990 EUR
Wohngruppenzuschuss (monatlich)	224 EUR	224 EUR	224 EUR	224 EUR	224 EUR
Verhinderungspflege (jährlich)	–	1.685 EUR	1.685 EUR	1.685 EUR	1.685 EUR
Digitale Pflegeanwendung (monatlich)	53 EUR	53 EUR	53 EUR	53 EUR	53 EUR
Pflegehilfsmittel zum Verbrauch (monatlich)	42 EUR	42 EUR	42 EUR	42 EUR	42 EUR
Wohnraumanpassung	4.180 EUR	4.180 EUR	4.180 EUR	4.180 EUR	4.180 EUR
Tages- und Nachtpflege (monatlich)	–	721 EUR	1.357 EUR	1.685 EUR	2.085 EUR
Kurzzeitpflege (jährlich)	–	1.854 EUR	1.854 EUR	1.854 EUR	1.854 EUR
Vollstationäre Pflege (monatlich)	131 EUR	805 EUR	1.319 EUR	1.855 EUR	2.096 EUR
Entlastungsleistungen (monatlich)	131 EUR	131 EUR	131 EUR	131 EUR	131 EUR

4. Leistungsbudgets ab 1.7.2025

Leistungen	PG 1	PG 2	PG 3	PG 4	PG 5
Pflegesachleistungen (monatlich)	–	796 EUR	1.497 EUR	1.859 EUR	2.299 EUR
Pflegegeld (monatlich)	–	347 EUR	599 EUR	800 EUR	990 EUR
Wohngruppenzuschuss (monatlich)	224 EUR	224 EUR	224 EUR	224 EUR	224 EUR
Verhinderungspflege (jährlich)[337]	–	*	*	*	*
Digitale Pflegeanwendung (monatlich)	53 EUR	53 EUR	53 EUR	53 EUR	53 EUR
Pflegehilfsmittel zum Verbrauch (monatlich)	42 EUR	42 EUR	42 EUR	42 EUR	42 EUR
Wohnraumanpassung	4.180 EUR	4.180 EUR	4.180 EUR	4.180 EUR	4.180 EUR
Tages- und Nachtpflege (monatlich)	–	721 EUR	1.357 EUR	1.685 EUR	2.085 EUR
Kurzzeitpflege (jährlich)[338]	–	*	*	*	*
Gemeinsames Jahresbudget	–	3.539 EUR	3.539 EUR	3.539 EUR	3.539 EUR
Vollstationäre Pflege (monatlich)	131 EUR	805 EUR	1.319 EUR	1.855 EUR	2.096 EUR
Entlastungsleistungen (monatlich)	131 EUR	131 EUR	131 EUR	131 EUR	131 EUR

---

337 Ab dem 1.7.2025 Bestandteil des Gemeinsamen Jahresbudgets.
338 Ab dem 1.7.2025 Bestandteil des Gemeinsamen Jahresbudgets.
* Siehe Gemeinsames Jahresbudget.

Stichwortverzeichnis

Fette Zahlen bezeichnen die Paragrafen, magere die Randnummern.

Abtretung **5** 516
AEDL-Systematik **3** 247
Aktive Einbindung **5** 413, 425
Aktivierung **1** 16, 22, **5** 547
- Ermunterung **1** 20
- Leistungsbudget 2025 **5** 551
- Leistungsbudget **5** 549
- Maßnahme **5** 562
- personeller Mehreinsatz **5** 548
- zusätzliche **5** 560
Aktivität **3** 231
Alarmzeichen **3** 320
Alltagskompetenz
- eingeschränkt **3** 210
Alltagsleben **3** 302
Ambulante Pflege
- Leistung **5** 362, 371
- Leistungsbudget 2024 **5** 374
- Leistungsbudget 2025 **5** 376
Ambulantisierung **5** 423
Änderung der Verhältnisse **2** 121
- stationär **2** 122
Änderung Pflegesituation **5** 474
Anleitung **3** 227
Anspruch **3** 206, **5** 346
Antrag
- Dauerwirkung **2** 113, 129 f.
- Doppelnatur **2** 113
- Einwilligungserklärung **2** 147
- elektronische Form **2** 134
- erforderliche Auskünfte **2** 145
- formlos **2** 107
- Formular **2** 112
- Frist zur Bearbeitung **2** 198
- Kenntnisnahme **2** 112
- Leistungsbeginn **2** 114
- Mitwirkungspflicht **2** 165
- mündlich **2** 107
- nach Aktenlage **2** 156
- nicht Krankenhaus **2** 155
- Private Pflegeversicherung **2** 116
- Prüfung durch MD **2** 152
- Schnellbegutachtung **2** 137
- Steuerung **2** 133
- Überleitung **2** 129
- Unterbleiben der Untersuchung **2** 153
- Unterlagen **2** 145
- verspätet **1** 79
- Weiterleitung **2** 111
- Wohnbereich **2** 154
- Zeitpunkt **3** 212
Antragstellung **5** 388
Arbeitsüberlastung **5** 477
Ärztliche Verordnung **3** 281
Aspekte des Erkennens **3** 257
Aufforderung **3** 221, 272
Aufklärung **1** 64
Auskunft **1** 57
Außerhäusliche Aktivitäten **3** 315 f.
Außerklinische Intensivpflege **5** 534

BAFzA **5** 579
Barrierefreiheit **5** 470
Beaufsichtigung **3** 223, 227
Bedarf
- wöchentlicher **3** 291
Bedarfskonstellation
- besondere **4** 333
Bedürftigkeitsprüfung **1** 86
Beeinträchtigung
- Skala **3** 217
Begutachtung **1** 13
- Anzahl **2** 159
- Kinder **2** 177
Begutachtungsinstrument **3** 215, **4** 325
Begutachtungsort **2** 154
Begutachtungs-Richtlinie **2** 133, 152, 176, **4** 325
- Anpassung **2** 160
- keine Bindungswirkung **3** 236
- keine Rechtsnormqualität **3** 248
- unmittelbar verbindlich für Gutachter **3** 237

165

Behandlungspflege 1 84, 3 280, 282, 5 429, 495, 533
Belastungsgrenze 1 99
Benutzung einer Toilette 3 274
Beratende Intervention 3 300
Beratung
- allgemeine 1 53
- Altenhilfe 1 54
- Auskunftspflicht 1 56
- beteiligte Dritte 1 60
- effizient 1 77
- Eigenverantwortung 1 57
- einfache Sprache 1 58
- Eingliederungshilfe 1 54
- Fehler 1 82
- Gutschein 1 51
- häusliche Umgebung 1 69
- Hilfebedarf 1 81
- individuelle 1 53
- kommunale Verantwortung 1 55
- Kontaktperson 1 68, 74
- Koordinierung 1 81
- neutrale 1 48, 72
- Pflegeberatungs-Richtlinien 1 52, 72
- Wahlfreiheit 1 77
- wohnortnah 1 77
Beratungsbesuch 5 394
- Datenschutz 5 404
- Durchführung 5 397
- Empfehlung 5 400
- kein Abruf 5 401
- kein Kontrollcharakter 5 399
- keine Sicherstellung 5 401
- nicht Betreuungsdienst 5 398
- Online 5 396
- Pflegegrad 1 5 395
- Qualitätssicherung 5 399
- Sachleistung 5 395
Beratungsgutschein 1 73
- Beratungsstelle 1 74
- kein Rechtsanspruch 1 75
Berichtspflicht 2 204
Beschädigung 5 467
Beschleunigung 5 477
Besitzstandschutz 2 128

Betreuungsdienst 1 1, 5 368, 378
Betreuungskräfte-Richtlinie 5 561
Betreuungspersonal
- Qualität 5 561
- zusätzliches 5 561
Bevollmächtigung 2 109
Bewertungssystematik 4 326
Biografie 3 263
Bodyfunction 3 267
Bund-Länder-AG 1 77

Darlehen
- zinsloses 5 579
Daseinsvorsorge 1 33
Datenfreigabeerklärung 2 136
Datenschutz 2 163
Dauer 3 211
- Prognose 3 210
Diagnose 3 208
Dienstleistung 5 355
Dienstleistungsorientierung 2 197
Digitale Gesundheitsanwendung 5 482
Digitale Pflegeanwendung 5 480
- Information 5 487
- Leistungsbudget 2025 5 486
- Leistungsbudget 5 484
- Mehrkosten 5 483
- Negativabgrenzung 5 481
- Verzeichnis 5 482
Digitale Pflegekurse 5 582
Diverse Pflege 1 27
Dokumentation 5 352
Duschen und Baden 3 273
Dynamisierung 5 375, 387, 431, 448, 451, 455, 462, 472, 485, 493, 504, 528, 536, 550, 555, 588

Edukative Intervention 3 300
Ehrenamtliche Pflegetätigkeit 5 580
Eigenanteil
- Begrenzung 5 539
Eigenverantwortung 1 21
Eingliederungshilfe 1 8, 90, 5 554
- Vereinbarung 1 91
Einkommen 1 95
- Berechnung PKH 1 97

– Pflegegeld 1 100
Einrichtungseinheitlicher Eigenanteil 2 125
Einrichtungsvertrag 1 18
Einsichtsfähigkeit 2 165
Einweisungsvorschrift 5 563
Einwilligung 2 150
– Wohnungsinhaber 2 167
Einzelpunkte 3 214
– Faktor 3 275
– Gewichtung 4 322
Einzugsbereich 1 61
Elektronische Form
– ab 1.12.2023 2 135
Eltern 5 454
Empfehlung(en) 2 187
– Begründung 2 188
– Formular 5 460
Entbindung von der Schweigepflicht 2 136
Entlassmanagement 1 80
Entlastungsbetrag
– Ansparen 5 594
– gleichartige Leistung 5 595
– Leistungsbudget 2025 5 589
– Leistungsbudget 5 587
– Übertragung 5 594
– vergleichbare Leistung 5 596
– Voraussetzung 5 590
Entlastungsbudget 5 513
Entschädigungsleistungen 1 83
Entscheidungsfindung 3 222
Ergebnisqualität 1 19
Erkennen von Personen 3 259
Erleichterung der Pflege 5 457
Ermessen 5 346, 468
Ernährung 3 268
Ersatzbeschaffung 5 466
Erwerbstätigkeit 5 567
Existenzminimum 5 347

Fähigkeiten 3 209
Fähigkeitsstörung 3 213
Fahrtkosten 5 446
Fallmanagement 1 64
Familienpflegezeit 5 575, 579

Familienverbund 5 417
Fortbewegung 3 240
Fristberechnung 2 200
Fristüberschreitung 2 198
– Anzahl 2 203
– Hinweis 2 199
– Verzögerungsgründe 2 202
Fünfundzwanzigstes Lebensjahr 5 454
Funktionale Beeinträchtigung 4 324
Fürsorgeleistung 1 86

Gebrauchsunfähigkeit 4 336
Gefahrensituation 5 406
Geldinstitut 5 393
Geldleistung 5 355
Gemeinsame Wohnung 5 413
– Abgeschlossenheit 5 415
Gemeinsamer Jahresbetrag 5 513
– Anrechnung 5 520
– Leistungserbringer 5 519
– Übersicht 5 518
Genehmigungsfiktion 5 348, 476
Geriatrische Rehabilitation 1 41
Gesamtpunktwert 4 325, 331
Gespräch
– Beteiligung 3 260
Gesundheitsbewusstsein 1 21
Gesundheitsproblem
– personelle Hilfe 3 264
Gewichtete Punkte 3 214
Gewichtung 4 326, 330
Gleichgeschlechtliche Pflege 1 27
Greif-, Geh- und Stehfunktion 4 336
Grundpflege 1 10
Gutachten
– Ergebnis 2 186
– Formular 2 186
– nach Aktenlage 2 157
– Transparenz 2 193
– Verständlichkeit 2 193
– weiteres 4 345
Gutachter
– Empfehlungen 2 187
– Pflicht zur Beauftragung 2 185
– unabhängig 2 184

Härtefallregelung 4 333
Häufigkeit 3 276, 4 324
- Nichtberücksichtigung 3 277
Haushaltsführung 3 309 f., 312 f., 315 f., 318 f., 5 373 f.
Häusliche Krankenpflege 1 84
Häusliche Pflegehilfe 5 363
Hauswirtschaft 1 10, 3 309
Heilmittel
- Empfehlung 2 196
Heimerforderlichkeit 5 530
Herstellungsanspruch 1 79
Hilfe durch andere 3 234
Hilfe zum Lebensunterhalt 1 88
Hilfe zur Pflege 1 8
Hilfebedarf 4 321
Hilfebedürftigkeit 3 313
Hilfeleistungen 3 308
Hilfeprozess
- Auswertung 1 67
Hilfsmittel 2 189, 191
- Auswahl 2 190
- Information 2 190
- Versorgungsempfehlung 2 192
- zum Verbrauch 5 461
Hinweispflichten 2 172

Impulsgebung 3 221
Individuelle Gewohnheiten 3 304
Individuelle Pflegeplanung 3 312
Instandhaltung 5 466
Integrierte Versorgung Pflegeheim (IVP) 5 553
Integrierte Versorgung 1 59, 5 552
Interkulturelle Öffnung 1 28
Intimsphäre 1 26
Investitionskosten 5 593

Kinder 2 161
- 0 bis 18 Monate 2 180
- Bescheid nach dem 19. Lebensmonat 2 182
- besondere Gutachter 2 177
- Besonderheit 4 337
- bis zum 18. Lebensmonat 4 338, 341
- Mukoviszidose 2 179

- Pflegegrad 2 181, 4 340
- spezifische Anamnese 2 178
Kognitive Beeinträchtigung 3 311
Kognitive Fähigkeiten 3 254 f.
Kombination 5 526
Kombinationsleistung 5 409
- Bindung 5 410
Kommunikation 1 23
Kommunikative Fähigkeiten 3 254 f.
Kompensation 3 209
Konstellation
- seltene 4 335
Kontrolle 3 223, 227
Koordination 1 47
Körperhaltung 3 240
Körpernahe Hilfsmittel 3 292
Körperpflege 3 268
Kostenerstattung 5 349 f., 434 f., 441 f., 591 f.
Krankenhaus 5 351
Krankheitsbewältigung 3 279
Krankheitsspezifische Pflegemaßnahmen 1 85, 3 280
Krisensituation von nationaler Tragweite 2 156
Küche 5 414
Kultur des Helfens 1 34
Kultursensible Pflege 1 27, 29
Kurzzeitpflege 5 499
- Anzeigepflicht 5 517
- Erhöhung Verhinderungspflege 2025 5 507
- Erhöhung Verhinderungspflege 5 506
- gemeinsamer Jahresbeitrag 5 509
- Leistungsbudget 2025 5 505
- Leistungsbudget 5 503
- Leistungsinhalt 5 501
- ohne Pflegegrad 5 510
- Übergangszeit 5 500
- Verhinderungspflegebudget 5 508
- vorübergehend 5 502

Lebensbedarf 5 458
Lebensführung 5 466, 469
- erleichtert 5 457
Leiharbeitskraft 5 367

Stichwortverzeichnis

Leistung
- Ausführung 1 92
- Checkliste 1 103
- Einkommen 1 95
Leistungs- und Preisvergleichsliste 1 62
- Information 1 63
Leistungsansprüche
- Flexibilisierung 5 514
- Kombination 5 495
Leistungsarten 5 353
Leistungsausschluss 5 576
Leistungsbeginn 2 114
- 1. des Monats der Antragstellung 2 118
Leistungsfall 3 206
Leistungsort 5 364
- Ausschluss 5 365
Leistungsrecht 5 347
Leistungszuschlag 5 539
- Ausbildungsvergütung 5 545
- Berechnung 5 546
Lohnersatzleistung 1 96
Long-term Care 1 13

Mahlzeiten 3 319
Medikamentengabe 3 287
Medikamentenplan 3 288
Medizinprodukt 5 482
Mehrfachpflege 5 566
Menschen mit Behinderung 5 554
Menschenwürde 1 19
Merkzeichen „H" 3 314
Migrationshintergrund 1 28
Mindestzeitaufwand 5 566
Mitaufnahme 5 522
Mitwirkungspflicht 2 165 f., 201 f.
- angemessene Frist 2 175
- besondere Fallkonstellation 2 171
- Grenzen 2 170
- konkreter Hinweis 2 173
- nicht uneingeschränkt 2 168
- schriftlicher Hinweis 2 172
Mobilisierung 3 251
Mobilität 3 239
- Verrichtung 3 242
Modul 1 3 239
- Pflegeplanung 3 246

- Verrichtung 3 242
Modul 2 und 3 4 328
- höhere Punktzahl 3 266
Modul 2 3 254
- Pflegeplanung 3 258
- Teilbereiche 3 256
Modul 3 3 261
- Beispiele 3 265
- Pflegeplanung 3 263
Modul 4 3 267
- Kind 4 339
- Pflegeplanung 3 271
- Zentralmodul 3 269
Modul 5 3 279
- Verrichtung 1. Bereich 3 283
- Verrichtung 2. Bereich 3 290
- Verrichtung 3. Bereich a 3 295
- Verrichtung 3. Bereich b 3 297
- Verrichtung 3. Bereich c 3 299
- Verrichtung 4. Bereich 3 301
- vier Bereiche 3 284
Modul 6 3 302
- Pflegeplanung 3 306
- Verrichtung 3 305
Modul 7 3 316
- Pflegeplanung 3 317
Modul 8 3 318
Module 3 213
- abschließender Katalog 3 215
- Gewichtung 4 327
Motivation 3 227

Nationale Präventionsstrategie 1 41
Niederschwellige Leistung 5 584
Notdienst 5 406

Orientierungshilfe 3 228

Partnerschaftliche Zusammenarbeit 1 47
Pauschalleistung 5 554
- Leistungsbudget 2025 5 556
- Pflegegrade 2 – 5 5 557
- ungekürztes Pflegegeld 5 559
- verfassungsgemäß 5 558
Personelle Hilfe 3 218, 234
Persönliche Assistenz 3 317

Pflege
- Finanzierung 1 37
- keine Pflicht zur Übernahme 1 38
- Sicherstellung 1 35
- Wirksamkeit 1 44

Pflegebedürftig
- voraussichtlich 5 357

Pflegebedürftige
- Alter 1 4
- Anspruch 5 358
- Anstieg 1 2
- Entwicklung 1 1
- Frauen 1 5

Pflegebedürftigkeit 1 7, 2 152, 3 313
- Aktivierende Pflege 1 16
- Alltagsaktivitäten 3 208
- Begriff 3 205
- Checkliste 3 232
- Definition 3 207
- Ernährung 1 12
- Feststellung 2 104
- Grad 4 330
- Grundpflege 1 10
- Körperpflege 1 12
- Krankheit 1 9
- Mobilität 1 12
- Verrichtungsbezogenheit 1 14
- Zeitaufwand 1 10

Pflegeberater 1 66
- qualifiziertes Personal 1 70

Pflegeberatung 1 51, 64, 67, 5 354
Pflegebereitschaft 1 34
Pflegedienst 1 1, 5 378
Pflegedokumentation 1 14, 2 149
Pflegefachkraft 5 459
Pflegefachliche Systematisierung 4 334
Pflegegeld 2 188, 5 380
- Antragstellung 5 388
- Ausschluss 5 383
- Beratungsbesuch 5 394
- Fortzahlung 5 389
- Höhe der Kürzung 5 403
- kausale Verknüpfung 5 382
- Kombination 5 390
- Kürzung 5 388

- Kürzungsbescheid 5 402
- Leistungsbudget 2024 5 385
- Leistungsbudget 2025 5 388
- Ruhen 5 407
- Tod des Versicherten 5 391
- Vorauszahlung 5 386

Pflegegrad 1
- Leistung 5 360 f.

Pflegegrad 4 321
- unabhängig von der Versorgung 4 323

Pflegegrad-Lineal 4 332
Pflegeheim 1 1
Pflegeheimbedürftigkeit 1 36
Pflegehilfsmittel zum Verbrauch
- Leistungsbudget 2025 5 463
- Leistungsbudget 5 461

Pflegehilfsmittel 2 189, 191, 5 457
- Empfehlung Pflegfachkraft 5 459
- Richtlinien 5 459
- technische 5 464

Pflegekraft 3 259, 5 366
Pflegekurse 1 53, 5 580
Pflegenotstand 5 347
Pflegeperson 5 358, 436, 521
Pflegequote 1 3
Pflegestandard 1 19
Pflegestatistik 1 1
Pflegestützpunkt 1 51, 76
Pflegeunterstützungsgeld 1 96, 5 578 f.
- Höhe 5 579

Pflegeversicherung
- Einnahmen 1 6

Pflegewissenschaftliche Studie 2 160
Pflege-Wohnvertrag 1 18
Pflegezeit 5 357, 575, 579
Pflegezulage 1 83
Pflichtberatung 1 53
Pflichteinsatz
- Beratungsbesuch 5 399

Plausibilitätsprüfung 3 307
Poolen 5 369
Praktische Durchführung 3 303
Präsenzkraft 5 419
- formlose Beauftragung 5 421

Stichwortverzeichnis

– keine Zulassung 5 420
Prävention 1 40, 2 188
Private Pflegeversicherung 1 101
– zuständiges Gericht 1 102
Prozessqualität 1 19
Prüffähige Unterlagen 2 136
Prüfung 2 152
Psychische Problemlagen 3 261 f.
Pubertät 2 183

Qualitätsanspruch 1 17
Qualitätsdefizite 5 400
Qualitätsmanagement 1 19

Rehabilitation 1 40, 2 188
– Umfang 2 189
– Versorgung Pflegebedürftiger 5 521
– Vorrang 5 523
Religiöse Bedürfnisse 1 30
Rentenversicherung 5 564
Ressourcen 3 229
Ressourcenstärkung 3 308
Restbeweglichkeit
– minimale 4 336
Richten von Gegenständen 3 220
Rückkehrrecht 5 577
Rücküberweisungspflicht 5 393
Rufbereitschaft 5 421

Sachleistung 5 355, 362
– keine Kürzung 5 379
– Nachrang 5 370
Satt-Sauber-Pflege 1 19
Schlüssigkeitsprüfung 4 344
Schnellbegutachtung 2 137
– 5 Arbeitstage 2 139
– Änderung für die Zukunft 2 143
– Fristverkürzung 2 140
– häuslicher Bereich 2 141
– Hospiz 2 140
– Information 2 142, 146
– Übergangspflege 2 144
Schulung 5 581
Selbständig 3 218
Selbständigkeit 3 209
– Beeinträchtigung 3 213, 4 329
– Grad 3 216

– Übersetzung 3 235
– unbestimmter Rechtsbegriff 3 233
– vierstufige Skala 3 216
Selbstbestimmung 1 24, 31, 70
Selbstversorgung 3 267 f.
Sicherheitsgründe 3 225
Sicherstellung der Pflege 5 381
Sicherstellung 1 49, 5 404, 524
– fehlende 5 384
Skala 3 230
Soziale Kontakte 3 302
Soziale Sicherheit 5 356
Soziale Sicherung 5 563, 570
– Altersrente 5 565
– Arbeitsförderung 5 572
– Besitzstand 5 573 f.
– Flexi-Rente 5 564
– Pflegeperson 5 566
– Rentenversicherung 5 564
– Unfallversicherung 5 569
Sozialhilfe
– Nachrang 1 89
Sozialraum 1 77
Sozialversicherung
– Gesamtkonzept 1 8
Sperrwirkung 2 119, 126
Stand medizinisch-pflegerischer Erkenntnisse 1 17
Stapelleistungen 5 428, 495
– Behandlungspflege 5 497
– Beispiel 5 496
– Kritik 5 498
– Verhinderungspflege 5 497
Sterbebegleitung 5 579
Strukturiertes Telefoninterview 2 158
– Ausschluss 2 161
– Datenschutz 2 163
– Wahl 2 164
Strukturqualität 1 19
Subsidiaritätsprinzip 1 33

Tages- und Nachtpflege 5 488
– Abwesenheit Pflegeperson 5 489
– Beförderung 5 491
– Hilfeleistung 5 490

- Leistungsbudget 2025 5 494
- Leistungsbudget 5 492

Technische Pflegehilfsmittel 5 465

Teilaspekt 3 243

Teilhabe am Arbeitsleben 5 372

Teilhandlung
- Übernahme 3 224, 227

Teilleistungssystem 1 37

Teilsummenbildung 4 328

Telefoninterview 2 158

TENS-Gerät 3 292

Therapiemaßnahmen 3 292

Tod des Antragstellers 2 151

Träger der Sozialhilfe 1 39, 2 195, 5 377, 531, 568
- Feststellung 1 87

Trägervielfalt 1 31
- Unabhängigkeit 1 32

Transfer 3 244

Treppensteigen 3 245

Übergangspflege 5 511
- Leistungsumfang 5 512

Übergangsrecht 2 126

Übergangszeit 5 351

Überlastung
- Ursache 5 405

Überleitung 2 130

Überprüfung 4 343

Überwiegend selbständig 3 219

Überwiegend unselbständig 3 227

Umbaumaßnahmen 5 470

Umrechnung 4 322

Umwandlungsanspruch 5 584

Unfallversicherung 1 83, 5 569
- Pflegegeld 1 98

Ungleichbehandlung 3 238

Unselbstständig 3 229, 250, 252

Unterkunft 5 532

Unterstützung im Alltag 5 583

Unterstützung pflegender Angehöriger 5 495

Unterstützung 3 308

Unterstützungsleistung
- Digitale Pflegeanwendung 5 479
- ergänzende 5 478

- Positivliste 5 478

Verdienstausfall 5 446

Verfahren
- Ablauf 2 105, 176
- Antrag durch Jugendlichen 2 110
- antragberechtigt 2 109
- Fristen 2 105
- Kinder 2 177
- kostenfrei 2 108
- Synopse § 18 SGB XI aF zu neuem Recht 2 106

Vergütung 1 46

Vergütungsvereinbarung 1 50

Verhaltenskodex 2 197

Verhaltensweise 3 261 f., 4 324 f.

Verhinderung
- kurzzeitig 5 440
- zeitlich befristet 5 440

Verhinderungspflege 5 434
- anderer Grund 5 439
- Angehörige 5 445
- Anzeigepflicht 5 515
- gemeinsamer Jahresbetrag 5 453
- Grund 5 438
- Haushaltshelferin 5 437
- Hinzurechnung Kurzzeitpflege 2025 5 452
- Hinzurechnung Kurzzeitpflege 5 450
- Höchstdauer 5 442
- Jugendliche 5 454
- kein Antrag 5 443
- Kinder 5 454
- Leistungsbudget 2025 5 449
- Leistungsbudget Kinder/Jugendliche 2025 5 456
- Leistungsbudget Kinder/Jugendliche 5 454
- Leistungsbudget 5 447
- notwendige Aufwendungen 5 445
- Pflegeperson 5 436
- schnelle Reaktion 5 444
- Streichung Vorpflegezeit 5 435
- stufenweise 5 442
- Überbrückungsfunktion 5 440

Verlassen der Wohnung 3 293

Verminderung Pflegegrad 5 547
Vermittlung von Kenntnissen 5 582
Vernetzung 1 49
Verpflegung 5 532
Versorgungsgarantie 5 422
Versorgungsmanagement 1 53, 80
Versorgungsnetz 5 553
Versorgungsplan 1 51, 65, 67, 71, 2 194
– Überwachung 1 67
Versorgungsvertrag 1 45
Verzögerungsgründe 2 202
Videokonferenz 5 396
Videosprechstunde 5 396
Vollstationäre Pflege 5 525
– Abwesenheit 5 542
– direkte Zahlung 5 538
– Leistungsbudget 2025 5 537
– Leistungsbudget 5 535
– Leistungsinhalt 5 532
– Leistungszuschlag 2024 5 544
– Leistungszuschlag 5 543
– Pflegegrad 1 5 540
– Teilzeitraum 5 541
– Zuschuss Pflegegrad 1 2025 5 529
– Zuschuss Pflegegrad 1 5 527
Vorrang der ambulanten Pflege 1 34

Wachkoma 4 336
Waschen
– Rücken 3 270
– vorderer Oberkörper 3 270
Wechsel der Pflegekasse 2 128
Wegeunfall 5 571
Weiterleitung 2 134
Wiederholungsbegutachtung 2 120, 148, 168
– erneute Untersuchung 2 169
Wirksamkeit 5 359

Wirtschaftlichkeit 5 359
Wirtschaftlichkeitsgebot 1 43
Wochenverlauf 3 226
Wohngemeinschaft 5 369, 418
Wohngruppe 5 418
Wohngruppenzuschlag 5 412
– Behandlungspflege 5 429
– Besitzstand 5 433
– gemeinsame Wohnung 5 414
– gemeinschaftlich organisiert 5 416
– keine Vollversorgung 5 422
– Leistungsbudget 2025 5 432
– Leistungsbudget 5 430
– Nachweis 5 426
– Stapelleistungen 5 428
– Tages- und Nachtpflege 5 427
– zentrales Merkmal 5 424
Wohnumfeldverbesserung 5 468
– Anschubfinanzierung 5 475
– Leistungsbudget 2025 5 473
– Leistungsbudget gemeinsame Wohnung 5 474
– Leistungsbudget 5 471
– Pflege erleichtert 5 469
Wohnungsstandard 5 469
Wunsch- und Wahlrecht 1 25, 94
Wünsche
– angemessene 1 25, 35
– Informationspflicht 1 25
– Leistungserbringer 1 61

Zeitbezug 1 15
Zeitlicher Aufwand 3 286
Zeitpunkt der Antragstellung 3 212
Zeitpunkt der mündlichen Verhandlung 2 131
Zuordnung Pflegegrad 2 152
Zurechtlegen 3 220
Zusatzleistungen 5 532